Eine Ausgabe für Mitglieder im
Buchclub des Syndikats vorgelegt
von der Syndikat Buchgesellschaft
für Wissenschaft und Literatur
GmbH & Co. Verlagsgesellschaft KG

Syndikat

Accurata Utopiae Tabula, Das ist der Neu-entdeckten Schalck-Welt oder des so offt benannten und doch nie erkannten Schlaraffenlandes Neu erfundene lächerliche Landtabelle. – Kupferstich, 18. Jh.

Dieter Richter

Schlaraffenland

Geschichte einer populären Phantasie

Eugen Diederichs Verlag

Mit 17 Illustrationen und einem Frontispiz
Dem Umschlagbild liegt der Einblattdruck »Descritione del paese di Cucagna«
(Bassano 1606) zugrunde

CIP-Kurztitelaufnahme der Deutschen Bibliothek
RICHTER, DIETER:
Schlaraffenland: Geschichte e. populären Phantasie
Dieter Richter. – 1. Aufl. – Köln: Diederichs, 1984.
ISBN 3-424-00789-7

Erste Auflage
© 1984 by Eugen Diederichs Verlag GmbH und Co. KG, Köln
Umschlaggestaltung: Eberhart May
Satz: Lichtsatz Heinrich Fanslau, Düsseldorf
Druck und Bindung: May & Co, Darmstadt
ISBN 3-424-00789-7

Inhalt

Vorwort — 9

WÜNSCHE UND WIRKLICHKEITEN — 11

1. Cucania, Schlauraffenland. Die Sprache der Namen — 12
2. Wunderland und Goldenes Zeitalter, Totenreich und Paradies. Zur Vorgeschichte Schlaraffenlands — 17
3. Schlaraffenland als historische Szenerie — 25
4. Reise über die imaginäre Grenze — 26
5. Eßbare Welt — 30
6. Triumph des Bauches — 30
7. Schenke- Ordnung, Automatismus der Produktion — 36
8. Lob der faulen Haut. Kaufen ohne Geld — 39
9. Jeder ein Graf. Gleichheit im Überfluß — 42
10. Frauen und Männer — 44
11. Der Jungbrunnen, die Alten — 49
12. Die Welt auf dem Kopf — 51
13. »Sie hatten unter der Erde eine wunderliche Behausung, welche sie Paradies nannten ...«. Schlaraffenland und die Neuen Welten der Ketzer — 53
14. »Ihr sollt nichts mitnehmen auf euren Weg.« Schlaraffenland und das franziskanische Armutsideal — 58
15. Aus der Neuen Welt. Reisemythos Schlaraffenland — 61
16. Schlaraffenland und die Kultur des Karneval — 70
17. Der König des Landes — 76
18. Cuccagna Napoletana. Schlaraffenland als neapolitanisches »Volksfest« — 79
19. Schlemmerparadies, Dolce vita, Genuß im Séparée — 86
20. »Die Welt ist nicht aus Brei und Mus geschaffen ...«. Moralisierungstendenzen, spirituelle Deutung und das bürgerliche Verdikt über Schlaraffia — 90
21. Von der populären Utopie zum Kindermärchen. Die neuen Schlaraffenländer der Kinderkultur — 94

Anmerkungen	105
Bibliographia Schlaraffica	127

GESCHICHTEN UND BILDER

Wunschland

1. Ego sum abbas cucaniensis
   Ich bin der Schlaraffische Abt (Carmina Burana, 13. Jh.) — 129
2. Fabliau vom Land Coquaigne (Frankreich, 13. Jh.) — 130
3. Weit im Meer, westlich von Spanien (Irland, 14. Jh.) — 135
4. Wie der Bauer Campriano zwei Kaufleute prellte (Italien, um 1500) — 141
5. Capitel, welches vom Sein einer neuen Welt erzählt, die im Meer Oceanus gefunden (Italien, 16. Jh.) — 144
6. Ein abentheurisch Lied in dem Roten Zwinger Thon von dem Schlauraffenlande, seltzam Schwenck, lustig zu hören (Fliegendes Blatt, 16. Jh.) — 149
7. Ein schöns new gebachens und wolgeschmackes Honigsüsses Liede von dem aller besten Landt so auff Erden ligt (Fliegendes Blatt, 17. Jh.) — 152
8. Wie Pantagruel beim Wohnsitz Herrn Gasters, des ersten Meisters aller Künste landete (François Rabelais, 1552) — 159
9. Der Himmel hängt voll Geigen (»Des Knaben Wunderhorn«, 1806) — 166
10. Die Vision des Mac Conn Glinne (Irland, 19. Jh.) — 168
11. Zwei faule Burschen im Luilekkerland (Niederlande, 20. Jh.) — 174
12. Luilekkerland gibt es noch (Friesland, 20. Jh.) — 176

Lügenland

13. Aus der Affenzeit (14. Jh.) — 181
14. Das Märchen vom Schlauraffenland (Brüder Grimm, 1815) — 183
15. Die aufständischen Bauern machen in dem eroberten Heilbronn »Verkehrte Welt« (Aus dem Bauernkrieg, April 1525) — 184
16. Das neu Schlauraffenland (Fliegendes Blatt, 17. Jh.) — 186
17. Des Teufels Brauspruch (Clemens Brentano, 1808) — 193
18. Länder auf der anderen Seite der Welt (Katalonien, 1918) — 194

Narrenland

19. Das Schluraffenschiff (Sebastian Brant, 1494) — 203
20. Predigt über die Schluchraffen Narren (Geiler von Kaisersberg/Johannes Pauli, 1520) — 204

21. Die Welt ist umbkehrt (Predigtmärlein, 1700) — 207
22. Von dem Königreich Marcolfi oder dem so genannten Bauren-Paradeis (um 1650) — 209
23. Schlauraffen- sive Schlaraffenland. Kleine Lexikothek — 214
24. Drei stichhaltige Einwände gegen das Schlaraffenland (Johann Wolfgang von Goethe) — 218

Neapolitanisches Volksfest

25. Das Hungerjahr 1764 (Vincenzo Florio) — 219
26. Juliette oder die königliche Lust der Cuccagna (Marquis de Sade, 1797) — 221

Kinderland

27. Martin Luther an seinen Sohn Hänschen (1530) — 225
28. Kinder-Predigt (»Des Knaben Wunderhorn«, 1808) — 227
29. Maries Reise ins Zuckerwarenland (E.T.A. Hoffmann, 1816) — 228
30. Vom Schlaraffenlande (Heinrich Hoffmann von Fallersleben, 1853) — 232

BILDERSAAL

Verzeichnis bildlicher Darstellungen (Deutschland – Niederlande – Frankreich – Italien – Cuccagna Napoletana) — 234

Vorwort

Von Schlaraffenland wurde in vielen Formen erzählt: in Märchen und Liedern, in Reisebeschreibungen und Predigten, in Bildern und Sprichwörtern. Die den Weg in dieses Land suchten, haben anderen davon berichtet – aber auch jene, die davor warnen wollten. Als »Andere Welt« trug Schlaraffenland zugleich die Konturen der sozialen Utopie und der *terra incognita* auf einer Landkarte, die noch voller weißer Flecken war. Dieses Buch will die historische Topographie dieses märchenhaften Landes erkunden, wie sie sich in den europäischen Literaturen und in der Volkskultur seit den Jahrhunderten des ausgehenden Mittelalters entwickelt hat. Dem darstellenden Teil folgt als Anthologie eine thematisch gegliederte Auswahl aus der großen Zahl der überlieferten Schlaraffenland-Beschreibungen. Gesammelt und verzeichnet habe ich auch die bildlichen Darstellungen Schlaraffias, zum überwiegenden Teil aus dem Bereich der populären Druckgraphik (›Bildersaal‹). Insgesamt sollten ›Erzählen‹ und ›Deuten‹ einander so ergänzen, daß die Sprache der alten Texte und Bilder von neuem verständlich werden kann. Methodisch gesehen geht es mir mit Schlaraffenland nicht um die Suche nach einem uralten Mythos, nicht um die Bestimmung eines »kollektiven Wunschtraums« der Menschheit und auch nicht um die Konstruktion eines Märchen-»Typus«. Zu leicht erscheinen bei einer solchen auf das Allgemeine gerichteten Betrachtungsweise die überlieferten Zeugnisse und ihre literarischen und sozialen Besonderheiten als bloße Varianten eines immer wiederkehrenden Typus. Ich gehe stattdessen von der Methode einer historischen Motivforschung aus, die den Wandlungen der Bilder in ihren kulturellen und sozialen Zusammen-

hängen nachspüren will. Einzelne Elemente von Schlaraffenland sind aus zum Teil sehr alten und ganz unterschiedlichen Traditionsströmen geflossen; sie verbinden sich im ausgehenden Mittelalter zur populären Utopie einer »Verkehrten Welt«, die deutlich ein Gegen-Bild der sich entwickelnden bürgerlichen Welt der Neuzeit ist. Als populäre ist diese Utopie weder Ausdruck naiven Volksglaubens, noch ist sie anders als in mancherlei Vermischungen mit Formen der hohen Kultur überliefert. Mit den Hoffnungsbildern des »Guten Lebens« verbanden sich schon sehr früh moralisierende Tendenzen; eine zunehmende Verengung des alten utopischen Horizonts bestimmt dann die weitere Entwicklung.
Wie jede Utopie zeichnet auch Schlaraffenland den Traum einer Welt, die der bestehenden nicht nur folgenlos entgegengesetzt ist, sondern sich in ihr zu verwirklichen trachtet, wenigstens in Ansätzen. Ich bin daher auch der Frage nachgegangen, wo und wie außerhalb der literarischen Bilder Schlaraffenland auf Erden gesucht wurde.
Zum Schluß habe ich vielen zu danken, die mir von Schlaraffenland erzählt haben oder sich darüber von mir erzählen ließen, die mir Hinweise auf Texte und Bilder gegeben haben oder mir bei Nachforschungen in Bibliotheken, Archiven und Museen behilflich waren. Ich denke dabei besonders an Pasquale Basile, Eric Hulsens, Hermann Lichtenberger und an Heiner Boehncke, den Freund und Reisegefährten.
Natürlich verfolgt eine deutende Neuausgabe alter Texte und Bilder romantische Intentionen. Das Bemühen, neu zu sammeln und durch kritische Edition wieder lebendig zu machen, was an Spuren einer vergangenen populären Kultur in Museen und Bibliotheken verschwunden ist, entsteht nicht zuletzt aus dem Bewußtsein eines historischen Zeitenbruchs, wo alte Stadtviertel, Glühwürmchen, Küfer, Tannenwälder, Blumenwiesen, Papiermühlen, vielleicht auch die Bücher, in ihrem Verschwinden zu erinnerten Zeichen einer neuen, ganz anderen Zukunft werden können.

Bremen, 24. November 1983   D. R.

Wünsche und Wirklichkeiten

Schluraffen narren: die inen kein ander end und selikeit setzen dan dise welt.

(Keiserspergs Narenschiff, so er gepredigt hat zu straßburg in der hohen stifft 1498, Straßburg 1520, S. CCXV)

Erffurt, vom 21. Julii ...
Zu Löbichen bey Halle wird seither etlichen Tage aus einem Berge Mehl gegraben, welches, als ob es von einem Maulwurff herauß geworffen werde, anzusehen; da man es unter das Rokken-Mehl mischet, wird es sehr schön Brodt, und von vielen armen Leuten mit Freuden genossen, und auch hinzu gefüget, daß es denen wolhabenden und Reichen nicht geriethe. Man hat von dem Brodt, so daraus gebacken worden, so wol anhero als [nach] Leipzig und andere benachbarte Oerter geschickt, so daß an dessen Warheit nicht zu zweiffeln, dennoch ist gleichwohl schwer, ein beständiges Judicium darüber zu fällen.

(Relations-Courier, Hamburg 1684, Nr. 62, S. 7)

Und selbst wo Revolutionen gelungen waren, zeigten sich in der Regel die Bedrücker mehr ausgewechselt als abgeschafft. Ein Ende der Not: das klang durch unwahrscheinlich lange Zeit gar nicht normal, sondern war ein Märchen; nur als Wachtraum trat es in den Gesichtskreis.

(Ernst Bloch: Freiheit und Ordnung, Abriß der Sozial-Utopien, Berlin 1947, S. 13.)

1. Cucania, Schlauraffenland. Die Sprache der Namen

Daß einem *die gebratenen Tauben nicht in den Mund fliegen,* ist sprichwörtlich verbreitete Redensart in ganz Europa.[1] Was so laut beschrieen wird, scheint nicht selbstverständlich zu sein: Die Volksweisheit moralisiert gegen jene, die seit alters von Reisen in ein Land erzählen, wo es anders zugeht und wo auch *wer nicht arbeitet doch essen soll:* Schlaraffenland.

Daß dieses ein Land sei, wo üppig getafelt und reichlich gebechert wird: diese Vorstellung hat sich bis heute am ehesten erhalten. Dabei hat Schlaraffenland, verstanden als *Schlemmer-Paradies,* schon wesentliche Dimensionen verloren: Zum Beispiel daß Essen und Trinken in schlaraffischer Landschaft als *öffentliche* Ereignisse stattfanden und daß es die Hungerleider waren und nicht nur die Reichen, die hier satt werden konnten. Daneben ist Schlaraffenland in der älteren volksliterarischen Überlieferung Europas nicht nur das »nahrhafteste Märchen des Volkes« (Ernst Bloch)[2]; es ist, weit über das Land des freien Essens und Trinkens hinaus, radikales Wunschbild einer den bestehenden Zuständen entgegengesetzten Welt. Hier herrschen ein neues Verhältnis zur Natur, eine neue Ökonomie, eine neue Moral; und auch der Lebensquell fließt in Schlaraffenland.

Bevor wir die Topographie dieses Landes vom *Guten Leben* (so nennt es ein italienisches Bänkellied aus dem frühen 16. Jahrhundert[3]) näher betrachten, seien zunächst seine *Namen* vorgestellt; sie erzählen, wie viele geographische Namen, bereits ein Stück von der Geschichte der Entdeckung dieses Landes.

Die romanischen Bezeichnungen des Wunschlandes: französisch *Coquaigne* oder *Cocagne,* italienisch *Cuccagna* etc., verweisen auf ein mittellateinisches *Cucania,* das, von der Wortendung her, sich deutlich als fabulöser Ländername zu erkennen gibt (in Analogie zu *Germania* etc. gebildet). Was er indes wortgeschichtlich bedeutet, bleibt rätselhaft, ist zumindest nicht mit Eindeutigkeit zu klären.[4] Seit den Brüdern Grimm wird das Wort am häufigsten von einem Stamm abgeleitet, der in verschiedenen Sprachen als Bezeichnung für ein Süßgebäck weiterlebte.[5] *Cucania* wäre danach also das *Kuchen-* oder das *süße Land.* Andere Autoren bringen das Wort mit französisch *coquin* »Narr« zusammen[6], *Cucania* hieße dann also soviel wie *Narrenland.* Darüber hinaus berührt sich das Wort lautlich mit *coquina,* »Küche«, so daß sich im Sprachgebrauch auch Assoziationen zu

diesem Bereich einstellen mochten. Das lateinisch-deutsche Trinklied der *Carmina Burana* aus dem Kreis der gelehrten fahrenden Gesellen setzt das Wort schon als bekannt voraus.[7] Die älteste Beschreibung des Landes finden wir im altfranzösischen *Fabliau de Coquaigne*.[8]
Die Vermutung liegt nahe, daß mit dem Wort[9] auch die Sache meridionalen – französischen oder italienischen – Ursprungs ist. Dafür spricht auch, daß sich romanische Wortformen für das populäre Utopia zunächst auch in germanischen Sprachen finden, bevor sie dort von lokalen Bezeichnungen verdrängt werden. So erzählt der altenglische Text des 14. Jahrhunderts vom *land of Cokaygne*[10], – erst später tritt im Englischen *Lubberland* an die Stelle[11] – und ein mittelniederländisches Gedicht des 15. Jahrhunderts berichtet vom *lant van Cockaengen* oder *Cockanyen*[12] – später setzt sich dagegen *Luilekkerland* als niederländischer Terminus durch. Zur Vermutung des mittelmeerischen Ursprungs der Cucania-Utopie würde auch passen, daß die Geschichte vieler Bildmotive hierher weist (griechisch-römische und altorientalisch-jüdische »Wunderland«-Vorstellungen).
Im Spanischen heißt das Land *tierra de Jauja*[13], und *vivir* oder *estar en Jauja;* »in Jauja leben« sagt man noch heute sprichwörtlich im Spanischen. Hier hat das Wort eine andere Dimension: es verbindet sich ähnlich wie *Eldorado* mit dem Kolonialmythos des 16. Jahrhunderts:
Von dem reichen peruanischen *Jauja*-Tal mit seiner ehemals blühenden indianischen Kultur berichtete der Kolonialchronist Cieza de León 1553.[14] Mit den typischen Zügen des Schlaraffenlandes, wo »die Männer für das Schlafen bezahlt« und »die Männer, die arbeiten wollen, gepeitscht werden«, erscheint die *tierra de Jauja* dann erstmals in einem Schwank von Lope de Rueda von 1567. Um den Hunger geht es in diesem Stück, und zwei Gauner erzählen einem Dörfler:

»Schau, in dem Land von Jauja gibt es einen Honigfluß und neben ihm fließt ein anderer aus Milch und zwischen den beiden Flüssen gibt es einen Brunnen, aus dem Butter und Schichtkäse in den Honigfluß hineinfließen, und es scheint, als ob sie sagen würden: ›Eßt uns! Eßt uns!‹ ... In dem Land von Jauja gibt es einige Bäume, deren Stämme aus Schinken bestehen, die Blätter sind aus Blätterteig und die Früchte dieser Bäume sind Krapfen, die in den Honigfluß fallen, und sie sagen: ›Kaut mich! Kaut mich!‹ ... Und in Jauja gibt es Hähnchen, Hähne, Rebhühner, Hasen, Turteltauben, die auf einem dreihundert Fuß langen Feuer gebraten werden ...«[15]

Aber indem die beiden Hungerleider dem leichtgläubigen törichten Mendrugo dies und anderes vom Jauja erzählen, wollen sie ihn nur ablenken und am Ende haben sie ihm den Topf leer gegessen, den er seiner Frau ins Gefängnis bringen wollte. Ähnlich wie schon in Boccaccios *Decamerone*[16], der ältesten italienischen Cuccagna-Beschreibung, ähnlich auch wie im italienischen Lied vom schlauen Campriano[17], wird die Erzählung hier benutzt, um jemanden hereinzulegen: Wer an Schlaraffenland glaubt, ist ein Gimpel! *Xauxar-se* heißt im Katalanischen *sich über einen lustig machen,* und vielleicht (so eine andere Etymologie) geht das spanische *Jauja* – dann also etwa in der Bedeutung *Lügenland* – auch auf dieses katalanische Wort zurück[18] und überlagert sich erst später mit umlaufenden Nachrichten über das reiche abgelegene Andental.

Die merkwürdig schillernde Bedeutung dieses Landesnamens, die Vermischung von »süßem Leben«, »Narrenland« und »Lügengeschichte«, das Ineinander auch von Utopischem, Groteskem und Schwankhaftem ist charakteristisch für *Cucania*. Auch in dem deutschen Landesnamen, wenngleich etymologisch eindeutig, fallen ähnliche Bedeutungs-Mischungen auf:

Im Deutschen setzt sich eine dem französischen *Cocagne* entsprechende, also aus dem Mittellateinischen abgeleitete Bezeichnung für das populäre Wunschland nicht durch. Zwar taucht schon im 13. Jahrhundert ein Mal das eingedeutschte Adjektiv *kokanisch* (für »phantastisch«) auf[19] und *Cocagne* gehört, als Fremdwort, zum Beispiel noch zu Goethes Wortschatz[20]. Aber die romanische Bildung bleibt im Deutschen doch ohne Relevanz. Das liegt nicht nur daran, daß sie den germanischen Sprachen etymologisch fremd ist. Mit *Schlaraffenland* mischen sich in die genußvolle Schilderung des Landes der Trägen und der Genießer deutlicher Züge der bürgerlich-frühaufklärerischen Moral-Satire.

Schlaraffenland[21] ist, von der Wortbildung her, das Land *der Schlaraffen*. Zugrunde liegt ein mittelhochdeutsches Verbum *slûren, slûderen,* dessen Verwandte sich in mundartlichem *schludern, schlurig, Schluri* erhalten haben. Aus der Verbindung von *slûr* mit dem Namen des komischen verachteten Tieres[22] entstand gegen Ende des Mittelalters *slûraffe, slûderaffe,* daraus *Schlauraff,* in der Bedeutung »Faulenzer, Nichtstuer, üppig lebender Müßiggänger«. In diesem Sinne definiert es, moralisierend, noch Johann Christoph Adelung in seinem Wörterbuch von 1780: *Schlaraffe: eine Person, welche ihr Leben in einem hohen Grade des trägen Müßigganges zubringet, welche sich einer wollüstigen und üppigen Muße widmet; in welchem Verstande es noch hin und wieder üblich ist, und von beyden Geschlechtern gebraucht wird*[23].

Mundartlich haben sich das Wort und verwandte Bildungen noch erhalten, bezeichnen dort oft wenig Schmeichelhaftes. Im Elsaß und in Schwaben ist der *Schlaraff* ein *einfältiger, fauler Mensch*[24], im Rheinischen sagt man zu einer häßlichen Visage *Schlaraffengesicht*[25], und *Schlaraffel* ist im Bayrischen, wie in anderen oberdeutschen Mundarten, Schimpfwort für ein *häßliches altes Weib*[26].

Seinen eigentlichen Ursprung hat das Wort wahrscheinlich in der *Kultur des Karneval*, und hier hat es sich mundartlich noch lange erhalten: *Schlaraff* lebte im Elsaß und in Schwaben in der Bedeutung »Faschingsmaske« weiter.[27] In den oberdeutschen Fastnachtsspielen des 15. Jahrhunderts begegnet dann der *Schlaraff* wiederholt in Ketten »sprechender Namen« für einen jener gewalttätigen, ungeschlachten, lüsternen Gesellen, die es immer mit dem Fressen und Saufen, mit dem Dreck und mit der Liebe haben.

In einem der Spiele stellt der Ausrufer diese Gesellen zu Beginn seinem Publikum vor, bevor sie dann der Reihe nach derbe sexuelle Späße zum besten geben:

> »Ir herren, erschreckt nit ob den gesten
> Und kert uns unser sach zum pesten,
> Wann mit geschrei wir offenbern
> Die hendel, damit wir uns dann neren [durchbringen],
> Als ir von uns wert horen gar.
> Gotz Speckuch, Tiltapp und Sutzelmar,
> Lullapp, Seutut und Studvol,
> Weidenstock, *Schlauraff* und Fleuchdenzol,
> Fiselmann, Lantschalk und der Feltrud,
> Seufridel, Pirnkunz und der tauft Jud,
> Schweinsor, Kalbseuter, Ginloffel und Eberzan,
> Tret her und laßt eur hendel verstan![28]«

Auch in einer Kalenderparodie des Nürnberger Meistersingers Hans Folz, einer Art »verkehrtem Jahr«, 1480, erscheint der Name:

> »Das erst new [= der 1. Neumond] wird an *Kuncz Schlauraffen* hochzeyt, zwen schrit von Fricz Sewdutten [= Saubrust] kelbertancz, zwo minuten jensit der arskerben.«[29]

Schlaraffen-*Land* nun ist die Heimat jener Fresser und Grobiane, wobei eine nähere Beschreibung in den Quellen des 15. Jahrhunderts nicht zu finden ist. In Heinrich Wittenwilers komischem Versepos »Der Ring« (um 1410) wird von einem großen Fresser erzählt, der an einer Gräte erstickt:

> »Also fuor do Farindwand
> Da hin gen Schläuraffen land
> Mit seiner sel: daz was ir fuog [Recht];
> Den leib man in den Neker trug.[30]«

Schlaraffenland meint hier also wahrscheinlich eine Art Fresser-Himmel. Als »bessere Heimat« der Schluraffen gilt dieses Land auch in einem Fasnachtsspiel, wo sieben Gesellen ihrem bisherigen lockeren Treiben (scherzhaft) abschwören:

> »Hört ir iemanz [jemand], der nach uns frag,
> Der vint uns zwischen Wien und Prag
> Bei ainander in der *Schlauraffen lant,*
> In der stat Pomperlörel genant;
> Da werden wir alle gar schön empfangen,
> Da port [bohrt] man di ers [Ärsche] mit deichselstangen.«[31]

Schon sehr früh haben *Schlauraff* und *Schlauraffenland* im Deutschen allerdings auch einen deutlich herablassenden verächtlichen Nebensinn bekommen, und wie so oft wäre auch hier eine »authentische« Volkskultur erst hinter ihrer intellektuell-literarischen Inszenierung zu suchen. Denn die Sprache der Unterschichten ist uns ja nicht unmittelbar erhalten, auch wenn sie von der herrschenden Kultur in der Renaissance teilweise aufgenommen wurde. In der volkstümelnden Sprache der gelehrten Bürger, der Prediger und Satiriker der Zeit um 1500 ist *Schlauraff* der Tölpel und Wildling, über den die »feinen Leute« sich lustieren (und von dessen Triebhaftigkeit sie doch heimlich angezogen werden!) Anders als die Bewohner der romanischen *Cucania* zeigen die des deutschen *Schlaraffenlandes* und des niederländischen *Luilekkerlandes* häufiger derb-grobianische Züge:

> »Ein Furtz gilt einen Binger haller [Heller]
> Drey gröltzer [Rülpser] einen Jochims Thaler ...«,

das ist die Währung in Hans Sachs' *Schlauraffen Landt* (1530)[32]. Und auf einem niederländischen Stich des 17. Jahrhunderts sieht man einen der *Leuyaarts* (Faulenzer) mit heruntergelassener Hose neben einem abgesetzten Haufen, darunter die Verse:

»Doch pfui! Des Faulpelz' wahres Wesen,
Kann man von diesem Bild ablesen:
Das kommt von der Schlampamperei
Und ist doch wirklich Sauerei.«[33]

Und stärker als mit *Cucania* verbindet sich in den Ländern des protestantischen Nordens mit ihrer früher entwickelten Arbeitsideologie der (durch die Wortbildung erleichterte) moralische Tadel des Schlaraffenwesens.
Der abschätzigen und moralisierenden Tendenz in der Rede von *Schlaraffia* (vgl. dazu Kapitel 20) hat dabei neben Hans Sachs' Gedicht vor allem Sebastian Brants weit verbreitetes »Narrenschiff« (1494) Vorschub geleistet, dessen Spuren sich in der schlaraffischen Tradition Deutschlands, der Niederlande und Englands immer wieder finden[34]. *Schluraffen landt* ist hier die Fata Morgana einer gottlosen und unweisen Schar von Narren, die am Ende kläglich Schiffbruch erleiden.

2. Wunderland und Goldenes Zeitalter, Totenreich und Paradies. Zur Vorgeschichte Schlaraffenlands

Schlaraffenland als Land des Überflusses und des seligen Wohllebens hat eine lange Vorgeschichte.
1. Von *weit entfernten Wunderländern* an den Grenzen der bekannten Welt wurde unter den seefahrenden Griechen früh erzählt. Von selber biete dort die Erde den Menschen ihre Gaben, in Frieden und ohne Krankheit lebten sie – wie zum Beispiel in dem sagenhaften Meropis, jenseits des Okeanos, von dem Theopomp aus Chios (4. Jh. v. Chr.) berichtet[1]. In der alten attischen Komödie haben sich fragmentarisch Anspielungen auf solche Geschichten erhalten, wobei hier schon ironische Töne einzufließen scheinen[2]: Von einem Land kulinarischen Wohllebens in einem zukünftigen »Perserreich« (dem Land sagenhaften Reichtums) erzählt ein Passus aus den »Persern« des Pherekrates (um 420 v. Chr.)[3]; vom künftigen Fabelland der Tiere, wo man keine Sklaven brauche, weil einem die Dinge von selber in die Hand kämen, berichtet ein Fragment aus den »Tieren« des Krates (vor 424)[4].
Im philosophischen Diskurs erscheint das *Wunderland*-Motiv in Platons kurzem Bericht von der *Insel Atlantis*, einst jenseits der

Säulen des Herkules im Okeanos gelegen[5]. Mit fabulösen Elementen bunt und bizarr ausgeschmückt lebten Wunderland-Berichte dann vor allem in griechischen Reiseerzählungen und geographischen Werken weiter (hier spielt der äußerste Osten, das Wunderland Indien, eine große Rolle)[6] und kamen über den spätgriechischen Alexanderroman und seine zahlreichen volkssprachlichen Bearbeitungen in die Nationalliteraturen des Mittelalters[7].

2. Die Wunderland-Geschichten haben sich nicht selten mit dem Mythos vom *Goldenen Zeitalter* vermischt. Utopia erschien hier nicht, wie in den Reiseberichten, in geographischer, sondern in *historischer* Dimension: als verlorener paradiesischer Urzustand der Menschheit.

> »Jene lebten, als Kronos im Himmel herrschte als König,
> Und sie lebten dahin wie Götter ohne Betrübnis,
> Fern von Mühen und Leid, und ihnen nahte kein schlimmes
> Alter, und immer regten sie gleich die Hände und Füße,
> Freuten sich an Gelagen, und ledig jeglichen Übels
> Starben sie, übermannt vom Schlaf, und alles Gewünschte
> Hatten sie. Frucht bescherte die nahrungsspendende Erde
> Immer von selbst, unendlich und vielfach. Ganz nach Gefallen
> Schufen sie ruhig ihr Werk und waren in Fülle gesegnet,
> Reich an Herden und Vieh, geliebt von den seligen Göttern«.

So beschreibt Hesiod (8./7. Jh.)[8] den goldenen Urzustand der Menschen unter der glücklichen Herrschaft des Kronos (Saturn), des Vaters von Zeus. Schon bunter mit Motiven ausgestattet, die sich später in Schlaraffenland wiederfinden, malt ein griechisches Komödienfragment (um 430 v. Chr.) die sagenhafte Urzeit:

> »Jeder Gießbach schäumte von Wein und das Brot und die Semmeln lagen im Rangstreit
> Vor den Mäulern der Menschen und flehten sie an, man möge sie gnädig verschlingen,
> Denn die weißesten liebten doch alle! Hinein in die Häuser spazierten die Fische
> Und brieten sich selber und legten sich hin auf den Tisch. Doch den Sitzen entlang, da
> Ergoß sich ein Strom fetter Suppe und wälzt' die gesottenen Stücke des Rindfleischs ...«[9].

Der Mythos von der Goldenen Urzeit ist nicht nur in der griechisch-römischen Überlieferung verbreitet; er findet sich auch in

Erzählungen außereuropäischer Kulturen[10]. Die Zusammenhänge dieses Mythos mit dem Schlaraffenland-Stoff sind auffallend; Camporesi sieht in Schlaraffenland »gleichsam eine plebejische Version des aristokratischen ›Goldenen Zeitalters‹«[11].
Bei der Frage nach den »Traditionslinien« zwischen antiker und mittelalterlicher Überlieferung[12] des Mythos vom Goldenen Zeitalter ist an Vergils 4. Ecloge zu denken, die im Mittelalter als messianische Christus-Prophezeiung gedeutet wurde[13]. Hier wird der alte Mythos vom Saturnischen Zeitalter in die Zukunft projiziert und wird, im Rahmen einer Huldigung an Augustus, zum utopischen Bild eines politischen Messianismus: Von neuem steige mit der Geburt des Knaben im kommenden Augusteischen Zeitalter die ehemalige Goldene Weltzeit auf, wo die Ziegen von selber ihre Milch bieten, der Weinstock ohne Pflege gedeiht, aus Eichen Honig quillt, am Ende gar die Lämmer schon gefärbte Wolle tragen und so weder Ackerbau noch Seehandel mehr getrieben werden müßten, denn *omnis feret omnia tellus,* »die Erde wird überall alles tragen«[14].
Die Vorstellung vom Wiederaufsteigen des Uralten im Kommenden wird zu einem der meist verbreiteten Muster der politischen Utopien bis in die Neuzeit hinein.
3. Auch antike Vorstellungen vom *Totenreich* trugen, wenngleich nicht einheitlich, die Züge eines alternativen Lebens ohne Mühe, Krankheit und Leid.

»... Dort wandeln die Menschen
Leicht durch das Leben. Nicht Regen, nicht Schnee,
nicht Winter von Dauer – Zephyros läßt allezeit seine
Hellen Winde dort wehen ...«

heißt es in der ältesten Darstellung in der Odyssee (IV, 565–67) über die Gefilde Elysions (und auch dieser Zug von der Abwesenheit jahreszeitlicher Unbilden findet sich später in Schlaraffenland wieder.)[15]
In einem Komödienfragment des Pherekrates trägt das Totenreich schon den Charakter späterer »Eßlandschaften«:

»Da zogen murmelnd Flüsse mit schwarzer Suppe längs
Der Stadtquartiere, andere führten Weizenbrei ...«,

so beginnt der Bericht einer Frau von einer Hadesfahrt.[16]
Die jenseitige Welt hat dabei möglicherweise – so Vladimir

Propp in seinem Buch über die historischen Wurzeln der Zaubermärchen – diesen Charakter einer Welt des Überflusses und der Nicht-Tätigkeit erst auf einer jüngeren Stufe der Menschheitsentwicklung angenommen. Die historisch ältere Vorstellung sei die einer *produktiven* Jenseitswelt (wo z. B. die Jäger ihre Tätigkeit fortsetzten, jedoch kein Mangel an Wild herrsche); erst seitdem die menschliche Arbeit beim Übergang zur Klassengesellschaft den Charakter der bedrückenden Zwangsarbeit angenommen habe, werde das Jenseits kompensatorisch als nahrhafte Welt der Nicht-Tätigkeit vorgestellt.[17] (Man wünscht sich nach dem Tod die »ewige Ruhe«, nicht die »ewige Arbeit«). Zahlreiche antike Vorstellungen von Wunderländern, Goldener Zeit und Totenreich vermischen sich in jenem fabulösen Reisebericht von der *Insel der Seligen,* den Lukian von Samosata (um 120–185) in seinen »Wahren Geschichten«[18] gegeben hat. Der Reiseerzähler findet das Totenland unter der Herrschaft des Rhadamanthys im Okeanos jenseits der *Säulen des Herkules,* also jener ehemals beinahe »magischen« Westgrenze der bekannten Welt.[19] Von Wohlgerüchen, sanften Lüften und Musik umschmeichelt, leben dort die Heroen in steter Dämmerung und ewigem Frühling, ohne älter zu werden als sie zum Zeitpunkt ihres Todes beim Betreten der Insel waren. Zwölf Mal im Jahr tragen die Reben, auf den Ähren wächst Brot, die Flüsse strömen von Wein und Honig. Die Frauen und die schönen Knaben sind allen gemein, man tafelt begleitet von Musik, Gesang und Homerrezitationen.[20]
Einzelne Elemente dieser Beschreibung finden sich in späteren schlaraffischen Texten und Bildern wieder. Dennoch ist die *Insel der Seligen* in ihrer literarischen Form nicht Schlaraffenland. Die Freuden dieses Utopia sind zwar nicht spiritueller Natur, sie tragen aber doch eher den Charakter eines »gehobenen Wohllebens«; auch der Besucher der Insel genießt vor allem das Vergnügen, die Heroen der antiken Mythologie und Geschichte persönlich befragen zu dürfen. »Was für eine Ursache er gehabt habe«, wird Homer gefragt, »sein Gedicht gerade mit dem Worte ›Zorn‹ (menis) anzufangen? Seine Antwort war: es sei ihm eben just auf die Zunge gekommen, ohne daß er sich lange darüber bedacht habe.«[21] Das ist Spott auf die Beckmessereien der antiken (Homer-)Philologen, die hinter allem einen Sinn suchen – und dies: die breit entfaltete parodistische Auseinandersetzung mit antiker Philogogie, Philosophie und Mythologie steht im

Mittelpunkt von Lukians Text. Er spielt mit gelehrten Kenntnissen, ist eher eine Parodie gängiger Jenseitsvorstellungen als ein »irdisches Paradies«: vorgetragen von einem skeptischen, aufgeklärten Autor, der seine Geschichten selber als unwahr bezeichnet und der für ein gelehrtes hellenistisches Publikum schreibt, das die Auseinandersetzungen zwischen Stoikern, Akademikern und Epikureern um »Jenseitsfragen« kannte und allen Positionen mit ironischer Distanz gegenüberstand. So sind die einzelnen »Gags« dieses Textes Bestandteile einer gelehrten, nicht aber einer populären Kultur des Lachens. »Bald darauf erschien auch Empedokles, am ganzen Leibe gebraten und mit Brandblasen bedeckt: er wurde aber, alles seines Bittens ungeachtet, abgewiesen.« Lachen kann darüber nur ein Publikum, das weiß, daß sich Empedokles der Überlieferung zufolge lebendigen Leibes in den Ätna stürzte und daß er, als Anhänger der Seelenwanderungslehre an diese »Insel der Seligen« nicht glauben konnte (von der er daher gebührend abgewiesen wird.) Vor allem aber findet sich in Lukians Beschreibung der Toteninsel ein Zug nicht, der doch für das spätere Schlaraffenland konstitutiv ist: daß man hier faul sein darf und nicht arbeiten muß. Denn Lukian schreibt für soziale Schichten, für deren Angehörige körperliche Arbeit kein Problem war, weil sie selber nicht arbeiten mußten.

4. Eng verbunden mit der Vorgeschichte des Schlaraffenland-Stoffes sind schließlich die jüdischen, christlichen und islamischen Vorstellungen vom *Paradies*.

Der alttestamentliche Bericht vom Sündenfall (1. Mose 3) deutete Arbeit als Strafe, als göttlichen Fluch über den Menschen. (»Im Schweiße deines Angesichts sollst du dein Brot essen!«). Der verlorene Urzustand der Menschen im Garten Eden war danach also der Zustand ohne Arbeit. Die späteren jüdischen Exegeten haben dies so gedeutet, daß damals die Erde ihre Güter von selber hervorgebracht habe. In einer Schrift über die Weltschöpfung heißt es zum Beispiel bei dem gelehrten Philon von Alexandrien (geb. 13 v. Chr.) über den Sündenfall:

> »Der Mann andrerseits (erhielt zur Strafe) die Arbeiten, Mühsale und beständigen Anstrengungen zur Herbeischaffung der Lebensbedürfnisse und den Verlust der von selbst kommenden guten Gaben, die die Erde bisher ohne die Kunst des Landmanns hervorgebracht hatte; denn nun mußte er selbst die unablässigen Arbeiten zum Erwerbe des Lebensunterhaltes und der Nahrung übernehmen, um nicht durch Hunger umzukommen. Ich meine nämlich: gleichwie die Sonne und der Mond immer leuchten, nachdem es ihnen einmal,

gleich bei der ersten Entstehung des Weltalls befohlen war, und wie sie dieses göttliche Gebot deswegen genau beobachten, weil die Sünde aus den Himmelsgrenzen verbannt ist, ebenso würde auch der fruchtbare und ertragreiche Erdboden ohne die Kunst und Mitwirkung von Ackersleuten reiche Ernten in den einzelnen Jahreszeiten tragen.«[22]

Nach rabbinischer Überlieferung und apokryphen christlichen Quellen wird nun auch die kommende Endzeit solche paradiesischen Züge tragen. Von neuem werde dann die Erde ihre Güter von selber und in einer jede Vorstellungskraft sprengenden Fruchtbarkeit bieten. So werde dann Wirklichkeit, was die Kinder Israel auf ihrer Wüstenwanderung im Land Kanaan suchten: das *Land, darin Milch und Honig fließt* (2. Mose 3, 8 u. öfter) und aus dem Moses' Kundschafter eine Weintraube mitbrachten, an der zwei Männer zu tragen hatten (4. Mose 12). Von der Endzeit heißt es:

»Es werden Tage kommen, an denen Weinstöcke wachsen, die 10000 Ranken haben und jede Ranke hat 10000 Zweige und jeder Zweig hat 10000 Sprossen und jeder Sproß hat 10000 Triebe und jeder Trieb hat 10000 Trauben und an jeder Traube sind 10000 Beeren und jede Beere gibt, ausgepreßt, fünfundzwanzig Quart Wein. Und wenn einer der Heiligen eine Traube anrührt, so wird eine andere Traube rufen: Ich bin besser, nimm mich; preise durch mich den Herrn.«[23]

Solche Bilder einer exorbitanten Fruchtbarkeit in der paradiesischen Endzeit sind in rabbinischen Quellen[24] weit verbreitet: am Tag der Aussaat wird schon geerntet, auch die Bäume des Waldes werden Früchte tragen, die Frauen werden täglich ohne Schmerzen gebären, ja die Erde wird sogar von selber Brot, wollene Gewänder und Wein hervorbringen. Auch in den frühchristlichen sibyllinischen Weissagungen über die Endzeit wird die Wiederkehr des Paradieses prophezeit, wobei hier auch die schlaraffischen Bilder einer allgemeinen *Gleichheit* der Menschen im Überfluß auftauchen:

»Allen gemeinsam ist jetzt das Dasein und auch der Reichtum,
Gleich ist für alle die Erde und nicht mehr durch Mauern getrennet,
Oder durch Schranken, sie bringt viel mehr noch Früchte hervor jetzt.
Quellen voll süßen Weins und weißer Milch und von Honig
Wird sie hervorsprudeln lassen ...«.[25]

In der islamischen Überlieferung ist das Paradies der herrliche Garten, in den die Gerechten nach ihrem Tod einziehen werden, wobei die Freuden dieses Aufenthaltes besonders farbkräftig ausgemalt werden.

> »Er [Allah] belohnt sie für ihre Standhaftigkeit mit einem Garten und Gewändern aus Seide. Gelehnt in ihm auf Ruhebetten, sehen sie in ihm weder Sonne noch schneidende Kälte, und nahe über ihnen sind seine Schatten, und nieder hängen über sie ihre Trauben, und es kreisen unter ihnen Gefäße von Silber und Becher wie Flaschen, Flaschen aus Silber, deren Maß sie bemessen. Und sie sollen darinnen getränkt werden mit einem Becher gemischt mit Ingwer; eine Quelle ist darinnen, geheißen Salsabil, und die Runde machen bei ihnen unsterbliche Knaben; sähest du sie, du hieltest sie für zerstreute Perlen. Und wenn du hinsiehst, dann siehst du Wonne und ein großes Reich. Angetan sind sie mit Kleidern von grüner Seide und Brokat und geschmückt sind sie mit silbernen Spangen und es tränkt sie ihr Herr mit reinem Trank ...«.[26]

Das Paradies hatte nun allerdings in der spätantiken und mittelalterlichen Überlieferung nicht nur eine zeitliche Dimension (der verlorene Garten Eden – die kommende paradiesische Endzeit), sondern meinte zugleich eine irdische *Lokalität*. Denn nach dem alttestamentlichen Bericht über den Sündenfall (1. Mose 3) hatte ja Gott Adam und Eva aus einem Garten vertrieben, in dem Euphrat und Tigris entsprangen. Der Gedanke lag nahe, daß sich dieser Ort noch irgendwo auf Erden befinden müsse. Nach der jüdischen Erzählüberlieferung von Talmud und Midrasch[27] nehmen die Gerechten nach ihrem Tod dort den ihnen zugeteilten Platz ein; von Rabbi Josua ben Levi wird sogar erzählt, daß er, ohne den Tod zu erleiden, dorthin gelangt sei.[28] Bis an die Pforten des Gartens Eden kam nach einer jüdischen Adaptation des Alexanderroman-Stoffes auch Alexander der Große auf seinem Zug in den Osten.[29]
Auch in der christlichen (außerbiblischen) Überlieferung gibt es das seit den Tagen des Sündenfalls auf Erden verbliebene »irdische Paradies«[30] – im Gegensatz zum himmlischen »Paradies Gottes«, von dem die Johannesapokalypse (2,7) berichtet, daß es am Ende der Tage herabkommen werde. Nach mittelalterlicher Auffassung liegt es am äußersten Osten der Erdscheibe, wird dort auch »kartographisch« verzeichnet, so auf den *Mappae Mundi*, benediktinischen Weltkarten aus dem 8. Jahrhundert mit dem Mittelpunkt Jerusalem:[31]

> »Dat paradijs es sekerlike
> Dat oest ende van erderike«.[32]

Als Erden-Ort wurde das Paradies Ziel zahlreicher fabulöser Reiseberichte.[33] Der (genealogisch) erste »Paradieswanderer« der christlichen Legende war Adams Sohn Seth, der dort für seinen todkranken Vater den Zweig des Lebensholzes holt.[34] Auch der Apostel Paulus war im Paradies, so berichtet es schon die frühchristliche (apokryphe) Paulus-Apokalypse; der Apostel wandert dort durch einen Ort des Überflusses mit einem Fluß aus Milch und Honig, an dessen Ufer Bäume wachsen, die zwölf Mal im Jahr verschiedene Früchte tragen, »und jeder Weinstock hatte zehntausend Reben«.[35] Der bekannteste Paradiesfahrer wurde dann der irische Abt Sankt Brandan, dessen Legende im 10. Jahrhundert entstand.[36] Nach langer Irrfahrt auf dem Meer erreicht er mit seinen Gefährten die Paradies-Insel, die hier, alter keltischer Erzählüberlieferung folgend, im westlichen Meer zu suchen ist. Die Brandan-Legende war über volkssprachliche Bearbeitungen im Mittelalter und der frühen Neuzeit weit verbreitet; im Zeitalter der Entdeckung der Erde wurde die fabulöse Brandans-Insel sogar Ziel geographischer Expeditionen, so noch im Jahr 1721.[37]

Nach scholastischer Theologie lag das Irdische Paradies in der dritten und höchsten der drei aristotelischen Luftzonen, die bis an die Mondsphäre heranreicht. Dort, an der Spitze des Läuterungsberges, findet es auch der Jenseitswanderer in Dantes *Divina Commedia*: mit einem Wald, dessen Blätter von einem gleichbleibend sanften Wind – der Sphärenbrise – bewegt werden, durchströmt von einem lauteren Fluß, der aus göttlicher Quelle springt und an dessen Blumenufern Dante der schönen Matelda begegnet (Purg. XXVIII).

Eher volksläufigen Vorstellungen entsprangen hingegen jene Irdischen Paradiese, die – in bunter Vermischung mit Bildern vom himmlischen Jenseits – einen Ort des Überflusses und des sinnlichen Vergnügens ausmalten; im Motiv des »Bauernparadieses« (vgl. Text 9) haben sie sich lange erhalten.

»Das Paradies ist ein köstlicher Ort, an dem man zu jeder Zeit des Jahres Früchte von jeder Art und den immerdar fließenden Strom von Honigmilch und Wein, von süßem Wasser findet. Und dort sind schöne und vornehme Häuser, nach dem Verdienst eines jeden geschmückt mit Edelsteinen aus Gold und Silber. Jeder wird Weiber haben und wird sie immer schöner finden.«[38]

3. Schlaraffenland als historische Szenerie

Der Überblick über die älteren Überlieferungen scheint den Schluß nahezulegen: »Dieser Wunschtraum (von einem Land des Überflusses) ist vermutlich so alt wie die Menschheit«.[1] Die Märchenforschung hat immer wieder auf die älteren »Parallelstellen« zum »Märchen von Schlaraffenland« hingewiesen:[2] Sie schienen durch ihr hohes Alter und ihre Verbreitung in unterschiedlichen Kulturen und literarischen Kontexten die Auffassung von der »Universalität« des Märchens zu stützen. Das 19. Jahrhundert sah dabei in Märchen die Überreste uralter »zerbröckelter Mythen« (Brüder Grimm); für die Brüder Grimm schloß *Schlauraffenland* (KHM 158) daher ebenso wie das Motiv vom Pfefferkuchenhaus in »Hänsel und Gretel« (KHM 15) »an die noch tiefern Mythen von dem verlorenen Paradies der Unschuld, worin Milch und Honig strömen«,[3] an. Späterer Volkskunde schienen dann solche Übereinstimmungen nicht so sehr auf einen verlorenen historischen Urmythos hinzuweisen, als vielmehr eine Art kollektives Universale der Menschheit auszudrücken.

»Für die phantasie war es jederzeit etwas äusserst naheliegendes, sich im gegensatz zu den leiden und mühseligkeiten des täglichen lebens gelegentlich in vorstellungen zu ergehen von einem dasein der reinsten glückseligkeit.«[4]

Der jüngeren, eher auf Motivverwandtschaften achtenden volkskundlichen Märchenforschung geht es hingegen mehr um die formale Bestimmung von »Märchentypen«, d. h. sie kategorisiert die einzelnen Texte als »Varianten« eines Typus'.
Der aussichtsreichere Weg scheint mir allerdings der einer historischen Motivuntersuchung zu sein: es geht dabei um die Geschichte der Bilder im Prozeß ihrer Überlieferung und um ihre Zusammenhänge mit dem Leben der Menschen. Der Traum von einem »seligen Land« ist uralt und in Mythologie und Religion tief verwurzelt; auch die einzelnen Elemente der Beschreibung sind aus unterschiedlichen älteren Traditionen überliefert. Sie fügen sich jedoch, in einer Art »Motivbündelung«, im späten Mittelalter zum Bildkomplex von Cucania/Schlaraffenland: einer populären Utopie, die von den sozialen Spannungen und Hoffnungen der Zeit genährt wird. Der schlaraffische Bildkomplex ist dabei im einzelnen unterschiedlich zusammengesetzt (d. h. die Beschreibung des Landes war für neue Einfälle offen),

allerdings lassen sich bestimmte Konstanten der »Topographie« Schlaraffenlands feststellen. Der Prozeß der weiteren Entwicklung ist dann durch verstärkte Moralisierungstendenz und die zunehmende Reduzierung des alten utopischen Horizonts gekennzeichnet. Als schließlich in der Romantik das »Märchen vom Schlaraffenland« wiederentdeckt wird, hat es den alten Charakter einer plebejischen Utopie weitgehend verloren und ist mehr und mehr zur Kindergeschichte geworden.

4. Reise über die imaginäre Grenze

Die Wunschbilder vom guten Leben verdichten sich in Schlaraffenland zu einer *geographischen* Utopie – im Gegensatz zu historischen Utopien wie dem »Goldenen Zeitalter«, gesellschaftlichen wie dem »Idealstaat« oder metaphysischen wie dem himmlischen Jenseits. Die ästhetische Struktur der Texte und Bilder wird dadurch bestimmt; »Wohlleben« wird in Landschaftsbilder übersetzt. Die Übertragung ins Zeichensystem der Geographie kann dabei bis zur detailliert gezeichneten Schlaraffenlandkarte[1] oder der voluminösen barocken Staatsbeschreibung[2] gehen. Wer nach Schlaraffenland will, muß sich also auf den Weg machen:

> »Ich schlag die Trommel, rufe überlaut:
> Wir nehmen Dienst jetzt auf dem Schiff Rynuyt ...« –;

wie auf diesem niederländischen Bilderbogen[3] als *Bericht von einer Reise* erscheint das Schlaraffenland-Motiv häufig, gewinnt mit diesem narrativen Rahmen ja auch erst das Handlungsmoment, wird, über die Beschreibung hinaus, zur Erzählung. Aufbruch – Landesbeschreibung (– Rückkehr): das ist das idealtypische Erzählmodell der Geschichte – und dabei berührt es sich mit einem Erzählschema des Märchens, das ja ebenfalls vom Aufbruch des Helden aus einer Mangelsituation und von seiner Reise in die Anderswelt erzählt.[4] Noch der Spott auf die liederlichen und müßiggängerischen Schlaraffen kann sich der Form der Reiseerzählung bedienen, wie Sebastian Brants *Narrenschiff* (Text 19) zeigt, wobei der Autor das Erzählschema modifiziert: Für die Reisenden *ad Narragoniam* wird es weder Ankunft noch Wiederkehr geben:

»Ein Wirbel wird es [das Schiff] leicht bezwingen
Und Schiff und Mannschaft jäh verschlingen.
Wir sind all guten Rates bar,
Uns droht des Untergangs Gefahr,
Der Wind uns mit Gewalt hintreibt.
Ein weiser Mann zu Hause bleibt.«[5]

Nicht selten setzt sich dabei der Erzähler selber in Szene: Zahlreiche erhaltene Texte sind in der Ich-Form erzählt, der Rezitator – als Wandersänger oder -erzähler ohnehin ein Mann, von dem sein Publikum weiß, daß er viel in der Welt herumkommt – berichtet also von *seiner* Reise nach Schlaraffenland:

»Entor l'apostoile de Romme
Alai por penitance querre,
Si m'envoia en une terre
La ou je vi mainte merveille« [6]–

im altfranzösischen *Fabliau* aus dem 13. Jahrhundert wird von der Pilgerbußfahrt erzählt.

»Nu hoert, ich sall v wat geseggen:
Ick quam lesten in eyn lant,
Dat my vremde was ende onbekant ...«–[7]

so weiß der niederländische Sänger im 15. Jahrhundert zu berichten, und auch der Erzähler des italienischen *Capitolo di Cuccagna* aus dem 16. Jahrhundert war selber in jenem Land:

»Son stato nel paese di Cuccagna ...«.[8]

Die Geschichte vom Schlaraffenland gehört also in den Zusammenhang der *Imaginären Reisen*[9] – obwohl diese Klassifizierung im Grunde mißverständlich ist. Sie geht von der modernen Trennung von *fiction* und *non-fiction,* dem »erfundenen« im Gegensatz zum »wahren« Reisebericht aus. Vor allem bei den älteren Reiseerzählungen kann man eine solche reinliche Scheidung nicht machen. Das »Phantastische« war in der vor-aufgeklärten Epoche kein eigener Bereich des literarischen Feldes, sondern konstitutiver Bestandteil *aller* erzählenden Genres. Und was die Hörer oder Leser einer solchen alten Reisegeschichte wirklich geglaubt (oder nicht geglaubt) haben, ist ohnehin nicht mehr festzustellen. (Im übrigen ist natürlich auch der moderne ethnographische Reisebericht alles andere als »objek-

tiv«; er erzählt aus der Perspektive der eigenen Kultur von der »fremden« als »Verkehrter Welt«.)[10]
Wer seine Welt verlassen, nach Schlaraffenland reisen will, muß über eine *imaginäre Grenze*. Der dicke Brei aus Hirse, Buchweizen oder Reis ist nur *eine* Möglichkeit dieser Grenze: seit dem Schlaraffenland-Spruch von Hans Sachs (1530) taucht dieser Brei in der deutschen und niederländischen Erzähl- und Bildtradition (Brueghel) immer wieder auf.[11] Sieben Jahre bis zum Kinn im Schweinemist muß waten, wer in der irischen Erzählung des 14. Jahrhunderts[12] nach Cokaygne will. Drei Meilen durch *lauter Dreck* fressen muß man sich auch in einem deutschen Lied der Zeit um 1600.[13] In einem anderen heißt es:

»Das Land leit drey Meil hinder den Weynachte,
Man muß durch Schne und Eyse,
Dem der Weg wirt bekandt,
Zur lincken Handt
Nahent beym Paradeyse
Daselben leyt Schlauraffenland.[14]

Aber auch Wasser kann den Zugang versperren: Nach Cuccagna muß man aus dem Mamelukkenhafen über das Lügenmeer segeln – so lautet die Wegbeschreibung im italienischen *Capitolo*.[15] Es ist schwierig, solchen und ähnlichen Lagebezeichnungen einen eindeutigen Sinn zu geben. Wollen sie, rationalisierend, auf die Unmöglichkeit des Unterfangens hinweisen? Sind sie, als Teil populärer Lachkultur, ein Stück verkehrter Welt: falsch weisender Wegweiser? Sind sie gar – so Carlo Ginzburg – bewußte Camouflage, um den subversiven Sinn der Wünsche nach einer Neuen Welt durch possenhafte Ironisierung zu schützen?[16] In jedem Fall ist die imaginäre Grenze Barriere zwischen dieser und der Anderen Welt *(un altro mondo* heißt Schlaraffenland in der Schwankerzählung vom Bauern Campriano, wo diese Welt, wie in vielen Märchen, am Grund des Wassers liegt[17]); erst durch die Grenze konstituiert sich diese Andere Welt als geschlossener Raum; und erst die Grenze verwehrt *und* ermöglicht den Zugang.

Das Schlauraffenlandt. Holzschnitt von Erhard Schoen, Nürnberg, 16. Jh. – Bildersaal D 2

5. Eßbare Welt

Angekommen in Schlaraffenland, findet der Reisende eine gewaltige Eßlandschaft. Die Flüsse strömen von Wein, auf den Wiesen wachsen Kuchen, vom Himmel regnet es Konfekt, aus Fleisch und Fischen sind die Häuser, die Dächer aus Eierfladen, über die Straßen gehen die gebratenen Gänse und durch die Luft fliegen die gebratenen Tauben. Kein Bereich der Landschaft und der Architektur wird ausgenommen; wie dem königlichen Midas alles zu Gold, so wird dem plebejischen Schlaraffen alles zu Essen und Trinken. Oder wie dem Kind, das alles in den Mund steckt, weil es alles für eßbar und trinkbar hält und dem man, wenn es gelernt hat zu unterscheiden, als Relikte einer eßbaren Welt, noch kleine gebackene Häuslein oder Bäumchen aus Zukker vorsetzt.

»Die Welt ist nicht aus Brei und Mus geschaffen...« (Goethe)[1] – nur primärem Narzißmus mag es scheinen, als ob es anders sei. *Und:* dem, der sehr großen Hunger hat. Auch für ihn verschwimmen die Grenzen zwischen Genießbarem und Ungenießbarem. Baumrinde nimmt er für Brot, kaut Schuhleder für ein Stück Fleisch. Die »eßbare Welt«, ist, so oder so, aus primärer Lust oder aus quälendem Hunger, der Traum dessen, der vor allem aus Mund und Bauch besteht.[2]

6. Triumph des Bauches

Zu allem Überfluß stehen in dieser eßbaren Welt auch noch köstlich gedeckte Tische, wo man königlich bewirtet wird, ganz anders als in der Welt, in der die leben, die von Schlaraffenland erzählen:

> »In allen straten vint men gespreit
> Schoen tafelen, die men nyemant wederseit
> Met witten laken onbeflect,
> Broet ende wijn daer op geset,
> Ende daertoe vissche ende vleysche,
> Elkerlijc nae sijnen heysche.
> Men mach daer eten ende drincken al den dach,
> Daer en geldt nyet ghelach
> Als men hier te lande doet
> O dat lant is al soe goet!«[1]

Wenn man die kukanischen Texte und Bilder unter dem Gesichtspunkt einer »historischen Gastronomie« betrachtet, fällt auf, daß sich hier fast immer zwei Bereiche vermischen: die Schlaraffen schwelgen im Überfluß dessen, was dem Küchenzettel der ländlichen und städtischen Unterschichten der frühbürgerlichen Gesellschaft bekannt war *und* sie sind umgeben von ausgesuchten Herrlichkeiten eines aristokratischen oder signorilen Tafelluxus, von dem die kleinen Leute im wirklichen Leben nur träumen konnten.

Der Zusammenhang der kulinarischen Phantasien, die Schlaraffia ausbreitet: eßbare Welt, Überfluß, Luxusküche, ist, auf die kürzeste Formel gebracht: *alles ist für alle da:*

>»Die Zinnen sind aus fetten Würsten,
>Reiche Speise für Könige und Fürsten,
>Man mag davon essen soviel man kann,
>Dies ist das Recht von jedermann
>Alles gehört allen, ob jung oder alt,
>Ob schwach oder stark, oder welcher Gestalt.«[2]

Dieses *Al is commune to yung and old* (so der altenglische Text) verweist auf eine der wirkungskräftigsten Vorstellungen von einer zukünftigen gerechten Ordnung der Welt, wie sie in Europa in den Jahrhunderten des späten Mittelalters und der frühen Neuzeit vor allem in den sozialen Unterschichten verbreitet war.[3] (In Thomas Müntzers *Omnia sunt communia* wird sie, revolutionär gewendet, in die Erhebungen der Bauernkriege eingehen). Die kulinarischen Phantasien der Schlaraffenlanddarstellungen beschreiben nicht einfach Überfluß oder Gourmandise, sondern die *Kommunität der Nahrungsgüter.* Dies meint zum einen: *jeder hat zu essen* (d. h. niemand muß hungern):

>»Auff den Bäumen die Semel [Semmeln] stehn,
>darunder Bäch mit Millich gehn,
>fallen in bach herabe
>vnd waichen sie [sich] fein selber ein,
>das jeder zu essen habe.«[4]

Von einem Land, wo *jeder zu essen habe,* wird dort geträumt, wo es ganz anders ist. Die Heimat der kulinarischen Schlaraffenland-Phantasien ist das *Land des Hungers*[5], die durch ökonomische Krisen und Hungersnöte geschüttelte agrarisch-städtische Übergangsgesellschaft.[6] Als Traum von einem Land, wo man

Legende zur vorigen Illustration:
La Cuccagna. Kupferstich, Rom um 1600 – Bildersaal I 1

Dies ist ein andres Land als Alemannia,
Wo man auf Rechnung seine Zeche hält,
Hier kann ein jeder essen ohne Geld
Und herrlich leben, und es heißt Cucania.

Wer weniger schafft, hat größeren Lohn bereit
Und wer kein Faulpelz ist, der wird verbannt,
Hier geht man ohne Sorgen durch das Land
Und singt von Ghirimettas Liebesleid.

Die Öfen backen hier das Brot allein,
Beim Regen fallen gleich Lasagne und Pasteten
Und wenn es blitzt, Geflügelleberlein.

Von Greco überall und Muskateller fließen
Hier Brunn und Fluß, von Torten blühn die Wiesen,
Daneben Omelettes und Krapfen sprießen
Und andres zum Genießen.

Ihr seht die Karte hier von diesem Land
Gemacht von einem Herrn, der Lüge ist genannt.

sich sattessen und -trinken kann, zeigt Cucania deutlich den Charakter einer plebejischen Utopie, es ist das Märchenland der Hungerleider, der *armen Leute:*

> »Auf jenen Fluren gibt es, für jeden der will,
> Fette glänzende Ferkel,
> Dahin laßt uns nun alle gehen, ihr Armen!«[7]

So herrschen – und dies zeigen besonders die Blätter der populären Druckgraphik – in Schlaraffenland emsige kulinarische Aktivitäten. (Brueghels Gemälde ist die einzige, große Ausnahme: es zeigt die Satten, nicht die Hungrigen.)
Aber Kommunität der Nahrungsgüter heißt in Schlaraffenland nicht nur: keiner muß hungern, sondern auch: *alle haben vom Besten.* Die kulinarischen Privilegien der feinen Leute sind abgeschafft; die »reiche Speise für Könige und Fürsten« ist hier »das Recht von jedermann«. Auch wo die Geschichten dies nicht ausdrücklich so formulieren, ist es für den zeitgenössischen Hörer oder Leser aufgrund der genannten Genüsse klar, daß hier der Luxus egalisiert wird. (Inzwischen hat sich der soziale Charakter vieler Genüsse gewandelt, die schlaraffischen Edelweine Malvasier, Greco oder Vernaccia,[8] Zimt und andere Gewürze[9] sowie vor allem Zuckerwaren,[10] kann man heute in Mitteleuropa beinahe an jeder Straßenecke kaufen, früher waren sie jedoch ausgesprochene Luxusartikel.) In Schlaraffenland schmausen *alle* wie die reichen Leute. Damit drückt sich auch in den kulinarischen Bildern neben dem *Überfluß*wunsch die *Egalitäts*phantasie aus, der wir auch sonst in Schlaraffia begegnen: Gegenbilder von Hunger und sozialer Ungleichheit.
Hier bestehen deutliche Zusammenhänge zwischen Schlaraffenland und dem *Märchen.* Denn auch das Märchen erzählt oft vom »Traum des Bauches« und auch hier »erscheinen aus einer jahrhundertealten Überlieferung *Hunger* und *Schlemmerei* als die beiden wahren Pole der menschlichen Existenz«.[11] Daß einer nichts zu essen hat und sich darum auf den Weg macht, ist die Ausgangslage vieler Geschichten. Auf ihrer Reise finden die Märchenhelden dann immer wieder auch Zaubergaben des Überflusses, wie sie dem Requisitar von Schlaraffenland entnommen sein könnten: Das *Tischleindeckdich*[12] zaubert die herrlichsten Speisen und Getränke herbei, die *Wunschmühle* mahlt unaufhörlich Mehl,[13] das *Töpfchenkoch* läßt den Brei her-

vorquellen, und wenn man den Gegenzauber nicht kennt, kann der Überfluß geradezu schlaraffische Dimensionen annehmen: »Inzwischen wurde der Brei immer mehr und mehr, und es dauerte nicht lange, da wälzte er sich schon dick wie eine Wolke durch die Tür und das Fenster auf den Dorfplatz, auf die Straße ...«.[14]
Der Traum des Hungerleiders von üppigem Essen und Trinken erfüllt sich im Märchen auch in den Häusern der Reichen[15] und in der Jenseitswelt, die, wie wir sahen, schon in der Antike Züge eines Überfluß-Landes tragen konnte. Im Märchen von »Frau Holle« bieten sich in der Anderen Welt die Dinge selber an: das Brot ist gebacken und will aus dem Ofen gezogen werden, und der Ofen steht, wie in Schlaraffenland,[16] in freier Landschaft.

7. Schenke-Ordnung. Automatismus der Produktion

Spätestens hier ist es an der Zeit, einen Blick auf die florierende Wirtschaftsordnung Cucaniens zu werfen. Wie funktioniert sie? In Schlaraffenland wird nicht *gearbeitet* (gelegentlich auftauchende subalterne Figuren wie dienstbare Tiere oder – in polemischer Wendung – Männer, die Frauen bedienen müssen,[1] ausgenommen). Hier ist der Faule König. Aber Faulheit ist hier nicht subjektive Arbeitsverweigerung, sondern die der Ökonomie des Landes entsprechende »Wirtschaftsgesinnung«. Denn in dieser Ökonomie gibt es überhaupt keine *Produktion* (im Sinne des Marxschen Produktionsbegriffs als werteschaffender, gütererzeugender menschlicher Tätigkeit). Es gibt nur *Distribution* und *Konsum*. So herrscht hier ein Zustand, den man als Ökonomie des Schenkens und Empfangens bezeichnen könnte.
Die Schenke-Ökonomie Schlaraffenlands findet ihren Ausdruck in der überdimensionalen Fruchtbarkeit der Natur (es gibt hier zum Beispiel Kühe, die jeden Monat 14 Kälber werfen[2] oder gar täglich kalben[3]), vor allem aber dadurch, daß in dieser Welt die Natur dem Menschen ihre Gaben *von selber* spendet. Die Fische schwimmen ihm in die Hand, die fetten Gänse und die Schweine laufen gebraten auf der Straße, die Kapaunen schneien vom Himmel. In Schlaraffenland gibt es also kein Aneignungsverhältnis des Menschen gegenüber der Natur, statt dessen spendet die Natur *automatisch;* so leben die Schlaraffen gleichsam im Zu-

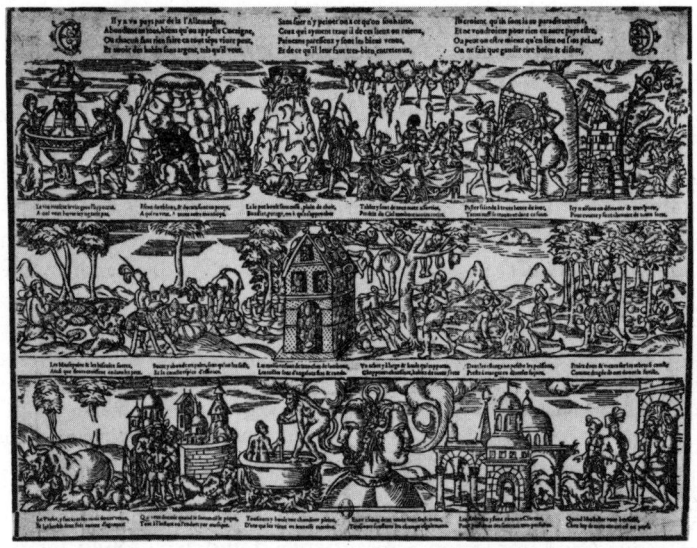

Il y a un pays par de la l'Allemaigne ... Französischer Kupferstich.
– Bildersaal F 3

stand des Kindes in der oralen Phase (das sich darauf verlassen kann, versorgt zu werden[4]); sie sind reine Empfänger, oder, in einer Formulierung von Guy Demerson: *rentiers de robots*.[5]
Denn außer von der überreichen Natur wird diese Welt von *Automaten* versorgt: dem Käse-Nudel-Vulkan, der seit Boccaccios *Paese di Bengodi* im Zentrum der italienischen Cuccagna-Darstellungen steht (Decamerone VIII, 3) oder den Öfen, die beständig frisches Brot backen. »Je mehr man davon nimmt, umso mehr wächst er«, heißt es von dem Gold- und Silber-Berg in Mitellis Cuccagna-Stich,[6] und die Formulierung bringt den Charakter dieser verkehrten Ökonomie auf den Begriff.
Auch die *Tiere* dieser kukanischen Welt funktionieren als Roboter im Dienst des Menschen: »Hier werden die Pferde mit Sattel und Zaumzeug geboren und wer reiten will, nimmt sie sich«,[7] das ist eher die Beschreibung einer »Reitmaschine« als eines wirklichen Pferdes. So ist es nur konsequent, daß es in einer solcherart automatisierten Welt auch *Auto-Mobile* gibt (die ›falsche‹ Etymologie des Wortes trägt ja durchaus noch schlaraffi-

sche Züge!): Schon in der alten Verkehrte-Welt-Geschichte aus der *Affenzeit* (14. Jh.) fährt ein *Pflug ohne Roß und Rind*,[8] und auf Mitellis Kupferstich von 1703 sieht man *Wagen, die von selber fahren, ohne Pferde und ohne Kutscher*. (Auch dieses Motiv verbindet Schlaraffenland und Märchen.)[9]
Der Automatismus des Schlaraffenlandes verdankt seine Entstehung allerdings nicht jenem menschlichen Arbeitsfleiß, der Maschinen erfindet, um die Mühen der Handarbeit zu erleichtern und Arbeitskraft zu sparen (wie es die Funktion der Technologie in der Geschichte der Menschheitsentwicklung war).

>»In Cocagne ist der Automatismus die Projektion eines Traums von mechanischen Menschen; Inaktivität verdankt sich nicht der Maschinisierung der Arbeitswerkzeuge als Mittel der Vervollkommnung der Arbeit, sondern den Bildern einer von jeder Arbeit, vom Zwang der tagtäglichen Mühen befreiten Welt.«[10]

Das nun bezeichnet auch genau den Unterschied zwischen der plebejischen Utopie von Schlaraffenland und den großen Staatsutopien der frühen Neuzeit, wie Thomas Morus' »Utopia« (1516) oder Tommaso Campanellas »Città del sole« (1623). Auch wenn sie sich in einzelnen Motiven berühren (z. B. Nichtexistenz des Privateigentums, Abschaffung des Geldes), zeichnen sich die Staatsutopien, verglichen mit Schlaraffenland, durch ein hohes Maß an Regelhaftigkeit, zentralistischer Organisation und moralischem Puritanismus aus. Vor allem aber entwerfen sie – in politischer Wirkungsabsicht – die ideale Gesellschaft immer als gerechteres *Produktions*modell. In Thomas Morus' »Utopia« herrscht allgemeine Arbeitspflicht, wenn auch nur von täglich sechs Stunden, und die Tatsache, daß hier *alle* arbeiten müssen, wie Morus eigens betont auch die Mönche, die Großgrundbesitzer und die Personen von Stand,[11] richtete sich natürlich gegen die Verhältnisse der zeitgenössischen Klassengesellschaft mit ihrer ungleichen Verteilung der Arbeitslasten. Schlaraffenland hingegen kennt die Arbeit überhaupt nicht. Wer arbeitet, wird dort ausgepeitscht,[12] kommt ins Gefängnis[13] oder wird sogar aufgehängt.[14] Schlaraffenland ist keine proletarische Utopie, und der Marxismus mit seiner Perspektive einer Reduzierung der Arbeit konnte mit Recht eher an die frühbürgerlichen Staatsutopien und die ihnen folgende bürgerlich-aufklärerische Tradition anschließen. Natürlich ist das hedonistische Schlaraffia, vom Blickwinkel des aufgeklärten Realisten aus, von einer Verwirklichung weiter entfernt als die »fortschrittlichen« Staatsmodelle der intellektuellen Utopisten; dennoch bezeichnet es die Wünsche der kleinen Leute wahrscheinlich viel deutlicher als jene reformerischen Systementwürfe.

8. Lob der faulen Haut. Kaufen ohne Geld

Mit dem Automatismus der Gütererzeugung scheint Schlaraffenland die unmittelbare Fortsetzung antiker Vorstellungen (»Automaton-Motiv«[1]) zu sein; auch dem Traum von einem Leben ohne Arbeit möchte man leicht allgemeinmenschlichen Charakter zusprechen. Dennoch ist es kein Zufall, daß dieser Traum gerade in den Jahrhunderten des Übergangs von der mittelalterlich-feudalen zur neuzeitlich-bürgerlichen Gesellschaft zum festen Bildkomplex von *Schlaraffenland* wurde: in einer Zeit, in der mit den sich entfaltenden Ware-Geld-Beziehungen, dem Handelskapital und der Wirtschaftsform der frühneuzeitlichen Städte sich auch der Charakter der menschlichen Arbeit in Europa entscheidend änderte.[2]

Anders als in den antiken Erwähnungen des »seligen Landes« wird in den Schlaraffenland-Schilderungen ein Motiv besonders hervorgehoben: das der *Faulheit* und des *Gewinnmachens* durch Faulsein; es gehört zu den konstanten Topoi Cucaniens:

»Li pais a a non Cocaigne
Qui plus i dort, plus i gaaigne,
Cil qui dort jusqu'a miedi
Gaaigne v. sols et demi«   (altfranzösisch, 13. Jh.)[3]

»Dit is lant van den heiligen gheist
Wie daer lancst slaept, de wint meest«   (niederländisch, 15. Jh.)[4]

»Son stato nel paese di Cuccagna
o quante belle usanze son fra loro!
quello che più ci dorme più guadagna«   (italienisch, 16. Jh.)[5]

»Wer einer, der fast [fest] schlaffen thet,
Dem selben lonet man wol nach der Stunde:
Als manig Stund er leyt im Beth,
Also offt geyt man jme manig pfunde.«   (frühneuhochdeutsch, 16. Jh.)[6]

Was hier, im Bild der »Verkehrten Welt«, zum Ausdruck kommt, ist die Relation von *Zeit* und *Geldverdienen,* das heißt die gegenüber dem agrarischen Feudalismus neue Zeitökonomie (die die Arbeitsleistung nach dem abstrakten quantitativen Aufwand, der »Uhr« mißt). Schlaraffenland als utopische Szenerie der Faulheit verdankt seine Entstehung einer Epoche, in der mit dem Eindringen der Geldwirtschaft in die feudal-agrarischen Verhältnisse und dem Aufstieg der Städte auch jene oft beschriebene neue Qualität und Bewertung der Zeit und der Arbeit entsteht, die im Reformationszeitalter vom Protestantismus aufgegriffen und seitdem zu einer der wichtigsten Grundlagen der bürgerlichen Gesellschaft wurde.[7] Denn wo, anders als in dem auf unmittelbare Eigenbedarfsdeckung hin produzierenden Agrarsystem des mittelalterlichen Feudalismus, jetzt der Ertrag der Arbeit durch seine Verwandlung in Geld beinahe grenzenlos vermehrbar ist, »lohnt« es sich, wenn mehr gearbeitet wird. Die Verschärfung des bäuerlichen Arbeitszwangs und eine wachsende Pauperisierung in den Jahrhunderten des späten Mittelalters und der frühen Neuzeit sind die unmittelbaren ökonomischen und sozialen Folgen. Auf moralischem Gebiet wird *Arbeitsfleiß* mehr und mehr zu einer der Grundtugenden, Nicht-Arbeiten hingegen als Müßiggang verdammt.

Bekanntlich war der älteren Feudalgesellschaft des Mittelalters diese Auffassung in ihrer Schärfe fremd. Arbeit (aus mittelhochdeutsch *arebeit* = ›Mühe, Plage, Not‹) war eher notwendige Plackerei, moraltheologisch die böse Folge des adamitischen Sündenfalls. »Wan er (Gott) gap Adame, daz er arbeite: daz gap er im ze einer *buoze*«, predigte der Franziskaner Berthold von Regensburg (13. Jh.) dem Volk.[8] Der Gegensatz zu *Arbeit* ist in seinem Sprachgebrauch bezeichnenderweise *Ruhe* oder auch *Freiheit.*[9] *Acedia,* die »Trägheit«, war zwar eine der Todsünden des Mittelalters, meinte jedoch mehr die »Trägheit des Herzens«. Mönche wie Bettler waren in der mittelalterlichen Ordnung »Nichtstuer«, galten jedoch nicht als arbeitsscheue Müßiggänger. Erst später wird *faul* (das Wort bedeutete im Mittelhochdeutschen zunächst »morsch, stinkend, schwach«) Schimpfwort für den, der nicht arbeitsfleißig ist, und wird *Faulheit* als Müßiggang das negative Gegenbild der Arbeit. Wer *faul* ist, wird *arm* und *unglücklich:* das sagt *frau Faulkeit* in ihrem Streitgespräch mit *frau Sorg,* die beide Hans Sachs des Morgens vor seinem Bett erscheinen:

> »Ste auf, sunst bist verloren!
> wiltu der Faulkeit hulden [huldigen],
> so mustu armut dulden.
> Faulkeit tregt auf dem rücke
> wol mengerlei unglücke.«[10]

Die populäre Utopie von Schlaraffenland entwickelt sich gegen die Grundlagen der neuen, frühbürgerlichen Wirtschaftsordnung und -gesinnung. Gegen das Lob der Arbeit setzt sie das Lob der Faulheit, preist Nichtstun als »Erwerbsquelle«. Damit wird »Schlaraffenland« vor allem in Deutschland und den Niederlanden des 16. Jahrhunderts zu einem literarisch-phantastischen Modell einer »Gesellschaft ohne Arbeit«. Dabei leistete gerade die Radikalität dieses Modells einem durchaus ambivalenten Verständnis Vorschub. Denn das Lob der Faulheit konnte natürlich anschaulich zu lehrhaften Zwecken eines versteckten »Lobes der Arbeit« verwendet werden, wie etwa von Hans Sachs, der am Ende seines Spruches sagt, das Schlaraffenland sei

> »... zu straff der jugent zu gericht,
> Die gwönlich faul ist vnd gefressig,
> Vngeschickt, heyloß vnd nachlessig,
> Das mans [man sie] weiß ins land zu Schlauraffn,
> Damit ir schlüchtisch [liederliche] weyß zu straffn,
> Das sie haben auff arbeyt acht,
> Weyl faule weyß nye gutes bracht.«[11]

Die Charakterisierung Schlaraffenlands als »einer alten bäuerlichen Utopie« ist also nur bedingt richtig. Gewiß orientiert sich Cucania nicht an den utopischen Modellen der Ideal*stadt* und des idealen *Staates*, die ebenfalls beide in der Renaissance zu neuer Blüte gelangten[12]; Cucania ist Utopie einer offenen Landschaft mit Feldern, Herden, Obstbäumen und Fischwassern.[13] Bäuerliche Wunschvorstellungen stecken sicher auch hinter den Bildern der überreichen Fruchtbarkeit der Natur. Aber in diese bäuerliche Welt sind (im utopischen Bild ihrer bewußten Negation) überall schon die neuen ökonomischen Strukturen der Geldwirtschaft eingegangen[14]; Cucania ist nicht nur der Traum von der Nichtexistenz der »naturbedingten« bäuerlichen Not, sondern auch jener Not, die sich unter den ländlichen und städtischen Unterschichten erst als Folge der sich entfaltenden Ware-Geld-Beziehungen ausbreitete.

> »Und in dem Land herrscht solcher Überfluß,
> Daß Börsen voller Heller
> Einfach auf den Feldern herumliegen;
> Arabische und byzantinische Goldmünzen
> Findet man in Massen – ganz umsonst:
> Niemand kauft oder verkauft dort.«[15]

So heißt es im altfranzösischen Fabliau des späten 13. Jahrhunderts (wo sich auch schon ein auf eine hochdifferenzierte Güterproduktion spezialisiertes Schneider- und Schuhmachergewerbe findet, das natürlich, der beschriebenen Wirtschaftsordnung des Landes gemäß, seine Produkte nicht verkauft, sondern verteilt, vgl. VV. 123ff.). Schlaraffenland ist voll mit Geld und Gold, aber – und hier sind die Darstellungen ökonomisch-logisch – gerade deswegen sind Geld und Gold nichts wert: die »Inflation« der »Zahlungsmittel« bei gleichzeitiger Stabilität des Verbrauchsgüterangebots führt konsequenterweise zur vollkommenen Entwertung des Geldes und so zum Zusammenbruch der Ware-Geld-Beziehungen:

> »Die Häuser sind ganz aus feinem Gold gemacht;
> Das Gold ist nichts wert, denn in jener Gegend
> Ist es nicht möglich, irgendetwas zu kaufen.«[16]

Kaufen ohne Geld, wie in der alten biblischen Prophezeiung (Jesais 55,1): dieser Widerspruch ist also in Schlaraffenland gelöst. Das Geld liegt hier auf den Feldern, man verdient zusätzlich durch Nichtstun, aber es existiert kein Handel, die Güter sind ohne Geld zu haben, auch die Zeche im Wirtshaus muß man natürlich nicht bezahlen.[17] Niemand braucht sich also zu sorgen, wie er zu seinem Geld kommt, anders als in der wirklichen Welt: *hie muß er hart drumb kratzen.*[18]

9. Jeder ein Graf. Gleichheit im Überfluß

Schlaraffenland ist auch das Land der sozialen Gleichheit aller Menschen. Die ständische Hierarchie ist abgeschafft:

> »Es gibt weder Herzog noch Herr noch Graf,
> Jeder lebt hier in seiner Freiheit,
> O welch ein schönes Land! ...«[1]

Selten wird in den Texten die Abschaffung der Ränge so direkt beim Namen genannt, aber die Gleichheit aller Menschen ist ja in Schlaraffenland auch nicht die Folge eines politischen Programms oder einer Umwälzung der gesellschaftlichen Verhältnisse (wie sie von den großen politischen Staatsutopien erträumt wurde), sondern verdankt sich jenen Bildern von Fülle und Überfluß, die die Bewohner *im Konsum* gleichmacht.
Neben die Genüsse des Essens und des Trinkens, die hier allen in gleicher Weise zur Verfügung stehen, treten die Vorstellungen von *Kleiderluxus* und *Fülle an Gold und edlen Steinen*: in der Wirklichkeit der armen Leute Insignien der Aristokratie oder der patrizischen Oberschichten der Städte. Der Gleichheitstraum der plebejischen Schlaraffenland-Utopie zielt im Gegensatz zu den bürgerlichen Gleichheitsträumen nicht auf die Abschaffung des Luxus, sondern auf dessen Egalisierung. Während die Bewohner von Thomas Morus' »Utopia« das Gold im Werte unter dem Eisen achten und Edelsteine dort als Tand der Kinder oder als Sklavenschmuck gelten,[2] gibt es im Schlaraffenland Goldberge und regnet es Perlen und Diamanten. Während in »Utopia« aufgeputzte kostbare Kleidung als unanständig gilt,[3] steht im Schlaraffenland der Kleiderbaum. Das »süße Leben« der Aristokratie ist in Schlaraffenland nicht, wie in den Köpfen der fortschrittlichen Bürger, negatives Schandbild, sondern gerade bewundertes Vorbild:

»Dort spricht man nie von Armut,
Sondern alle sind Grafen und große Barone...«[4]

In der Tat berührt sich das kukanische Leben realhistorisch mit dem Luxusleben der Aristokratie, und es ist nur konsequent, wenn Carlo Goldoni in seiner »Schlaraffenland«-Oper von 1765 (inzwischen vermutlich in kritischer Absicht) das schlaraffische Leben im Ambiente eines Duodez-Fürstentums ansiedelt.[5] Noch sehr viel später, in Heinrich Manns »Im Schlaraffenland, Roman unter feinen Leuten« (1900), meint »Schlaraffenland« das Luxusleben der herrschenden Klasse, jetzt der Großbourgeoisie und ihrer »Schmarotzer«; der Standpunkt der Schilderung ist allerdings inzwischen der einer bürgerlich-moralischen Kritik dieser Verhältnisse.

10. Frauen und Männer

Zu den Vorstellungen der Anderen Welt gehören seit alters auch die Bilder von neuen »paradiesischen« Beziehungen zwischen Frauen und Männern.[1]

»Die Frauen in jener Gegend sind wunderschön;
jeder nimmt sich die
Damen und Fräulein, wenn er Lust dazu hat,
ohne daß sich jemand darüber aufhält;
dann treibt er es mit ihnen, wie es ihm gefällt,
solange er will und ganz vergnügt;
die Frauen werden deshalb nicht getadelt,
sondern stehen in viel höherem Ansehen.«[2]

Bis hierher scheinen sich die Verse des altfranzösischen *Fabliau* ganz im Rahmen von »Männerphantasien« zu halten; im folgenden allerdings billigt der Erzähler die gleichen Rechte ausdrücklich auch den Frauen zu:

»Und wenn es sich zufällig ergibt,
daß eine Dame ihre Aufmerksamkeit
einem Mann zuwendet, den sie sieht,
dann nimmt sie ihn sich mitten auf der Straße
und macht mit ihm, was sie gern möchte.
So tut eines dem anderen viel Gutes.«
(VV. 117–22)

Im Schlaraffenland als Verkehrter Welt darf sein, was in der Welt, wie sie ist, nicht angeht. Das Thema der sexuellen Libertinage, wo die Männer sich die Frauen und die Frauen sich die Männer nehmen, ist zugleich eines der Lieblingsthemen der Schwankliteratur, der Novellistik und der Moralsatire des späten Mittelalters und der Renaissance.[3] In der sich aus den alten feudalen Bedingungen befreienden frühbürgerlichen Stadtgesellschaft kommen die traditionellen Geschlechtsrollen, die sozialen Ordnungen und Moralvorstellungen zunehmend ins Wanken.[4]
Auch die »lüsternen Mönche und Nonnen« gehören zum festen Motivschatz der zeitgenössischen Erzählliteratur:[5] der altenglische Text vom *land of Cokaygne* malt farbige Bilder eines solchen »fröhlichen Klosters«, wobei, anders als in der Novellistik, nicht »Einzelfälle« eines »unmoralischen« Lebenswandels beschrieben werden, sondern die gemeinsamen Spiele der Mönche und Nonnen die neue Ordnung des Lebens in *Cokaygne* zei-

gen.⁶ In Rabelais' Abtei Theleme wird das Motiv des »fröhlichen Klosters« wieder aufgegriffen: *Fais ce que voudras!*, Tu was dir gefällt!, lautet der einzige Satz der Ordensregel. (»Gargantua und Pantagruel« I, 57).

Das Motiv der erotischen Libertinage findet sich auch noch in späteren Schilderungen des Schlaraffenlandes, allerdings tritt es allmählich in den Hintergrund, verschwindet schließlich ganz. Die Wechselseitigkeit erotischer Zuwendung, wie sie die altfranzösische und die altenglische Darstellung auszeichnete, ist im deutschen »Lindenschmidt«-Lied einem sehr einseitigen »Frauentausch«-Motiv gewichen; auch der Jungbrunnen ist dort – wie auf Lukas Cranachs Bild von 1546⁷ – ein *Frauen*bad, das den Männern junge Frauen schenkt. Auch das deutsche Lied im *Roten Zwinger Thon* kennt *Bulereye* nur als männliches Vergnügen und spielt mit dem (verkehrten) »Liebe für Geld«-Motiv auf städtische Prostitution an.⁸ In Hans Sachs' »Schlauraffen Landt« (1530) ist von Beziehungen zwischen Männern und Frauen überhaupt nicht mehr die Rede. In den deutschen Texten treten dafür mit dem Verschwinden der alten erotischen Utopie gleichzeitig die grobianischen und unflätigen Züge Schlaraffias mehr in den Vordergrund. Ähnlich ist es in der niederländischen Tradition. In dem Prosastück »Vant luye lecker Landt« von 1546 laufen die erotischen Wunschvorstellungen auf eine Art kostenlose Prostitution hinaus:

> »Die Fräulein, die von leichter Münze sind, werden in diesem Land sehr hoch geachtet und je fauler und leckerer sie sind, umso lieber hat man sie; wenn man auch sagt, daß leckere Huren zu halten, viel kostet, so ist es gleichwohl in diesem Land nicht so ...«⁹

Auf den *bildlichen* Darstellungen des Schlaraffenlandes ist das Motiv der erotischen Freizügigkeit nur sehr zurückhaltend behandelt (was mit der auf diesem Gebiet schärferen obrigkeitlichen Kontrolle zusammenhängen dürfte). Auf dem Kupferstich des Bolognesers Giuseppe Mitelli von 1703 gibt es auch einen *Palazzo dove sono tutte le delicie* (Palast, wo alle Wonnen sind) und wenn man sehr genau durch die offenen Fenster der Fassade sieht, kann man dort ein Paar in Komplimentierpose und eines beim Tanzen erkennen.¹⁰ Der »Schlafpalast« des Cuccagna-Kupferstichs konnte beim Betrachter wahrscheinlich auch noch andere Assoziationen als die an Faulheit und Nichtstun wecken; auf der venezianischen Variante dieses Drucks ist der Zeichner auch entsprechend deutlicher geworden.¹¹

G. M. Mitelli: La Cucagna Nuova (1703) – Bildersaal I 11

Ganz singulär ist, soweit ich sehe, ein Motiv auf dem durch originelle Züge ohnehin auffallenden Einblattdruck Mitellis: »In diesem Land bringen die Frauen ihre Ehemänner in der Wiege zum Schlafen«, liest man neben der entsprechenden Darstellung. (»So hätten's die Männer gern!« – war die häufigste Reaktion, die ich von Frauen dazu gehört habe. Aber könnte nicht auch die Umkehrung des Herrschaftsverhältnisses zwischen den Geschlechtern in diesem Motiv zum Ausdruck kommen, wenn die Männer von den Frauen als kleine Kinder gehalten werden? Dargestellt wäre dann die Aufhebung des Fluches über Eva in der alttestamentlichen Sündenfallgeschichte: »Er soll dein Herr sein!«) Den Frauen ist Mitellis Kupferstich ohnehin besonders gewogen. »Die Frauen gebären tanzend und musizierend, und die Kinder, kaum daß sie geboren sind, sprechen, essen, laufen und machen alles von selber«, heißt es über einer Gruppe von Frauen mit Kindern. Im Schlaraffenland Mitellis ist nicht nur der Fluch über Adam *Im Schweiße deines Angesichts sollst du dein Brot essen!*, sondern auch jener über Eva aufgehoben: *Mit Schmerzen sollst du Kinder gebären* (1. Mose 3, 19 u. 16).[12]

Singulär scheint auch das »Schlaraffenland der Frauen« auf einem italienischen Einblattdruck des frühen 17. Jahrhunderts.[13] Es ist die Tradition der Verkehrten Welt-Motive, die hinter dieser Darstellung steht. Eingerahmt von einer Landschaft der Fruchtbarkeit, wie sie aus den übrigen Schlaraffenländern bekannt ist, sieht man hier eine Welt, wo die Männer den Frauen aufwarten und dienstbare Tiere ihnen die Hausarbeit abnehmen. In die Wunschbilder eines Wohllebens der Frauen mischen sich dabei allerdings deutlich karikaturistische Züge, wie sie zum alten Repertoire der Weibersatire (die putzsüchtige, eitle Frau) gehören (Vgl. Abb. S. 190/91).

Das Thema der erotischen Libertinage in Schlaraffenland wird dann von der moralsatirischen Literatur kräftig ausgeschlachtet und moralisch gewendet: Sie setzt Schlaraffenland mit Unzucht gleich. In Thomas Murners »Narrenbeschwörung« (1512) heißt es:

>»Ein perlin [Perle] ist, ein edel gstein,
>Das alle frowen machet rein;
>Wann sy das selb verloren handt,
>So sindt sy im schluraffen landt:
>Das ist die scham ...«[14]

Schon hier meint Schlaraffenland speziell die *weibliche* »Unzucht«. In der Verkehrten Welt haben die Frauen ihre »Weiblichkeit« abgelegt, dieses Muster findet sich auch in der späteren Barockpredigt.[15] In der auf Joseph Halls Reisesatire »Mundus alter et idem« zurückgehenden »Erklärung der Wunderseltzamen Land-Charten Utopiae so da ist das neu-entdeckte Schlaraffenland«[16] wird neben den Reichen der Fresser, der Säufer, der Narren, der Toren, der Bauern etc. auch *Respublica Venerea, die Herrlichkeit der geilen Weiber* als voluminöses Bild eines liederlichen verwerflichen Lebenswandels beschrieben.
Am Ende sind die erotischen Züge aus den Schlaraffenland-Beschreibungen so gut wie gänzlich verschwunden. Die niederländischen Erzählfassungen des Märchens (Texte Nr. 11 und 12), obgleich nicht speziell für Kinder bestimmt, kennen Schlaraffenland beinahe ausschließlich als Gaumenparadies. Aber diese Entwicklung der »Enterotisierung« teilt Schlaraffenland mit vielen Märchenstoffen: die einst in ihnen blühende Erotik hat längst jener Naivität und Unschuld Platz gemacht, wie sie seit dem 19. Jahrhundert als Wesensmerkmal dieser »kindlichen Gattung« gelten.

11. Der Jungbrunnen, die Alten

Die Vorstellung von einem Wasser, das ewige Jugend verleiht, gesund macht oder von den Toten erweckt: dem *Wasser des Lebens,* geht vermutlich auf altorientalische Ursprünge zurück und ist bis in die neuere populäre Erzählüberlieferung verbreitet.[1] Nach dem Bericht der Johannesapokalypse (Kap. 22) fließt das Wasser des Lebens in der kommenden Neuen Welt. Der spätgriechische Alexanderroman erzählte von Alexanders Suche nach dem Lebensquell in einem Land am äußersten Ende der Erde, dem Land der Finsternis;[2] auch im *Irdischen Paradies* fließt nach mittelalterlicher Überlieferung das Lebenswasser.
Mit dem Jungbrunnen, dessen Wasser denjenigen wieder jungmacht, der von ihm trinkt oder der in ihm badet, schließt Schlaraffenland also besonders deutlich an alte mythische Vorstellungen vom Land, wo man nicht stirbt, an. In Schlaraffenland braucht man – Mitellis Kupferstich zeigt das – keine Ärzte, denn hier gibt es das Allheilmittel gegen Krankheit, Alter und Tod.[3]

Daß ein glückliches Leben auch ein langes Leben sei, vor allem eine lange Jugendblüte umfasse, ist verbreitete Vorstellung in zahlreichen alten Kulturen. »Alt und lebenssatt« sterben wie Hiob (Hiob 42, 17) ist das von einem sehr unmittelbaren Materialismus geprägte Ideal in der jüdischen Kultur. In Jesaias' Prophezeiung eines Neuen Himmels und einer Neuen Erde heißt es: »Es sollen nicht mehr da sein Kinder, die nur etliche Tage leben, oder Alte, die ihre Jahre nicht erfüllen; sondern die Knaben sollen hundert Jahre alt sterben« (Jes. 65, 20). Auch in Hesiods Bildern von den Weltaltern spielte das »gute Alter« eine Rolle: damals nahte den Menschen kein schlimmes Alter, und sie starben »übermannt vom Schlaf«.[4] Ganz ähnlich heißt es übrigens noch in dem italienischen Lied von der »Neuen Welt«:

»Jeder ist jung, es gibt kein Alter dort,
Und also jung lebt jeder tausend Jahre
Und dann stirbt man im Schlaf, o welche Lust!«[5]

Nicht alle Schlaraffenland-Texte berichten vom Jungbrunnen, und in der historischen Abfolge lassen sich wiederum Unterschiede beobachten. Das altfranzösische »Fabliau de Coquaigne« berichtet feierlich von der *fontaine de Jovent* als einem unvergleichlichen Wunder und erzählt von der Verjüngung von alten Frauen *und* Männern auf *dreißig* Jahre.[6] Unter den beiden mittelniederländischen *Cockaengen*-Texten des späten 15. Jahrhunderts hat die eine Fassung das Motiv übernommen: der Trunk aus dem Brunnen verjüngt dort inzwischen auf *zwanzig* Jahre (ob sich das »ideale Alter« inzwischen geändert hat?), die andere Fassung hat das Motiv nicht.

Unter den deutschen Texten kennen weder der stark moralisierende »Spruch vom Schlauraffenland«[7] noch das Lied im Roten Zwingerton[8] den Jungbrunnen; Hans Sachs erwähnt ihn kurz (V. 52f.). In den beiden Fassungen des »Lindenschmidt«-Liedes ist er ein *warmes Bad* geworden, das *allte Leut* (Str. 23) wieder jung macht. Und der Erzähler fügt hinzu:

»Welcher ein altes Weybe hat,
der schick sie auch mit in das Bad,
sie badet kaum drey tage:
So wird darauß ein junges Dirnlein,
ungefehr bey achtzehen Jaren.«[9]

Das alte Motiv vom Frauen wie Männer verjüngenden Quell hat sich hier also zur Vorstellung vom Jungbrunnen als *Frauenbad* entwickelt, das einseitig den Männern wieder junge Frauen (von inzwischen *achtzehn* Jahren) schenkt: ein Motiv, das in der Malerei des 16. Jahrhunderts beliebt war (Lukas Cranach, Der Jungbrunnen; Hieronymus Bosch, Garten der Lüste);[10] neben *Altweibermühle* und *Jungofen* lebt es in der populären Druckgraphik weiter.[11]
In seiner Kindermärchenfassung von 1845, die auf das »Lindenschmidt«-Lied zurückgeht und mit ihm die Motive von »Frauentausch« und »Jungbrunnen« teilt, hat Ludwig Bechstein dann den Alten und speziell den alten Frauen kräftig eines ausgewischt: »Welcher sein weyb nicht haben will, mag sie verdauschen eben« – aus diesen Versen seiner den alten Frauen schon nicht eben freundlichen Vorlage macht er seinerseits:

> »Wer eine alte Frau hat und mag sie nicht mehr, weil sie ihm nicht mehr jung genug und hübsch ist, der kann sie dort gegen eine junge und schöne vertauschen«.

Und die oben zitierte »Jungbad«-Strophe gibt er wie folgt wieder:

> »Die alten und garstigen (Frauen) – denn ein Sprichwort sagt: wenn man alt wird, wird man garstig – kommen in ein Jungbad, damit das Land begnadigt ist; das ist von großen Kräften; darin baden die alten Weiber etwa drei Tage oder höchstens vier, da werden schmucke Dirnlein daraus von siebzehn oder achtzehn Jahren.«[12]

Es scheint, als wäre es inzwischen immer schwerer geworden, in Ehren alt und grau zu werden.

12. Die Welt auf dem Kopf

Die ältesten »schlaraffischen Motive« in der deutschen Literatur finden sich in mittelhochdeutschen Texten, die nicht Schlaraffenland als Land des Überflusses und der Faulheit malen, sondern als Verkehrte Welt, in der die Ordnung der Natur und der menschlichen Verhältnisse auf dem Kopf steht oder Unmögliches möglich ist.[1] Denn neben den Wunschbildern vom Guten Leben ist das *Lügenmäre* die zweite historische Wurzel des

Schlaraffenland-Komplexes. Die Übergänge zwischen Schlaraffenland = Wunschland und Schlaraffenland = Verkehrte Welt sind fließend; das Grimmsche »Märchen vom Schlauraffenland« zum Beispiel ist ein »Lügenmärchen« (eine der beliebtesten Gattungen auch der mündlichen Erzählkultur in vielen Sprachen),[2] ebenfalls das »Schlaraffenland«-Volkslied.[3] Auch das Motivregister von Aarne/Thompsen führt beide Erzähltypen unter ein und derselben Nummer (ATh 1930).

Auch die Bilder der Verkehrten Welt[4] haben eine lange Tradition in Texten und bildlichen Darstellungen des alten Orients und der griechisch-römischen Antike. Die Verkehrungen konnten dabei die Welt der Tiere betreffen (der Esel reißt den Löwen), das Verhältnis der Tiere zu den Menschen bzw. des Schwachen zum Starken (der Hase schießt den Jäger), die sozialen Verhältnisse zwischen den Menschen (die Herren bedienen die Sklaven, Männer und Frauen wechseln die Rollen) oder die natürlichen Eigenschaften von Dingen, Tieren und Personen (Eisen schwimmt, Krebse laufen in Windeseile, Blinde sehen etc.).

Auch die schlaraffischen Texte vom Wohlleben lassen sich als Bilder einer Verkehrten Welt lesen, herrscht hier doch eine Ordnung, die der Welt, wie sie tatsächlich ist, diametral entgegengesetzt ist. Die *descriptio a negativo*, die genüßliche Aufzählung alles dessen, was es in jener schlaraffischen Welt *nicht* gibt, ist das so gut wie überall auftauchende erzählerische Mittel, mit dem »diese Welt hier« an »jener Welt dort« gemessen wird.

>»Die Felder sind nicht geteilt und nicht die Ländereien ...«[5]

>»Keinen Herzog gibt es dort, keinen Herrn, keine Grafen ...«[6]

Wie in dem alten Jahrmarktsrequisit des Umkehrspiegels steht in Schlaraffenland die Welt auf dem Kopf.

Im Spiegel der Verkehrten Welt kann dabei dann die eigene als die tatsächlich verkehrte erscheinen: was bei uns als »Anstand« hochgehalten wird – so das *Capitolo* –, das halten sie dort, in Cuccagna, für »Verrücktheit« und »Narrenzeug«.[7] Ein besonders listiges Umkehrspiel kann auch darin bestehen, hier auf Erden das »wahre Schlaraffenland« zu entdecken, wie es eine der Märchen-Erzählerinnen in Giambattista Basiles »Pentamerone« (1635) tut, die das alte Schlaraffenland-Motto von Faulheit und Verdienen gleichsam »gegen den Strich« versteht:

»Die Erfahrung zeigt, daß diese Welt ein wahres Abbild des Schlaraffenlandes ist, wo, wer am meisten arbeitet, am wenigsten verdient und wo es der am weitesten bringt, der das Leben nimmt, wie es kommt und der faule Strick, der sich alles in den Mund fliegen läßt. Man kann es mit Händen greifen, daß die Trophäen des Glücks mit Dümpelkähnen und nicht mit Schnellruderern erjagt werden – und davon will ich euch jetzt erzählen ...«[8]

13. »Sie hatten unter der Erde eine wunderliche Behausung, welche sie Paradies nannten ...«.
Schlaraffenland und die Neuen Welten der Ketzer

Wenn, wie Ernst Bloch schreibt, die Inhalte der Utopien »sich einzig in der Geschichte bewegen, die sie erzeugt«, wäre nicht nur (wie in den vorhergehenden Kapiteln geschehen) nach Struktur und historischen Bedingungen der utopischen Bilder von Schlaraffenland, sondern auch nach ihren Spuren in der sozialen Wirklichkeit zu fragen. Wo haben die Wünsche nach der »Anderen Welt« des »Guten Lebens«, der verkehrten Ordnung der Dinge, wie sie Schlaraffenland beschreibt, im »wirklichen Leben« wenigstens stückweise Gestalt anzunehmen gesucht? Vorstellungen von der Wiederherstellung eines irdischen Paradieses sind in vielfältiger Weise in häretischen Bewegungen des späten Mittelalters und der frühen Neuzeit wirksam. Als sozialreligiöse Erneuerungsbewegungen[1] entwickeln sich diese ja gegen die offizielle Frömmigkeit der herrschenden Kirche und deren »Befleckung« durch die Strukturen und Ordnungen der »alten Welt«. Bestimmend ist für die Ketzerei daher der *Exodus* aus der Welt, die Sezession der wahren Gläubigen, der Rückzug über eine tatsächliche oder imaginäre Grenze an einen »Ort außerhalb«, eine spirituelle oder tatsächlich existierende Andere Welt. *Wer nicht verläßt Häuser oder Brüder oder Schwestern oder Vater oder Mutter oder Weib oder Kinder oder Äcker und mir nachfolgt ...:* der Bruch mit den Ordnungen der Alten Welt, der Auszug der Gerechten in ein besseres Leben vollzog sich oft im Zeichen der Berufung auf die *vita apostolica*. In den riesigen Scharen der Männer und (was noch schwerer wog:) Frauen, die mit ihren lokalen Bindungen gebrochen, sich über das Seßhaftigkeitsgebot hinweggesetzt hatten und am Rande oder auch außerhalb der kirchlich approbierten Bettelorden über Land zogen, das *Poenitentiam agite!,* den alten Bußruf der Ankündigung des neuen Zeitalters (Matthäus 4,17) auf den Lippen – in solchen religiösen Wander- und Bettelbewegungen, wie sie während des 13. und 14. Jahrhunderts verbreitet waren, fand der Bruch mit den Ordnungen der alten Welt seinen massenhaften sozialen Ausdruck.

Neben der Berufung auf das arme Leben der Apostel und mystischen Ideen von der Sündlosigkeit des gottgleichen Menschen wurden die vielfältigen sozialreligiösen Bewegungen der Zeit vor allem von chiliastischem Gedankengut[2] inspiriert, wie es sich seit den Schriften des kalabrischen Abts Joachim von Fiore (gest. 1202) über Europa ausbreitete.[3] Nicht nur wird dort der Anbruch des Neuen Zeitalters, des dritten und letzten der Heilsgeschichte prophezeit; gleichzeitig predigte Joachim die Möglichkeit, diesen Zustand in der *vita contemplativa* idealer klosterähnlicher Kommunitäten vorwegzunehmen, in denen – wie auf Inseln in der alten Welt – schon ein Stück des neuen »Reiches des Geistes« in Besitz genommen werden könne. Dieses Modell wird – in immer stärkerer Säkularisierung – bis in die Neuzeit hinein wirksam: Der *Mundus Novus* – seit den Tagen der Prophezeiung des Jesaias *Denn siehe, ich will einen Neuen Himmel und eine Neue Erde schaffen* (Jes. 65, 17) Bild sozialreligiöser Erneuerungshoffnung – bleibt nicht mehr einem kommenden Äon vorbehalten, sondern kann in den alternativen Gemeinschaften der Erleuchteten als Vorwegnahme der Heilszeit schon in der Gegenwart realisiert werden. Auch dieses Denkmuster ist jüdischen Ursprungs: die Lehre von der in der Gemeinschaft der Heiligen sich bereits realisierenden Eschatologie war Kernstück der frühchristlichen Lehre[4] und die in den beiden Jahrhunderten um die Zeitenwende in Qumran in strenger ritueller Abgrenzung als »Gemeinde der Heiligen« lebende Sekte der Essener ist ein frühes Beispiel solcher in einem neuen Gemeinschaftsleben sich realisierenden Endzeithoffnung.[5]

Aus dem späten Mittelalter sind zahlreiche Bewegungen bekannt, deren Anhänger sich als Bewohner einer solchen *Anderswelt* verstanden oder die gar – sei es in geheimen Zusammenkünften, sei es in mehr oder minder festen Gründungen – diese Welt zu institutionalisieren suchten, bevor sie, meist schon nach kurzer Zeit, von der Inquisition ausgehoben oder mit Waffengewalt niedergezwungen wurden: die »Brüder und Schwestern vom freien Geist«, die um 1270 im Schwäbischen Ries lebten und vor allem unter den Frauen starken Zulauf fanden;[6] in Norditalien die »Apostelbrüder« um Fra Dolcino, die sich 1305 auf den *Mons parietis calvae* bei Vercelli zurückzogen und zwei Jahre später von einem Kreuzzugsheer niedergemacht wurden;[7] die niederrheinischen Begarden des 14. Jahrhunderts; die radikalen Hussiten, die 1420 im böhmischen Tabor mit einer Kommunität ohne Standesunterschiede und ohne Privateigentum das kommende Reich Christi vorwegnehmen wollen;[8] die Wiedertäufer 1534/35 in Münster.[9]

Trotz aller Unterschiede im einzelnen haben diese ketzerischen Gemeinden eines gemeinsam: sie verstehen sich als vorweggenommene Realisierung der *Neuen Welt*. Diese Welt ist gleichsam exterritorial, außerhalb der Grenzen der »alten Welt« gelegen. In ihr herrscht ein *novus modus vivendi,* der, verglichen mit der Welt, wie sie tatsächlich ist, Verkehrte Welt ist. Als *Irdisches Paradies* ist diese Welt, wie Schlaraffenland, ein *locus conclusus:* abgeschirmter Ort jenseits der Grenze. Denn gegen die Welt, wie sie ist, ist die Neue Welt immer nur durch Grenzziehung zu errichten.

In den Neuen Welten der Ketzer konnten sich Momente jener schlaraffischen Wunschwelt verwirklichen, in denen von einer neuen Ordnung der menschlichen Beziehungen die Rede war. Dies betraf, in je unterschiedlicher Mischung, vor allem drei Bereiche: sexuelle Libertinage, Gütergemeinschaft und die Aufhebung der Standesunterschiede.

Von freien erotischen Beziehungen der Bewohner der häretischen Gemeinschaften hören wir aus den Kreisen der süddeutschen »Freigeistler«, der niederrheinischen Begarden und der Apostlerbewegung um Fra Dolcino.

> »Sie hatten unter der Erde eine wunderliche Behausung [mirabile habitaculum], welche sie Paradies nannten, wo sie ihre törichten Predigten hielten und allerlei ehrbare Frauen [matronas] zu Ausschweifungen versammelten«,

heißt es in einem Bericht über eine Begardengemeinschaft zu Köln 1325.

> »Zwei der Anwesenden erklärten sich für Maria und ihren Sohn; der letztere hob an, nackend zu predigen und forderte alle auf, sich zu entkleiden, wie es Unschuldigen gezieme.«

Am Ende seien die Kerzen gelöscht worden und man habe sich »nach Art der Schweine« übereinander hergemacht.[10]

Noch durch die Sprache der Inquisitoren hindurch werden hier die Anschauungen deutlich, die der als »Ausschweifung« verurteilten neuen Ethik zugrunde liegen: Es geht um die Wiederherstellung des verlorenen paradiesischen Status der Unschuld; der neue, gottgleiche Mensch hat mit den Gesetzen der alten Welt gebrochen und trägt die Ordnung des neuen Äons schon in sich. In den freien Beziehungen der Menschen untereinander soll das paradiesische Leben realisiert werden. In einem anderen Bericht über die geheimen Versammlungen der Kölner Ketzergemeinschaft der *Adamianer* 1328 heißt es:

> »Ein jeder erkannte die ihm nächste, sie tafelten köstlich, führten Reigen auf und genossen die größten Vergnügungen, wobei sie sagten, daß diese Lebensweise [*status*] derjenigen des Paradieses und der Stammeltern vor dem Sündenfall entspreche«.

Und der Chronist registriert unter ihren Irrlehren auch die Ablehnung des Fastens *(nichil esse ieiunium)*.[11]

Auch Gütergemeinschaft und Standesgleichheit der Menschen waren alte ketzerische Ideen; sie gewinnen dann vor allem in vorreformatorischen und reformatorischen Bewegungen des 15. und 16. Jahrhunderts an Bedeutung:[12] bei den Hussiten auf dem Berg Tabor 1420, bei den Wiedertäufern in Münster oder in Mähren, deren Anhänger später in Austerlitz die kleine, nach urchristlichen Prinzipien organisierte Gemeinde der »Huterer« gründeten, die über beinahe einhundert Jahre lang als sozialreligiöse »Insel« existierte.[13] »Die Felder sind nicht geteilt und nicht die Ländereien,/Denn an Gütern herrscht allerorten Überfluß,/So ist das Land ganz in Freiheit«: diese schlaraffische Utopie aus dem 16. Jahrhundert[14] findet sich als politische Utopie vom Gemeineigentum und der Erhöhung des *armen Mannes* auch in den sozialrevolutionären Entwürfen der Zeit der Bauernkriege: in den Predigten des Viehhirten und Musikanten Hans Böhm im tauberfränkischen Niklashausen 1476,[15] bei Thomas Müntzer[16] oder in der chiliastischen Flugschrift des Nürnberger Wanderbuchhändlers Johann Hergot »Von der neuen Wandlung« 1527 mit seiner Prophezeiung einer Zeit, »ynn welcher« wird niemand sprechen: das ist meyn«.[17]

So lassen sich in den sozialreligiösen Volksbewegungen des späten Mittelalters und der frühen Neuzeit einzelne Züge der schlaraffischen Utopie entdecken. Das Besondere der populären Utopien war allerdings, daß die phantastischen Wunschbilder eines besseren Lebens sich beständig neu vermischten und entmischten, wechselnde Verbindungen eingingen, immer neue und andere Formen annahmen. So sind auch die Unterschiede zwischen Schlaraffenland und den neuen »paradiesischen« Welten der Ketzer deutlich: Schlaraffenland ist keine theokratische Ordnung, sondern ein weltliches Wunschland. Umgekehrt fehlten den bedrängten Ketzergemeinschaften notwendigerweise die Mittel und Möglichkeiten, auch jene Fülle der Gaumengenüsse zu antizipieren, wie Schlaraffenland sie versprach. Vor allem in den utopischen Entwürfen der Reformationszeit taucht schließlich jenes Prinzip auf, als dessen Negation sich Schlaraffenland doch versteht: die *Arbeit*. Das spricht für den progressiven demokratischen Rationalismus eines sich zu festumrissenen »verwirklichbaren« Sozialutopien hin entwickelnden Wunschdenkens, markiert aber auch gleichzeitig den Unterschied zur schlaraffischen Utopie. »Vnd es werden die leutte alle erbeyten ynn gemeyn, eyn ytzlicher wo zu er geschickt ist, vnd was er kan«, beschreibt Johann Hergot die erwünschte kommende Ordnung.[18] Damit läuft auch die von den großen chiliastischen Zukunftsbildern geprägte Utopie seiner »Neuen Wandlung« (ähnlich wie die großen »Staatsutopien« der frühen Neuzeit) nicht, wie Schlaraffenland, auf die Egalisierung des Überflusses hinaus, sondern auf eine Art Gleichheit der arbeitenden Menschen im Mittelmaß. Hergot sagt es am Ende seiner Flugschrift in einem Bild, das alte biblische Vorstellungen vom messianischen Umsturz der Verhältnisse, der Verkehrung der Ordnung aufnimmt (»Er stößt die Gewaltigen vom Stuhl und erhebt die Niedrigen, die Hungrigen füllet er mit Gütern und läßt die Reichen leer«, Lukas 1, 52f.), zugleich aber die Radikalität der alten Utopie mildert und einen »demokratisch« anmutenden Ausgleich der Verhältnisse auf mittlerer Ebene wünschenswert erscheinen läßt:

»Es sind gesehen drey tisch ynn der Welt, der erst vberflussig [= überreichlich] vnd zuuil [zu viel] darauff, Der ander mittelmessig vnnd eyn bequeme notturfft, Der Dritt gantz notturfftig [armselig]. Do seyn kommen die von dem vberflussigen tisch vnnd wolten nemen von dem wenigern tische das brodt. Hieraus erhebt sich der kampff, vnd das Gott wird vmbstossen den vberflussigen tisch vnd den geringen tisch, vnd bestetigen den mitteln tisch.«[19]

14. »Ihr sollt nichts mitnehmen auf euren Weg.«
Schlaraffenland und das franziskanische Armutsideal

Wenn wir in der Aufhebung der Arbeit eines der zentralen Momente der populären Utopie vom Schlaraffenland sehen, dann läßt sich hier eine überraschende, heimliche Verwandtschaft mit den sozialen Wurzeln der spätmittelalterlichen Armutsbewegung erkennen.
Dabei scheinen Schlaraffenland und die geistige Welt eines Franz von Assisi[1] auf den ersten Blick nur Gegensätze zu sein. »Wer zwei Röcke hat, der gebe dem, der keinen hat, und wer Speise hat, der tue auch also!« – diese apodiktische Forderung aus der die Endzeit ankündigenden Predigt Johannes des Täufers (Lukas 3, 11) hat Franziskus für sich und seine Gefährten wörtlich genommen:

> »Die dann kamen, um unser Leben mit uns zu teilen, gaben alles, was sie besaßen den Armen; sie waren zufrieden mit *einem* Habit, der außen und innen geflickt war, sowie mit einem Strick und Beinkleidern; und mehr wollten wir nicht haben«,

hinterläßt er als Vermächtnis in seinem Testament von 1226 (das schon 4 Jahre nach seinem Tod vom Papst als häresieverdächtig für nicht verbindlich erklärt, mancherorts sogar verbrannt wurde).[2] Im Schlaraffenland hingegen steht der Kleiderbaum oder die Tuchmacher verteilen nach Gefallen

> »Gewänder aus brauner, scharlachfarbner oder violetter Wolle, aus gestreiftem Stoff von guter Art, aus grünem Wollzeug oder ganz aus Groblinnen, aus Seidenstoff von Alexandria, aus gestreiftem Tuch oder aus Kamelhaar.«[3]

Ähnlich kraß der Gegensatz bei der Haltung gegenüber den anderen irdischen Genüssen. Während Schlaraffenland seinen Bewohnern an Essen und Trinken überreichlich vom Besten bietet, ziehen die Minderbrüder Nahrung bettelnd über Land. Während Schlaraffenland seine Bewohner auf weichen Betten in edlen Häusern logiert, verordnet der umbrische Heilige sich und den Seinen ärmliche Behausungen aus Stroh und Lehm, stirbt er selbst nackt auf nackter Erde. Und meilenweit scheint von Cuccagna entfernt, was in einer der *Fioretti*-Legenden des 14. Jahrhunderts als »ideale Tafel« in der Welt der armen Brüder erscheint:

»›Es ist kein Tischtuch da, kein Teller, keine Schüssel, kein Messer, kein Haus, kein Tisch, weder Diener noch Magd‹. Darauf der heilige Franz: ›Und das eben dünkt mich ein großer Schatz.‹«[4]

Dennoch ist das ökonomische Modell der beiden Welten ein und dasselbe: das einer ausschließlich *konsumptiven* (Gegen-) Gesellschaft, einer »Schenke-Ökonomie«, in der es nur Verteilung und Verbrauch, aber keine *Produktion* gibt. Beide, die Brüder des heiligen Franz wie die Bewohner des Schlaraffenlandes leben *von der Hand in den Mund.* Ist es im Schlaraffenland die automatisierte Fruchtbarkeit einer mythischen Über-Mutter Natur, die den Lebensunterhalt sichert, so ist es in der Welt der Bettelgemeinschaften die mütterliche All-Güte Gottes (einer almosenspendenden Menschheit), die diejenigen versorgt, die Vater und Mutter verlassen haben und produktive Arbeit[5] nicht kennen. »Ihr sollt nichts mitnehmen auf euren Weg!« lautete – nach dem Aussendungswort Christi an seine Jünger (Luk. 9, 3) – ein Satz aus der Regel des Franziskus (er wurde bei der Bestätigung der Regel durch den Papst gestrichen).[6] In diesem Satz drückt sich das grenzenlose naive Vertrauen in die All-Güte eines die Seinen immer versorgenden Gottes aus, wie es dem grenzenlosen Vertrauen auf die immerspendende Natur im Schlaraffenland entspricht. Auch hier ist die *vita apostolica* Vorbild: »Sehet die Vögel unter dem Himmel an: sie säen nicht, sie ernten nicht, sie sammeln nicht in die Scheunen, und euer himmlischer Vater nähret sie doch.« (Matthäus 6, 26). So können – wie es die Legenden immer wieder erzählen – die kargen erbettelten Essensreste dem Heiligen als Schatz, als köstliche Speise erscheinen; sie verwandeln sich gleichsam in schlaraffische Kost, sind sie doch Beweis für das Funktionieren der »Schenke-Ordnung«. In der Welt des heiligen Franz gilt, wie in Schlaraffenland, nicht die Maxime *Wer nicht arbeitet, soll auch nicht essen,* und auch die Eigentumsfrage ist hier wie dort gelöst (Franziskus hat seinen Brüdern streng verboten, irgendwelches Eigentum zu besitzen).

Auch in der kärglichen und Schlaraffenland so entgegengesetzt scheinenden Welt der Minderbrüder *fliegen einem* also *die gebratenen Tauben in den Mund.* Eine Geschichte aus dem frühen Legendenzyklus des »Speculum perfectionis« macht es nur besonders deutlich: Während seiner letzten Krankheit wünscht sich der Heilige von einer ihm nahestehenden Dame im fernen Rom außer einem geweihten Leichentuch auch eine ganz bestimmte römische Zucker-Mandel-Creme, die er besonders gern mochte; während man noch nach einem Boten sucht, dem der Brief übergeben werden soll, klopft es an der Haustüre und die Dame tritt mit eben dem Erwünschten ein.[7]

Schlaraffenland und Armutsideal sind die beiden extremen Antworten auf die ökonomischen und moralischen Entwicklungen, mit der sich in der Epoche der sich entfaltenden Ware-Geld-Beziehungen, des Wucher- und Handelskapitals und der Stadtwirtschaft am Ende des Mittelalters die neue ökonomische Ordnung des Kapitalismus ankündigt. Beide »Welten«, Schlaraffenland und Armutsbewegung, treffen sich daher gerade in ihrer Einstellung gegenüber dem wichtigsten Instrument dieser neuen ökonomischen Ordnung: dem *Geld*. Der heilige Franz hat eine beinahe magisch anmutende Berührungsangst gegenüber dem Geld gehabt, das für die aufstrebende Handelsbourgeoisie der spätmittelalterlichen Städte ja eine immer größere Bedeutung bekam. Das Gefährliche und latent oder offen Ketzerische an der demonstrativen Ablehnung des Geldes durch die Armutsbewegung lag natürlich darin, daß auf diese Weise der mit Gold beladenen herrschenden Kirche der Päpste, Kardinäle und Prälaten ein Spiegel des reinen apostolischen Lebens vorgehalten wurde. Schlaraffenland hingegen ist überreich an Geld und Gold, aber gleichzeitig wird in den Texten immer wieder betont: hier kann man nicht kaufen oder verkaufen, denn alles ist umsonst. Wo das Geld auf den Feldern und Wegen liegt, ist es als allgemeines Äquivalent nutzlos. Im rein konsumptiven Versorgungsmodell Schlaraffenland hat das Geld damit die gleiche Qualität, wie sie ihm Franziskus zuerkennt: »Er hatte ihnen den Leitsatz gegeben, Geld und Mist solle für sie das gleiche sein«, heißt es in einer Geschichte des (später verbotenen) »Speculum perfectionis.«[8]

Es ist daher kein Zufall, daß Franz und seine Gefährten, die almosenbettelnd, singend und tanzend durch die Straßen zogen, den Bürgern der aufstrebenden mittelitalienischen Städte in eben der gleichen Rolle erscheinen, wie sie die Kritiker aus dem Lager der ökonomischen Vernunft seit alters auch den Bewohnern des Schlaraffenlandes zugeteilt haben: es sind *Narren*. »Und wenn Frauen und junge Mädchen sie nur von ferne sahen, flohen sie zitternd, um ja nicht von ihrer Narrheit oder ihrem Wahne mitfortgerissen zu werden«, heißt es in der »Drei-Gefährten-Legende.«[9] Oder:

»Bei allen aber, die ihnen begegneten, erregten sie höchstes Aufsehen, weil sie in Kleidung und Lebensweise so verschieden von allen waren. Sie schienen eine Art Waldmenschen zu sein.«[10]

Narren oder Kinder:

»Manchmal hob er [Franziskus] von der Erde ein Holzscheit auf, legte es über den linken Arm, nahm mit der Rechten einen Stecken, der ihm zum Bogen diente, und strich damit über das Scheit, wie wenn er mit der Geige oder mit einem anderen Instrumente spielte. Dazu bewegte er sich in entsprechendem Rhythmus und sang ein französisches Lied vom Herrn Jesus Christus. Zuletzt pflegten sich alle diese Lieder und Tänze in Tränen der Rührung aufzulösen, im Gedanken an Christus, und alles in ihm ward zu reiner Seligkeit.«[11]

So war, in seiner radikalen Armut, auch der heilige Franz ein Bewohner des Schlaraffenlandes.

15. Aus der Neuen Welt. Reisemythos Schlaraffenland

Die literarische ebenso wie die soziale Wirksamkeit der Schlaraffenland-Utopie, die Tradierung der einzelnen Bilder ebenso wie die Geschichte der Hoffnungen, die in ihnen lebendig ist, ist eng mit dem »geographischen« Charakter dieser Utopie verbunden. »Wer ins Schlaraffenland kommen will, muß sich auf den Weg machen«: das bedeutete ja auch: Nur wer sich auf den Weg macht, kann hoffen, ins Schlaraffenland zu kommen. Die Suche nach dem großen Glück, das Streben nach Freiheit und Wohlleben, nicht zuletzt die Hoffnung, dem *Tod* zu entgehen, finden seit alters ihren Ausdruck im Reisemythos.

Von Reisen in schlaraffenlandähnliche Länder erzählt die Reisebeschreibung, die um 1356 in Lüttich verfaßt wurde und als deren wahrscheinlich fiktiver Autor sich der englische Ritter John Mandeville bezeichnet.[1] Das französische Original wurde ins Lateinische und alle großen europäischen Sprachen übersetzt und schon während der Zeit seiner handschriftlichen Verbreitung (250 bis 300 Handschriften) ein Riesenerfolg; nach Erfindung des Buchdrucks allein zwischen 1470 und 1500 in 7 französischen, 13 italienischen, 8 deutschen, 2 englischen, 2 holländischen und 4 lateinischen Drucken herausgekommen,[2] bleibt es noch im Zeitalter der überseeischen Entdeckungen einer der verbreitetsten Lesestoffe. Mandeville hat in seinem Werk ältere Reisebeschreibungen, literarische Quellen und möglicherweise auch mündliches Erzählgut verarbeitet: Stoffe, die seit den Pilgerreisen ins Heilige Land, den Kreuzzügen und der Entwicklung von Handelskontakten nach Asien (Marco Polo) im Abendland kursierten. Er erzählt von seiner eigenen Reise in den Osten, zunächst nach Jerusalem und in das Heilige Land, dann weiter nach Indien, ins Innere Asiens und zu den Inseln im sagenhaften Meer Oceanus. Vor allem von dort weiß er Wunderdinge zu berichten:

> »Und da ist ain grosses land, das haisset Lamori ... Und ist gewonhait, daz wib und man da gond nackent, und spottend gar sere der lut [Leute] die gecladet sind, und sprechend also, es sölle von recht yederman nackent gon, wann unser herre geschuff Adam und Eva nackent ... Und sprechent, die da gewand an in tragent, daz sy [sei] volk von einer andern welt...[3] Item sie hond kain gemählet wib, wann die wiber sind da allu gemain. Und es mag kain man da sprechen: ›Daz ist min wib‹, und kain wib mag sprechen: ›Daz ist min man‹ ...«[4]

Auf der Insel Sirnohos hat Mandeville dann einen Palast von Silber und Gold gesehen,[5] auf der benachbarten Insel Talamasse tragen die Bäume Honig und Wein;[6] von einer anderen Insel erzählt er:

> »Ainest in dem jar allerlay visch, die in dem wasser sind, die kument an daz gestad, und daz volck mag ir niemen [nehmen] wie vil es wil, wann sie nit fliehent ...«.[7] Auch Bäume gibt es, die Vögel als Früchte tragen – und: »An ainer ander statt da wachsent lang öpffel, die hond ainen guten schmack, der wachset wol hundert uff ainem ast und uff dem andern als vil ... In dem land sind vil böm [Bäume], die muscat und nägelin tragent und ander spetzry [Spezerei]. Item da hon ich gesehen wunder von winreben, die tragent als groß winber, das ain starcker man gnug an ainem win truben hat ze tragen und das ist sicher wär [wahr].«[8]

Auch einem anderen Wunder des Schlaraffenlandes ist der Reisende begegnet, bei der indischen Stadt Plumbus:

> »Unden an dem berg is ain brunn ... Item ir söllent wissen, welcherlay siechtagen [Krankheiten] ain mensch hatt, wenn er denn des brunnen trystund [dreimal] trincket nüchtern, so würt er gesund. Und das volck, daz da wonet, daz wurt nümer siech biß es sol sterben.« Und Mandeville fährt fort: »Und ich hon des brunnens trystund oder vierstund getruncken, und ich gloub wol, es syge [sei] war.«[9]

Mandeville ist auch ins Reich des Priesters Johannes gekommen,[10] das sagenhafte Land im Inneren Indiens, aus dem zweihundert Jahre vorher jener Johannes in einem (fiktiven) Brief an Papst Alexander III., Kaiser Barbarossa und Kaiser Manuel I. von Byzanz berichtet hatte, es fließe von Honig und guter Speise, es habe soviel Gold, daß niemand Armut leide, und die Untugenden der Menschen seien dort unbekannt.[11] (Auch dieser »Brief des Priesters Johannes« galt bis ins 16. Jahrhundert als eine der Hauptquellen der Geographie der östlichen Weltgegenden.)

Mandeville unterstreicht durch seine Erzählweise die Glaubwürdigkeit des von ihm Berichteten: Der Autor spricht selber als Reisender, teilt Beobachtungen und Vermutungen (so über die Kugelgestalt der Erde und die Möglichkeit einer Weltumsegelung)[12] mit, an anderen Stellen äußert er sich kritisch, weist manches als unwahr oder unglaubhaft zurück. Neugier auf die Welt, subjektive Erfahrung und kritische Beobachtung: in der Erzählweise dieses Reiseberichts kündigt sich schon der moderne Blick des Renaissancezeitalters an, und er schweift durch eine Welt, die noch voller Wunder steckt.

Daß das Publikum seinem Mandeville unkritisch alles geglaubt hätte, kann man bezweifeln.[13] Allerdings hätten die Geschichten, auch jene mit den »schlaraffischen« Zügen, vom Weltbild des zeitgenössischen Lesers aus, durchaus wahr sein können. In einer Zeit, in der die Erde noch weitgehend unerforscht war, hatte sie Platz für vieles, was später als »Einbildung« entlarvt wurde. Mandevilles Reisebuch ist übrigens noch um 1600 von einem »lesenden Müller« im Friaul für wahr gehalten worden. Vor der Inquisition hat er gestanden, daß es dieses Buch war, durch dessen Beschreibung fremder Völker bei ihm die Skepsis gegenüber den Glaubenssätzen der katholischen Kirche gewachsen sei und aus dessen Wunderberichten er sich seine ketzerische Version von einem höchst irdischen Paradies zusammengebaut hat:

> »Ich glaube, daß es ein Ort ist, der die ganze Welt umgibt, und daß man von da auf alle Dinge der Welt sieht, bis zu den Fischen des Meeres: und für die, die an jenem Ort sind, ist es, wie wenn man ein Fest macht.«[14]

Die Bedeutung des Mandevilleschen Reisebuchs und anderer umlaufender Reiseerzählungen mit ihren schlaraffischen Motiven (üppige Natur, Goldreichtum, sexuelle Freiheit, Lebens-

wasser etc.) liegt darin, daß sie eine Art »populärer Fachliteratur« im Zeitalter der beginnenden überseeischen Entdeckungen waren. Auch wenn man nicht alles für bare Münze nahm, erzählten die Geschichten doch von der Möglichkeit der Existenz »verkehrter Welten« in geographisch entfernten Zonen. Sie fanden Resonanz wie heute im Zeitalter eines einschneidenden Epochenwandels jene verbreitete ethnokulturelle Literatur bei vielen Anklang findet, die – trotz des dokumentarischen Anspruchs ja oft durchaus fabulistisch und von der »Wahrheit« weit entfernt – doch von Sehnsucht und Neugier auf andere Formen des menschlichen Zusammenlebens zeugt und oft genug ja ebenfalls an den Mythos der »Ursprünglichkeit« anknüpft.[15]
Die »Suche nach Schlaraffenland« ist dann, als *ein* Motiv, in die Suche nach fremden Ländern im Zeitalter der überseeischen Entdeckungen eingegangen.[16] Natürlich verdankte sich die kolonialistische Ausbeutung der Neuen Welt, die Ausrottung fremder Kulturen und Völker dem ökonomischen Interesse des Adels und der auf Rohstoffmärkten erpichten Handelsbourgeoisie der europäischen Seefahrernationen. Für die Unterschichten freilich verband sich mit der Welt jenseits des Ozeans immer auch ein Stück Hoffnung, der alten europäischen Welt und ihrer repressiven absolutistischen Ordnung zu entgehen. Im Begriff des *Mundus Novus,* der Neuen Welt, flossen geographische, soziale und religiöse Vorstellungen zusammen.[17] Amerika wurde, über Jahrhunderte hinweg, nicht nur der Ort der individuellen Emigration aus der »Alten Welt«, sondern auch *Schlaraffia politica,* wo in der Gründung neuer Kommunitäten (Pilgerväter, Quäker) die Realisierung idealer »Inselreiche« erprobt wurde.[19]
Die alten Wunderbilder vom Schlaraffenland bekommen so im Zeitalter der überseeischen Entdeckungen einen neuen »Sitz im Leben«, können sich mit den entdeckten und noch zu entdeckenden Ländern jenseits des Meeres vermischen. Auf der Fahrt nach Westen scheint jene andere Welt sichtbar zu werden, die dort schon das irische »Poem of Cocaygne« aus dem 14. Jahrhundert lokalisiert hatte:

> »Weit im Meer, westlich von Spanien
> Liegt ein Land genannt Cokanien,
> Es ist kein Land unterm Himmelreich
> An Güte und Reichtum Cokaygne gleich«.[20]

Wie sehr die neu entdeckten Inseln und Länder jenseits des Meeres von den europäischen Entdeckern mit dem Blick derer gesehen wurden, die zuvor von fernen Schlaraffischen Ländern gehört oder gelesen hatten, lassen die Berichte noch deutlich erkennen. Columbus notiert bei der Landung auf San Salvador in seinem Bordbuch als erste Eindrücke von den Eingeborenen, daß sie nackt gingen und daß er nur junge Menschen gesehen habe.[21] Beeindruckt von der Schönheit, Fruchtbarkeit und dem Goldreichtum der Karibik und der Friedfertigkeit ihrer Bewohner kritisiert er in einer Eintragung während der Rückfahrt die alte Auffassung von Theologen und Philosophen, die das Irdische Paradies fälschlicherweise im äußersten Osten lokalisiert hätten.[22] Von einem seiner Gefährten, dem Spanier Juan Ponce de Leon wird erzählt, daß er durch die Geschichte alter Indianer bewogen worden sei, von Puerto Rico 1513 nordwärts ins unbekannte Florida aufzubrechen:

> »Sie versicherten ihm, daß es weit im Norden ein Land gebe, das von Gold und allen Arten des Vergnügens überfließe, über allem jedoch besitze es einen Fluß von solcher wunderbaren Kraft, daß ein jeder, der in ihm bade, wieder jung werde. Sie fügten hinzu, daß sich in fernen Zeiten, vor Ankunft der Spanier, ein großer Haufen der Einwohner Kubas in nördlicher Richtung aufgemacht habe, um dieses glückliche Land und seinen Lebensfluß zu finden und niemals zurückgekehrt sei, woraus man schließe, daß sie in neuer Jugend erblüht und durch die Wonnen dieses zauberhaften Landes festgehalten worden seien.«[23]

Die Nachrichten über die Neue Welt kursierten natürlich schnell in Europa und wurden unterm Volk vor allem in Form von Fliegenden Blättern verbreitet. Columbus' »Epistula de insulis nuper inventis« von 1493[24] erschien beispielsweise schon vier Jahre später als deutsches Holzschnittflugblatt (Straßburg 1497) mit dem Titel »Ein schön hübsch lesen von etlichen inßlen die do in kurtzen zyten funden synd durch den künig von hispania und sagt von großen wunderlichen dingen die in den selben inßlen sind«.[25] An das gebildete Publikum richteten sich die zahlreichen Reisebeschreibungen, die Kunde von den neuen Ländern und ihren Bewohnern gaben.

Dem Schlaraffenland vergleichbar erschien dabei dem europäischen Blick zunächst die »paradiesische« *Natur*, die dem Menschen ohne Einsatz harter Arbeit das Lebensnotwendige zu geben schien. (Auf einem Stich des frühen 17. Jahrhunderts, der die Ankunft der Europäer auf Mauritius darstellt, sieht man sie in freier Landschaft tafeln, während sich die zahlreichen zahmen Vögel ringsum ohne Mühe erlegen lassen.)[26] Die den Europäern fremde, nämlich nicht ökonomisch-tauschwertorientierte Einstellung der Indianer zum *Gold* nährte unter den Eroberern Gerüchte von Goldländern im Westen, wie dem sagenhaften Eldorado.[27] Schließlich waren es nicht zuletzt die *Bewohner* der überseeischen Länder, die im verklärend-projektiven Blick der Europäer dem paradiesischen Urzustand der Menschheit noch näher schienen.

Es ist daher kein Zufall, daß auch die Emigrationsbewegung der europäischen Dissidenten, etwa der englischen Puritaner des 17. Jahrhunderts, in den Bildern einer »Reise nach Schlaraffenland« gesehen wird. Das kann in satirischer Absicht geschehen, wie in dem folgenden Gedicht von 1661, das dabei trotzdem die Wünsche zur Sprache bringt, die die Auswanderer im Kopf haben mochten:

> »There Milk from Springs, like Rivers, flows,
> And Honey upon Hawthorn grows,
> Hemp, Wool and Flax there grows on trees;
> The mould is fat, it cuts like cheese,
> All fruits and herbs spring in the fields,
> Tobacco is good plenty yields ...
> No discipline shall there be used;
> The Law of Nature they have choosed ...«[28]

Auch ein Nürnberger Bilderbogen des späten 17. Jahrhunderts[29] spielt satirisch auf die Hoffnung auf das »Schlaraffenland Amerika« an. Er trägt den Titel *Der aus America und Schlaraffenland neu angekomene General von Fressdorf und Wansthausen* und zeigt eine Figur, die ihren überdimensionalen Bauch, mit Tabakspfeifen besteckt, vor sich auf einer Schubkarre herfahren muß.

Wie sich noch Ende des 18. Jahrhunderts im Bewußtsein der Unterschichten die auf Fliegenden Blättern verbreiteten Amerika-Nachrichten mit den alten religiösen Bildern auf phantastische Weise vermischen konnten, erzählt Ulrich Bräker in seiner Autobiographie. Als Kind hat er die Offenbarung Johannis, das Prophetenbuch Daniel und ein frommes Buch vom bevorstehenden Weltuntergang gelesen, und er hört zwei armen Bauersleuten bei ihren Gesprächen zu:

Der aus America und Schlaraffenland neu angekomene
General von Fressdorf und Wansthausen.
Kupferstich, 17. Jh. – Bildersaal D 6

Dass in so dikem Staat ich mich hie praesentier,
Macht, weil mittags und nachts ich tapfer um mich fresse,
Auch überdiss alltag noch Zehen Eymer Bier
Und hundert pfund tobaks zum frustük nicht vergesse.
Mit einent solchen Wanst geth sich Blutsauer und hart:
Was wundert ihr dan viel ob dieser Karrenfahrt?
Wüst ich mit fechten wie mit fressen um zu gehen
Ich schwehr, es wer kein Türck mehr auf der Welt zu sehen.

»Sie steckten damals beyde in schweren Schulden, und hoften vielleicht durch das End der Welt davon befreyt zu werden: Wenigstens hört ich sie oft vom Neufunden Land, Carolina, Pensylvani und Virgini sprechen; ein andermal überhaupt von einer Flucht, vom Auszug aus Babel, von den Reisekosten u. dgl. Da spitzt ich dann die Ohren wie ein Haas. Einmal, erinnr ich mich, fiel mir wirklich ein gedrucktes Blatt in die Hände, das einer von ihnen auf dem Tisch liegen ließ, und welches Nachrichten von jenen Gegenden enthielt. Das las ich wohl hunderttmal; mein Herz hüpfte mir im Leibe bey dem Gedanken da dieß herrliche Canaan wie ich mir's vorstellte. Ach! wenn wir nur alle schon da wären, dacht ich dann.«[30]

In dieser Zeit hatte sich unter den Intellektuellen allerdings die Qualität der überseeischen Paradiesbilder mit dem Mythos vom »edlen Wilden« bereits verändert. Sie erscheinen in säkularisierter Form als Topoi der Zivilisationskritik (Rousseau) oder gehen, in Verbindung mit dem Mythos vom »Volk« in die Anfänge volkskundlicher Interessen ein.[31]
Verschoben hat sich in dieser Zeit auch das geographische Ziel der Paradiessehnsucht. War es in den früheren Jahrhunderten vor allem der Kontinent im Westen, so wird es später die *Terra Australis,* der vermutete Südkontinent, die alte Zone der »Antipoden«, die in der phantastischen Landesbeschreibung Joseph Halls und seiner Bearbeitungen im 17. Jahrhundert die in moralischer Absicht gegeißelte Verkehrte Welt der Laster Europas war. Erst durch Louis-Antoine de Bougainvilles Passage durch den südlichen Pazifik (1767–69) wurde die Existenz des sagenhaften Südkontinents widerlegt; damit erwies sich, wie es schien, die letzte reale geographische Utopie als Phantom. Seit dem Ende des 18. Jahrhunderts sollte so die Geographie endgültig – wie es Bougainville selber in seiner Reisebeschreibung formulierte – eine *Tatsachenwissenschaft* werden.[32] Schlaraffenland schien jetzt auf den Weltkarten keinen Platz mehr zu haben; gleichzeitig aber ist es damit als Wunschbild neu erstanden. Denn die Reisebeschreibungen der Südseefahrer Bougainville, Cook und Georg Forster haben in eben jenen Zonen ein neues irdisches Paradies ausgemacht: *Tahiti.* Mit seiner freundlichen Natur und vor allem seinen, wie es den Europäern vorkam, in sexueller Freiheit schwelgenden Bewohnern schien diese Insel ein Garten Eden. »Sie ist das wahre Utopien«, notiert der ansonsten eher trocken und nüchtern berichtende Bougainville in seinem Schiffstagebuch.[33] Und in seiner Reisebeschreibung heißt es, hier herrsche »die Freiheit des Goldenen Zeitalters«.[34] Sein

botanischer Begleiter, Philibert de Commerson, äußerte sich in einem Artikel im »Mercure de France« noch enthusiastischer:

> »Ich gab dieser Insel den Namen, welchen Thomas Morus seinem aus dem Griechischen hergeleiteten Idealstaat gegeben hat, nämlich Utopia. Ich wußte noch nicht, daß Herr von Bougainville ihr den Namen ›Nouvelle-Cythère‹ gegeben hatte ... Ich kann euch sagen, daß es sich um den einzigen Winkel dieser Erde handelt, in dem die Menschen ohne Laster, ohne Vorurteile, ohne Bedürfnisse und ohne Uneinigkeit wohnen. Unter dem schönsten Himmel geboren, sich nährend von den Früchten einer ohne menschliches Zutun fruchtbaren Erde, regiert eher von Familienvätern als von Königen, kennen die Bewohner Tahitis keinen anderen Gott als die Liebe.«[35]

Hier tauchen die alten Bilder des Schlaraffenlandes wieder auf: die durch den wissenschaftlichen Blick entzauberte Erde wird re-mythisiert. Die Nachrichten von dem neu entdeckten Paradies liefen durch ganz Europa, reizten »Aussteiger« zum Auswandern.[36] Vor allem aber wurde die Tahiti-Utopie zum Ferment der Gesellschaftskritik (auch hierin das alte Muster der »Verkehrten Welt« Schlaraffenland aufnehmend.) Dabei geht es nicht nur um das (angebliche) erotische Lustleben der Otaheiter und die arkadischen Landschaften der Südsee. Georg Forster, der Revolutionär, findet in Tahiti »das Bild von wahrer Volks-Glückseligkeit realisiert«[37] und Diderot greift die Tahiti-Berichte auf, um an ihnen das Ideal einer naturrechtlich organisierten Gemeinschaft zu entwerfen und die europäischen Institutionen der Ehe, der Kirche und des Staates zu kritisieren.[38]

Die Südsee sollte noch lange eine Art Irdisches Paradies bleiben: bis hin zu Margaret Meads Samoa-Beschreibung hat sie soziale Phantasien in Europa bewegt; die Ethnologie hatte so gleichsam die Stelle der Geographie eingenommen: sie lieferte jetzt den Stoff, aus dem die Träume kommen. Entzauberung scheint auch hier das vorläufige Ende: Freeman hat gezeigt, daß auch die ethnologische Utopie Meads ein Mißverständnis war – ein produktives Mißverständnis allerdings.

Zeigen also die Berichte aus den überseeischen Ländern deutliche Anklänge an phantastische Schlaraffenlanddarstellungen, so spielen umgekehrt schlaraffische Texte und Bilder seit alters auf solche Reiseberichte an. Das »Capitel, welches vom Sein einer neuen Welt erzählt, die im Meer Oceanus gefunden«,[39] stellt sich schon mit seinem Titel in die Reihe der umlaufenden Nachrichten, die Kunde von neuentdeckten Ländern im Westen gaben. Das spanische »Schlaraffenland«, die *Tierra de Jauja*, leitet seinen Namen aus einem fruchtbaren Tal in Peru ab, das in einer Beschreibung des Landes gerühmt wurde.[40] Mitellis Stich *Das Neue Schlaraffenland, welches in Schweinelandien im Jahre 1603 gefunden*,[41] der mit seinem Titel ebenfalls auf »Entdeckerberichte« anspielt, zeigt eine Gruppe tanzender und musizierender Frauen mit kleinen Kindern, der Text dazu lautet »Die Frauen gebären tanzend und musizierend, und die Kinder, kaum daß sie geboren sind, sprechen, laufen, essen und machen alles von selber.« Das Motiv des aufgehobenen Fluchs über Eva (Vgl. 1. Mose 3) ist nicht nur religiös oder literarisch-phantastisch: bis ins 18. Jahrhundert hinein wird immer wieder berichtet, daß die Eingeborenenfrauen Amerikas, Afrikas und Asiens *schmerzlos* niederkommen würden,[42] was bei einigen Autoren in Europa sogar zu der Meinung geführt hat, die »edlen Wilden« seien frei von der »Ursünde«.

16. Schlaraffenland und die Kultur des Karneval

Neben den Neuen Welten der Ketzer und denen jenseits des Meeres waren es schließlich die *populären Feste,* insbesondere der Karneval, wo Schlaraffenland wirklich zu werden schien. Denn für die Unterschichten des frühneuzeitlichen Europa bedeuteten der Karneval und die karnevalesken Feste tatsächlich ein Stück »Anderswelt«:[1] Für eine begrenzte Zeit sollte die Ordnung der Welt und der menschlichen Beziehungen aufgehoben sein. Das Fest war nicht nur Unterbrechung des Alltags (nach der »Saure Wochen, frohe Feste«-Maxime bürgerlicher Arbeitsmoral), vielmehr dessen Gegensatz: gleichsam einer der beiden einander entgegengesetzten Lebenszustände des Menschen.

> »Man kann sagen, daß der mittelalterliche Mensch zwei Leben lebte: ein offizielles, monolithisch streng und düster, einer rigorosen hierarchischen Ordnung unterworfen, voll von Angst, Dogmatismus und frommer Hingabe – und ein anderes, karnevaleskes, öffentliches: frei, erfüllt von ambivalentem Lachen, von Lästerungen, Entheiligungen, Schändigungen und Obszönität, von freundschaftlichem Kontakt aller mit allem. Beide Leben waren legalisiert, aber durch strenge zeitliche Grenzen unterschieden.«[2]

Von den »zwei Leben« der Menschen und ihrem Gegensatz weiß nicht zuletzt die zeitgenössische Moralpredigt zu berichten, wobei die Bewertung hier natürlich eine ganz andere ist. Der Franziskanerprediger Johannes Pauli (geb. um 1455) spricht in einer Fasnachtspredigt davon,

> »wie ain so grosser underschaid ist zwüschent dem vergangen zyt der fasnacht und dem hailsamen zyt der fasten, also grosser underschaid ist zwüschent der finsternus und dem liecht.«³

Daß die herrschenden Verhältnisse für die Dauer bestimmter Feste auf den Kopf gestellt wurden, hat schon eine lange altorientalische Tradition. Während der babylonischen *Sakäen* – einem der aus verschiedenen Kulturen bekannten »Verkehrungsfeste« – wurde ein Sklave zum König gemacht und genoß die königlichen Rechte (er durfte sogar mit den Frauen des Königs schlafen), bis er dann am Ende des Festes gegeißelt und hingerichtet wurde.⁴ Am bekanntesten wurden die späteren römischen *Saturnalien* – dem Gott des Goldenen Zeitalters geweiht – wo die Herren den Sklaven aufwarteten und allgemeine Freiheit des Wortes herrschen sollte.⁵ Die Umkehrung der herrschenden Verhältnisse, *Verkehrte Welt,* ist auch das Grundmuster des Karnevals und karnevalsähnlicher Feste.⁶ Die karnevalesken »Verkehrungen« betrafen dabei vor allem die kirchlichen Zeremonien (Narrenmessen, Spottprozessionen),⁷ die Geschlechtsrollen (Frauenherrschaft),⁸ die Ordnung von Alt und Jung (Kinderregiment)⁹ und die Standesunterschiede.¹⁰ Zu allen diesen Verkehrungs-Motiven finden sich auch zahlreiche Entsprechungen in Schlaraffenland.

Eine Figur ist dabei der besondere Repräsentant des Menschen, der nach der Ordnung der Verkehrten Welt lebt: der *Narr* – und so ist es kein Zufall, daß zwischen *Schlaraffia* und *Narragonia* enge Zusammenhänge bestehen.¹¹ Die schlaraffischen Motive der Verkehrten Welt finden sich schon früh in mittelalterlichen Lügenpredigten, die im allgemeinen als literarische Predigtparodien angesehen werden, aber ihren »Sitz im Leben« sicher in Narren-Predigten oder ähnlichen karnevalesken Riten hatten.¹² Natürlich hat dann vor allem die Moralsatire auf ihre Weise den Zusammenhang von *Schlaraffia* und *Narragonia* hervorgehoben und gegen die populäre Kultur gewendet. Für Prediger und Moralisten der frühbürgerlichen Epoche war die Verkehrte Welt die Welt gegen Gottes Ordnung oder die Gebote der Vernunft. Daß *vasnacht vast nacht* [= ganz Nacht] bedeute: in diesem Wortspiel Sebastian Brants drückt sich, wie bei Johannes Pauli im Ge-

gensatzpaar von *Tag* und *Nacht,* die Ablehnung des närrischen Wesens aus.[13]

Zur Narren-Freiheit des Karnevals gehörte auch die Freiheit des Wortes, die schon für die römischen Saturnalien galt. Was sonst inopportun oder unerlaubt war, durfte während dieser Tage freier geäußert werden. Mit ihren Grotesken, Grobianismen und dem kruden Humor, der das Ernste permanent ins Lächerliche auflöst, sind auch die schlaraffischen Darstellungen Teil der populären Lachkultur.

In Schlaraffenland wird nicht nur gefeiert, es herrscht, da die Arbeit fehlt, *ewige Festzeit:*

> »Ein Monat hat sechs Wochen,
> Viermal im Jahr ist Ostern,
> Viermal Sankt-Johannis-Fest,
> Vier Weinernten gibt es im Jahr,
> Alle Tage ist Feiertag und Sonntag,
> Viermal feiert man Allerheiligen, viermal Weihnachten
> Und viermal jährlich Lichtmeß,
> Viermal Karneval,
> Und nur einmal alle zwanzig Jahre kommt eine Fastenzeit.«[14]

Der Kalender des Kirchenjahres, der die Festzeiten streng limitierte und sie durch Symbolhandlungen (etwa den Aschermittwochsritualen) von der Alltags-Zeit der Besinnung und der Arbeit abgrenzte, ist in Schlaraffenland also außer Kraft gesetzt – ebenso wie die natürliche Zeit des Jahreslaufes in der ewigen Fruchtbarkeit der Natur zum Stillstand gekommen ist. In Schlaraffenland gibt es keine Zeit, weil es keine Arbeit und keinen Tod gibt. So herrscht im »Neuen Kalender« dieses Landes ein ewiges Fest.

Zu den besonderen Vergnügungen der Karnevalszeit (und der karnevalesken Feste) gehörten vor allem die üppigen Schmausereien. Das Fest war die Zeit des Essens und des Trinkens. »Mancher vergißt sich so im Fressen,/Als sollt er ein ganzes Jahr nichts essen«, sagt Brant von den *Fasnacht narren,*[15] und in Grimmelshausens »Simplicissimus« heißt es: »Um dieselbige Zeit fiel Martini [= 11. November], ein, da fängt bey uns Teutschen das Fressen und Sauffen an und währet bey theils biß in die Faßnacht.«[16]

Das Leben in Schlaraffenland mit seinen Bergen von Speisen und Strömen von Wein und dem allüberall mit Essen und Trinken beschäftigten Bewohnern zeichnete ein überdimensionales Festgelage:

»Das Schlaraffenland ist der Traum eines nie endenden Karnevals und der Karneval ist ein zeitlich begrenztes Schlaraffenland, mit der gleichen Betonung der Schlemmerei und der Umkehrung normaler Verhältnisse.«[17]

Gelockert waren während der Volksfeste auch die sexuellen Verhältnisse und die Beziehungen der Menschen zueinander. »Die Frauen gehn gern auf die Straßen,/Wollen sich auch beschmutzen lassen«, heißt es wieder bei Brant über die Zeit des Karneval.[18] Und auch dieser Zug – die gelockerten menschlichen Beziehungen, die größeren Freizügigkeiten der Frauen und die größere Laxheit gegenüber sexuellen Moralbegriffen – gehört ja zu Schlaraffenland.

Auffallend indes ist, daß ein dritter karnevalesker Zug in den schlaraffischen Darstellungen weitgehend fehlt: der von Gewalt und Tod.[19] An diesem Punkt bestehen deutliche Unterschiede zur Kultur des Karneval. Schlaraffenland ist ein Land, in dem es – da es kein Privateigentum gibt und alles in Hülle und Fülle vorhanden ist – im allgemeinen auch keine Aggressionen gibt. »Hüte dich, je wieder von Krieg zu sprechen, von Hacken, Weben und Nähen«, wird dem Besucher des Landes in der napoletanischen »Historia di Cuccagna« von 1715 geraten.[20] Daß, wer hier eintritt, alle Waffen abzulegen habe, liest man auch auf Mitellis Kupferstich von 1603.[21]

Nur in einem mir bekannten Schlaraffenland-Stich geht es um den alten Brauch der »Tötung des Königs«,[22] der von der mythengeschichtlichen Forschung als altes Fruchtbarkeitsritual interpretiert wird und sich in mehr oder minder symbolischen Formen als scherzhafter Karnevalsbrauch erhalten hat. Es handelt sich um den italienischen Kupferstich *Il trionfo de Carnavale nel paese de Cucagna* (Der Triumph des Karnevals in Schlaraffenland).[23] Er zeigt den Einfall der Truppen des Karnevals in das Schlaraffenland, die Plünderung des Landes und die Inthronisation des Karnevalskönigs, der den besiegten König des Schlaraffenlands, Panigon, zum Tode verurteilt und in einem Faß mit Malvasier ersäufen läßt. Merkwürdig ist, daß hier Panigon und Karneval als alter und als neuer König des Schlaraffenlandes erscheinen, zwischen den *Cucagnesi* und den Truppen des *Carnavale* erbittert gekämpft wird, kurzum, daß *Cuccagna* und *Carnevale* als Gegensätze erscheinen. *Panigon,* der König von Schlaraffenland,[24] tritt also hier in jener Rolle auf, die König Karneval im Festbrauch spielt, wenn ihm am Ende seiner Herrschaft der Prozeß gemacht und er hingerichtet wird.[25] Die Dar-

Triumph Karnevals über Panigon, den Herrscher Cuccagnas.
Italienischer Kupferstich, 16. Jh. – Bildersaal I 5

stellung erinnert an eine weiter verbreitete Szene der populären Druckgraphik, in der es ebenfalls um eine karnevaleske Schlacht geht: den Kampf des *Karnevals* mit dem *Fasten*.[26] Allerdings – und das ist das Befremdliche an diesem Stich – *Panigon* als König des Schlaraffenlandes ist ja, anders als *Fasten* und ebenso wie hier sein Gegner *Karneval*, der Herr des Wohllebens. Die Konfusion geht bis in die ikonographischen Details: unter den besiegten Truppen der *Cucagnesi* werden eben jene schlaraffenbaumähnlichen, mit Eßwaren besteckten Lanzen getragen, wie sie im *Kampf des Karnevals mit dem Fasten* die Waffen des Karneval sind.

Möglicherweise steckt hinter der Darstellung vom Kampf Panigons mit Karneval ein Karnevalsspiel (auch den *Kampf des Karnevals mit dem Fasten* hat man öffentlich gespielt). Auf jeden Fall sind drei verschiedene Szenen hier zusammengeflossen, die sowohl aus dem Karnevalstreiben wie aus der Druckgraphik bekannt sind: die karnevaleske Schlacht, wobei Karneval hier, anders als in seinem Kampf gegen *Fasten*, siegt; die Verurteilung und Hinrichtung des Königs, wobei Panigon hier die Rolle von Karneval spielt; und schließlich, als wichtigste »Vorlage«, der *Sturm des Schlaraffenlandes,* eine karnevaleske Inszenierung, von der weiter unten am Beispiel der *Cuccagna Napoletana* noch die Rede sein soll.

17. Der König des Landes

Der *König des Schlaraffenlandes* gehört zu den festen Figuren der schlaraffischen Texte und Bilder und verweist besonders deutlich auf die Zusammenhänge zwischen *Schlaraffia* und der Welt des Karneval. In Mitellis Einblattdruck *La Cucagna Nuova* von 1703 thront er in der Mitte des Bildes, mit der Krone auf dem Kopf und umgeben von vier Figuren mit phantastischen Kostümen, die ihm in gespielt-devoten Posen huldigen und Speisen und Getränke servieren.[1] »Der König des Landes ist der größte Tölpel von allen und wird am meisten bedient und hoffiert«, lautet die Beischrift. Auf den Schelmenkönig, »das Grundelement des karnevalesken Ritus« (Italo Calvino)[2] spielt zweifellos auch jene Szene an, wo dieser im Triumphzug durch sein Land reitet: Der römische Kupferstich aus der Zeit um 1600[3] zeigt ihn dabei ebenso wie der aus der Offizin Remondini[4] mit der Narrenkappe auf einem Schwein reitend, begleitet von Dienern mit »Schlaraffenbäumen«; über dem Zug weht die »Essensstandarte«.[5] Hier, wie öfter, trägt der König des Schlaraffenlandes den Namen *Panigon;* »weil er der größte Faulpelz war, hat man ihn zum Herrn des Landes gemacht«, heißt es dazu von ihm in den beiden genannten Stichen. Im König des Schlaraffenlandes ist also die Lebensmaxime von Cuccagna – je weniger einer tut, um so weiter bringt er es – gleichsam personifiziert, und in den ikonographischen Details des *trionfo* sind die einzelnen Momente des cucagnesischen Wohllebens symbolisch anwesend: das Schwein (als dreckig-fruchtbares Karnevalstier) verweist auf die Fleischeslust, die Mütze bezeichnet den Narren, Essen und Trinken sind als Standartendivise und in den Schlaraffenbäumen vergegenständlicht und insgesamt ist dieser »verkehrte Triumphzug« natürlich Ausdruck jener verkehrten Ordnung, wo im Triumph durchs Land zieht, wer sonst verachtet ist.

Der deutsche Kupferstich *Der König von Schlauraffen Landt*[6] hat dieses Motiv des Triumphzuges dann aufgegriffen und in den Mittelpunkt gestellt. Hier reitet der König auf einem goldspendenden Pferd (eine Anspielung auf Hans Sachs und das »Lindenschmidt«-Lied, vgl. Nr. 7), Schlaraffenbäume und Essensstandarte fehlen nicht; das Schwein, diesmal mit dem Messer im Rücken, folgt nebst anderen zum Verzehr zugerichteten Tieren im Triumphzug. *Rex Regum* prangt hier als Beischrift über der Krone des dickgesichtigen Königs der *Fresser und Sauffer:* eine ziemlich gewagte Anspielung, ist »König der Könige« doch schließlich nach der Bibel einer der messianischen Titel Christi.[7] Auch in den Texten kommt der König des Schlaraffenlandes vor. Im italienischen »Capitel, welches vom Sein einer neuen Welt erzählt«, heißt er Bugalosso: einer jener »offenen« grotesken Körper, wie sie Bachtin bei Rabelais beschrieben hat:

»Seinem Arsch entströmt Manna
Und wenn er spuckt, spuckt er Marzipan,
Und statt Läuse hat er Fische auf dem Kopf.«[8]

In der französischen »Description du pays de Caucagne«[9] wird er folgendermaßen vorgestellt:

»Le monarque de cette terre
A este nomme Panigon,

Non pas pour estre un chef de guerre
Mais pour estre un tres-grand Poltron.«

Nach diesem Wort *Panigon* heißt auf einem Lyoneser Flugblatt aus der 2. Hälfte des 16. Jahrhundert sogar das Schlaraffenland selber; die *Panigons* treten hier in der Mehrzahl auf, sind die Bewohner des nach ihnen benannten Landes:

»Ceste contrée en bon jargon s'appelle
Des Panigons le pais ...« –

heißt es in der »Familiere description du tres vinoporratimalvoise et tres envitaillegoulemonté Royaume Panigonnois.«[10] Auch Rabelais hat den Namen benutzt: Der König der Insel Cheli (IV, 10), wo man sich so gut auf die Küche versteht, heißt *le roi Sainct Panigon* (allerdings ist die Insel Cheli kein »Schlaraffenland«).

Offenbar stammen Name und Figur dieses Königs – in dem man ein Fortleben der mythischen Figur des »großen Fressers«, des tellurischen Bauch-Gottes der Fruchtbarkeit und des Todes sehen kann[11] aus dem Mittelmeerraum. A. Huon, die sich in einem Aufsatz zu Rabelais mit diesem Namen beschäftigt hat,[12] kommt zu dem Ergebnis, daß *Panigon,* dem Italienischen entlehnt, als Spottwort im populären Sprachgebrauch Lyons verbreitet gewesen, hier von Rabelais aufgegriffen und auf den König der Küchen-Insel Cheli übertragen worden sei. Die Bedeutung dieses Namens gibt Huon, nach dem Lyoneser Flugblattlied des 16. Jahrhunderts, mit *gros mangeur* (dicker Esser) wieder.

Die eigentliche Wortbedeutung läßt sich noch weiter zurückverfolgen. Zweifellos ist das Wort italienischen Ursprungs.[13] Italienisch *panico* aber (zu lat. *panis*, Brot) ist die *Kolbenhirse, panicone* wäre eine dazu gebildete Form mit Vergrößerungssuffix: der *große Hirsekönig* ist der Herr von Cuccagna.

Das mag im Sprachgebrauch der Zeit nur noch wie ein Spottwort für den ungeschlachten verfressenen Faulpelz geklungen haben und enthielt dennoch eine andere Bedeutungsschicht. Denn die Hirse, im Mittelalter eine der am weitesten verbreiteten Getreidesorten, galt wegen ihrer zahlreichen Körner als Fruchtbarkeitssymbol, war mancherorts traditionelles Hochzeitsessen oder auch Fasnachtsspeise.[14] Panigon, der große Hirsekönig, erinnert so mit seinem Namen noch an den Fruchtbarkeitsmythos des Schlaraffenlandes, ebenso wie jener dicke Hirsebrei, der in der deutsch-niederländischen Tradition das Land der Fruchtbarkeit umgibt.

18. Cuccagna Napoletana. Schlaraffenland als neapolitanisches »Volksfest«

Auf dem alten Zusammenhang von Schlaraffenland und populärem Fest bauen auch jene herrschaftlichen Inszenierungen auf, in denen dem Volk *ein Schlaraffenland gegeben* wurde: das pompöse Schauspiel eines zeitweiligen Überflusses aus Gnaden des Regenten. Festbräuche dieser Art, vermischt mit älteren karnevalesken Riten, scheinen in Europa weit verbreitet gewesen zu sein. Goethe beschreibt in »Dichtung und Wahrheit« die Kindheitserinnerungen an die Kaiserkrönung Joseph II., wo auf dem Frankfurter Römer auch »dem Pöbel ... ein Opfer gebracht« wurde: die traditionell bei diesem Anlaß üblichen »Preisgaben«, d. h. die auf die symbolischen Dienstverrichtungen der Reichserbämter (Marschall, Truchseß etc.) folgende Plünderung von Weinbrunnen, Kornberg und Fleischküche durch das Volk, einschließlich eines vom kaiserlichen Erbschatzmeister veranstalteten Gold- und Silberregens.[1] Von einem alljährlich zu Bologna veranstalteten Schweinefest hören wir aus einer deutschen Reisebeschreibung von 1723:

> »Sie haben zu Bolonien allerhand Divertissement, fast wie zu Venedig; als la Festa di Porceletto, da aus dem Palast des Päbstlichen Vice-Legaten nicht allein ein gebraten Schwein umb Bartholomaei Zeit unter die Canaille geworffen wird, sondern auch unzehliche andere Victualien an Fleisch-Werck, darumb sich dann die Leute grausam reissen.«[2]

Ähnliches wird von einer *Cuccagna del porco,* einem »Schweineschlaraffenland« im Rom des 18. Jahrhunderts berichtet.[3]
An keinem anderen Ort jedoch scheinen festliche Schlaraffenland-Inszenierungen einen derartigen Umfang und eine derartige Bedeutung angenommen zu haben wie im Neapel des 18. Jahrhunderts. Die *Cuccagna Napoletana* zeigt zugleich besonders deutlich den widersprüchlichen Prozeß der zunehmenden Einbindung der traditionellen Momente einer populären Festkultur in herrschaftliche Zusammenhänge.

Neapolitanische Cuccagna.
Kupferstich, 1748 – Bildersaal Na 6

Aus Anlaß der Geburt eines Thronfolgers läßt der König im Rahmen eines 15tägigen Festes auf dem Platz vor dem Palast dem Volk eine Cuccagna errichten. Der Kupferstich beschreibt sie in einer ausführlichen Bildlegende: (A) Lusthaus, gedeckt mit Speck, Bauchfleisch, Schinken, altem Cavallo-Käse, Pressack, Hühnern, Gänsen, Truthähnen und Tauben, samt Balustraden aus Cavallo-Käse (B) Berg mit drei Straßen, bedeckt mit Cavallo und Morea-Käse; dazu Schafe, Rinder, Schweine, Ziegen, Tauben und Hühner (C) Teiche mit Gänsen und Enten und mancherlei Arten von Fischen (D) Zwei Stelen, darüber ländliche Kleidung, die eine für Männer, die andere für Frauen, alles mit Gold besetzt (E) Weinbrunnen (F) Wasserbrunnen (G) Weinfässer (H) Parterre, ganz gedeckt mit Käse von allerlei Arten, Schinken und Brot (I) Piedestale und Vasen aus Brot, Schinken, Cavallo-Käse und verschiedenem anderen gebildet (L) Lazzari, die zur Plünderung eilen (M) Teil der Kirche S. Francesco di Paola (N) Gewürzhandlung von S. Spirito.

Die *Cuccagna Napoletana*[4] entwickelte sich aus den auch in Neapel während der Karnevalszeit üblichen Umzügen mit ihren *carri dell'abbondanza:* Wagen bestückt mit Eßwaren, die von Maskierten begleitet im Triumph durch die Stadt gezogen wurden, bevor sie am Ende einer allgemeinen Plünderung anheimfielen. Diese Umzüge, in denen hier wie andernorts im Karneval die alten Rituale der Feier der Fruchtbarkeit und des Todes weiterlebten, fanden in Neapel seit Ausgang des 17. Jahrhunderts an den letzten vier Karnevalssonntagen unter der Regie der *Arti*, der Handwerkerzünfte, nach einem festen Plan statt: am ersten Sonntag defilierte der Brotwagen, begleitet von den Zügen der Pfister, Bäcker und Makkaronimacher, am zweiten der Fleischwagen, der zugleich mit Obst und Gemüse beladen und von den Gewerken der Metzger, Gärtner und Gemüsegärtner begleitet war, am dritten Sonntag folgte dann der *carro della caccia*, der Wagen der Jagd, mit den Aufmärschen der Ziegenhändler, Geflügelhändler, Milchverkäufer und Wursthändler; den Abschluß bildete am vierten Karnevalssonntag der Fischwagen mit den Fischverkäufern. Der populare Charakter dieser Karnevalszüge kam auch in der Route zum Ausdruck, die sie nahmen: es war die *via Toledo*, die Hauptverkehrsader durch die nördlich des aristokratischen Zentrums gelegenen volkreichen Quartiere der im 17. Jahrhundert auf etwa 450000 Einwohner angewachsenen Riesenstadt.

Bereits seit dem 17. Jahrhundert hatte es auch in Neapel – ähnlich wie in anderen europäischen Zentren – nicht an Versuchen seitens der kirchlichen und weltlichen Obrigkeiten gefehlt, die Dauer des Karnevals (der ursprünglich am 17. Januar begann) zu begrenzen, das Fest mit religiösen Zeremonien zu überlagern und die tumultuarischen und gewalttätigen Vergnügungen zu regulieren. Unfälle der immer größere Dimensionen annehmenden Karnevalswagen auf ihrem Zug durch die Stadt gaben Karl III. (1734–59) aus der neuen Dynastie der Bourbonen den äußeren Anlaß zu einer Umorganisation der karnevalesken Vergnügen der vier Sonntage. Der König, der seit 1738 die oberste Leitung der Festlichkeiten selber übernommen hatte, hob den Umzug der Wagen mit den Eßwaren durch die Stadt auf; seit 1746 wurden sie zunächst vorübergehend, dann endgültig, auf dem *Largo di Palazzo,* dem großen Platz vor dem königlichen Palast, aufgestellt, ab 1759 dann durch eine feste Konstruktion umfänglichen Ausmaßes, die *Cuccagna,* ersetzt. Den Korporationen der Handwerker und Gewerbe war damit die Regie über die Präsentation und Verteilung ihrer jeweiligen Produkte aus der Hand genommen; aus dem alten Karnevalsumzug waren zwei im Grunde getrennte Ereignisse geworden: das Defilée durch die Stadt war im wesentlichen Maskerade, erinnerte allenfalls in symbolischen Formen an den alten »fruchtbaren Charakter« des Karneval; dieser hingegen wurde auf dem Platz vor dem königlichen Schloß mit der Zurschaustellung und Plünderung der Cuccagna zelebriert, wobei die königliche Gewalt konstitutiver Bestandteil dieser Inszenierung wurde.

Die *Cuccagna* selber war eine aufwendige Konstruktion aus Holz, Pappmaché und Leinwand, die – in wechselnden Formen gebildet – eine fruchtbare Landschaft vorstellte. Ein Gebäude (Lusthaus, Tempel) war über und über mit Fleischvierteln, totem und lebendem Geflügel und anderen Eßwaren behangen; in raffinierten Schaudekorationen waren einzelne architektonische Elemente von Gebäude und Landschaft aus Nahrungsmitteln gebildet. Aus Brunnen strömte Wein, von künstlichen Bäumen flatterten Kleider, auf Teichen schwammen Gänse und Enten, und Herden – von Holzfiguren als Hirten bewacht – weideten auf den Wiesen. Die Anlage wurde jedes Jahr neu und anders errichtet und an den vier letzten Karnevalssonntagen dem Volk nach einem festen Ritual zur Plünderung überlassen.

Es ist deutlich, daß die *Cuccagna Napoletana* nicht nur einzelne Elemente des alten Schlaraffenland-Mythos (Weinbrunnen, fruchtbarer Baum) aufnimmt, sondern von ihrer ganzen Anlage her den Charakter Schlaraffenlands als eßbarer Welt reproduzieren will. Vorgestellt werden sollte, eine Welt, in der auf engem Raum versammelt die Genüsse des Gaumens für das hungrige Volk »von selber« zur Verfügung stehen.

Auch außerhalb der Karnevalstage wurden in Neapel solche schlaraffischen »Volksbelustigungen« inszeniert. Zu den Dekorationen der höfischen Feste gehörten Weinbrunnen, stilisierte Bäume mit Eßwaren, die »Schlaraffenbäume«,[5] oder halbkreisförmige Prospekte, die mit Silberwaren behängt waren[6] (und in denen man vielleicht ein Fortleben der alten Gold- und Silberberge Schlaraffenlands sehen kann). Zu besonderen dynastischen Ereignissen des Herrscherhauses (Geburten, Hochzeiten) wurde auf dem Platz vor dem Palast eine *Cuccagna* veranstaltet, die im Charakter jener der karnevalesken Tage ähnlich war (vgl. Abb. S. 80). Auch auf dem Wasser, als *Cuccagna acquatica*, konnten solche höfischen Volksbelustigungen stattfinden: die auf Pontons oder Pfählen im Meer errichteten Konstruktionen mußten dann von den Lazzaroni schwimmend oder auf Kähnen erreicht werden.[7]

Anlage und Ablauf der karnevalesken Cuccagna lassen dabei als »Sinn« ihrer Inszenierung deutlich die herrschaftliche Uminterpretation der alten populären Elemente erkennen.

Die Cuccagna wurde in der Woche vor dem jeweiligen Sonntag errichtet und anschließend zur Schau gestellt.

> »Vom Samstag Abend an zog die große szenographische Schaustellung, auf welcher am Nachmittag die Eßwaren verteilt worden waren, die Bewunderung und Zustimmung aller Schichten auf sich, ein ragendes Symbol des sozialen Zusammenhalts und der Feier der Macht.«[8]

Diese Macht war nicht zuletzt in Gestalt der bewaffneten königlichen Truppen präsent, die die Cuccagna bewachten, um vorzeitige »Übergriffe« zu verhindern und mögliche Revolten zu ersticken. Denn die Gewalt – altes konstitutives Moment des Karneval – sollte sich nicht mehr als spontane ungesteuerte Volksgewalt entfalten, sondern in streng ritualisierter Form als königlich *lizenzierte* und zeitlich streng *limitierte Gewalt,* als »verordneter Aufruhr« der am Sonntag stattfindenden Plünderung des Schaugerüstes. Sie war ausschließlich Männern aus den Unterschichten vorbehalten, der Gebrauch von Messern oder Waffen war dabei ausdrücklich verboten.

Der Sturm auf die Cuccagna, bei deren tumultuarischen Szenen es immer wieder zu Metzeleien, Verletzungen und Todesfällen kam – so war 1734 beim Sturm auf einen der Karren die Konstruktion unter der Last der vielen Menschen zusammengebrochen und hatte zahlreiche Menschen unter sich begraben – war der (zeitlich zumeist sehr kurze) Höhepunkt einer Zeremonie, die für die Oberschichten eher den Charakter eines Staatsaktes trug. Der König hatte dazu die Großen des Hofes samt Damen, den gesamten Adel und die auswärtigen Botschafter eingeladen (die darüber offizielle Berichte an ihre Regierungen schickten). Der König selber stand auf dem zentralen Balkon der Schloßfassade, die Nobilität war entsprechend ihres Ranges postiert; die Bürger betrachteten das Schauspiel vom Rand des Platzes oder den umliegenden Häusern aus. Karneval und Schlaraffenland, einstmals charakterisiert gerade durch die Auflösung der Hierarchie oder die Umkehr der sozialen Verhältnisse, hatte hier also einer Inszenierung Platz gemacht, in der die herrschende Hierarchie sich sichtbar und sicher zur Schau stellte. Und statt der alten karnevalesken Verwandlung aller Beteiligten in Akteure, galt für die bourbonische Cuccagna die strenge, bühnenmäßige Trennung von Zuschauern und Akteuren. Die (symbolischen oder tatsächlichen) *Grenzen*, deren Aufhebung in Karneval und Schlaraffenland-Utopien traditionellerweise gefeiert wurde, spielten demgegenüber in der Inszenierung der napoletanischen *Cuccagna* also eine wichtige Rolle:

»(Die Cuccagna) war in sich abgeschlossen und von dem übrigen Platz durch einen Zaun getrennt, der aus einer Myrtenhecke bestehen konnte, in die kleine Pilaster mit Aufsätzen aus Orangen- oder Zitronenbäumen eingelassen waren – oder aus einem mit Laub und Blumen geschmückten Bogengewölbe oder einem Gehege aus Stämmen. Manchmal war es anstelle eines Zaunes ein etwa 2 Spannen tiefer, mit Wasser gefüllter Graben, in dem man Fische schwimmen sah – zur Erinnerung an den Fluß oder das Meer, der das mythische Schlaraffenland benetzte. Abgesehen von den Anspielungen auf den Mythos bedeuteten Zaun und Fluß nicht nur die Übertragung der Vorstellungen vom *hortus conclusus* auf die Cuccagna, sondern hatten die Funktion einer Grenze und die Grenze ist vor allem das sichtbare Zeichen, das die Bühne konstituiert, die Verwandlung der Personen in Akteure; eine Grenze, die, auch den Raum schafft, der geschützt ist gegenüber der genehmigten Plünderung und der regulierten Freiheit, wo das Unmögliche möglich und der Traum Wirklichkeit wird; eine Grenze, die, während sie einerseits das freie karnevaleske Areal bezeichnet, wo man sich nach Lust und Fassungsvermögen an den Speisen gütlich tun konnte, andererseits gleichzeitig in symbolischer Form das Ende dieser Freiheit anzeigt. Hinter dieser symbolischen Grenze verläuft dann die wirkliche Grenze; der Zaun aus Waffen, die Barriere der Truppen, die über die Begrenzung wachen.«[9]

Die »regulierte Freiheit« der Plünderung der Cuccagna durfte ausbrechen, nachdem der König vom Balkon aus mit einem Taschentuch-Wink das Zeichen dazu gegeben hatte. Zuvor wurde ihm mit der Rezitation eines auf Seide gedruckten und auf Fliegenden Blättern auch in der Stadt verbreiteten Gedichts aus gelehrter Feder gehuldigt, in welchem das jeweilige – häufig der Mythologie entnommene – Motto der Cuccagna (Herrschaft des Saturn, Gärten der Hesperiden etc.) in Beziehung zum König und seiner fürsorglichen Regentschaft gesetzt wurde: Er war es, der seinem Volk das neue Goldene Zeitalter bescherte, so lautete die Botschaft dieser *Cartelli della Cuccagna*. In den offiziellen Verlautbarungen, den *Avvisi*, wurde anschließend über den Ablauf der Festlichkeiten berichtet.

Denn auf ihn, den König, ist diese Inszenierung zugeschnitten und nicht mehr die Straße oder der Platz, sondern der Balkon des königlichen Schlosses hoch über dem Platz ist der ideale Ort der Wahrnehmung des »Volksfestes«. Die Zentralperspektive auf das »Volk« bestimmt den Blick, die »vergnügte Menge« – aus der Vogelschau wahrgenommen[10] – dient dem Vergnügen der Herrschaften. Nirgends kommt dieser herrschaftliche zentrale Blick auf das Volk deutlicher zum Ausdruck als bei de Sade:[11] eine Schilderung, die, auch über den unmittelbaren Zusammenhang hinaus, sehr viel klarer und radikaler von den Entstehungsbedingungen des Blicks auf die »fremde Kultur im eigenen Land« erzählt, als viele von Verschmelzungswünschen mit dem Volk bestimmte romantische Berichte von »Volksfesten«.

Aus dem alten Fest *des* Volkes ist so in der Inszenierung der *Cuccagna Napoletana* ein Fest *für* das Volk geworden. Aber natürlich war auch hier die Inszenierung nur die eine Seite und nichts wäre verkehrter, als das Fest selber mit seinem rituellen Arrangement gleichzusetzen. Schon das von Abgrenzungen und ängstlicher Sorge der Obrigkeit bestimmte Zeremoniell der Cuccagna macht deutlich, was aus der Geschichte des Karnevals bekannt ist: auch die in symbolische Formen gebannte Gewalt konnte die Fesseln des Rituals sprengen, der verordnete Aufruhr zur tatsächlichen Revolte werden. Die Karnevalswochen waren, nicht nur in Neapel,[12] seit alters als Zeiten bekannt, in denen schwelende soziale Konflikte in offene Auseinandersetzungen und Revolten umschlagen konnten. »Das Volksfest der Cocagne, seit alters in Neapel gefeiert ... war oft Ursache von vielerlei Unordnung und Unfällen«, heißt es in einer französischen Reisebeschreibung von 1781.[13] Im Jahr 1764 führte eine schwere Hungersnot in Neapel zu einem vorzeitigen Sturm auf die Cuccagna;[14] damit war das Ritual des Festes verletzt, das Volk hatte sich die Cuccagna selber genommen. In der Nacht wurde die Konstruktion in Brand gesetzt, damit war zugleich auch das repräsentative Symbol der Macht angetastet. In der Stadt breitet sich Panik aus, das Publikum flieht aus der königlichen Oper.

»Es ist neun Uhr am Abend« – beschreibt ein französischer Reisender die Stimmung – »... ein außerordentlicher Lärm auf den Straßen; überall schließt man hastig Läden und Tore; meine Nachbarn in der Herberge legen die Riegel vor. Scharen von Lazzaroni laufen umher, prügeln sich, fluchen ... die Balkons sind voll mit Bürgern, die zitternd das Äußerste erwarten.«[15]

Die Unruhe hält auch am nächsten Tag an, Läden werden geplündert, man befürchtet einen Aufstand, die Adligen bringen ihre Preziosen in die Klöster in Sicherheit. Schließlich läßt der König Truppen aufziehen, die Plätze der Stadt werden besetzt. Hart wird schließlich gegen an der Plünderung Beteiligte durchgegriffen: mit nacktem Oberkörper werden sie durch die Stadt auf die Galeeren gepeitscht.

Die Ereignisse dieses Jahres waren Anlaß dafür, daß die Cuccagna künftig nicht mehr auf dem Platz unmittelbar vor dem Schloß, also unter den Augen des Königs, sondern auf dem *Largo di Castello,* einem seitlich zum Hafen hin gelegenen Platz stattfand. Ein Kanonenschuß vom gegenüberliegenden Kastell *Maschio Angioino* verkündete seitdem den Beginn der Plünderung. Aber immer wieder wurde auch in den folgenden Jahren das Festritual durch das Volk verletzt, begann der Sturm auf die Cuccagna bereits vor dem festgesetzten Signal, beteiligten sich (wie 1778) sogar die Wachsoldaten an der Plünderung.[16] So wurde 1779 die Cuccagna durch königlichen Erlaß aufgehoben. An Stelle der dafür sonst aufgewendeten Mittel wurden – so die offizielle Kundmachung – finanzielle Aussteuerbeihilfen für arme Mädchen aus dem Volk verteilt.[17] Die Volkswohlfahrt hatte das Volksvergnügen abgelöst.

19. Schlemmerparadies, Dolce vita, Genuß im Séparée

Ich habe bereits an einigen Stellen auf Veränderungen hingewiesen, die einzelne Züge des alten Schlaraffenland-Stoffes im Laufe der Überlieferung durchgemacht haben. Generell läßt sich die spätere Entwicklung so charakterisieren, daß die alte Utopie ihren einstigen umfassenden Charakter eines sinnlichen Wohllebens zu verlieren beginnt. Cucania wird mehr und mehr zum »Schlemmerparadies«. Piero Camporesi spricht an der italienischen Überlieferung von »Niedergang und Tod Cuccagnas« und versteht diese Entwicklung als Ausdruck eines Prozesses, in dessen Verlauf auch realgeschichtlich die Hoffnungen auf Veränderung der sozialen Verhältnisse für die Volksmassen zunehmend schwinden:

»Der große alte populäre Mythos von Cuccagna ... gleichsam eine plebejische Version des aristokratischen ›Goldenen Zeitalters‹, genährt von der sozialen Spannung auf Erneuerung, auf die Änderung der Eigentumsverhältnisse und generell von der utopischen Sehnsucht nach Veränderung der bürgerlichen Lebensweise (eine Spannung, die besonders lebendig im 16. Jahrhundert war, wurde sie hier doch genährt durch die Hoffnungen auf eine andere Gesellschaftsordnung, von denen Europa seit den Entdeckungen der ›Neuen Welt‹ widerhallte), verliert allmählich an Kraft und Brisanz ... Allmählich verschwinden an einem fernen verschwommenen Horizont die Perspektiven auf Länder ohne Grenzzäune, auf Gemeineigentum, die Vertreibung der Barone und Herzöge, die Abschaffung der parasitären und erpresserischen Logik der reichen Klassen, der Traum von der Unschuld des nackten, glücklichen Körpers, die Sehnsucht nach körperlichem Wohlergehen und der Wunsch nach dem Sieg über Krankheit, Hunger und Kälte: die Befreiung von der Brutalität erzwungener unmenschlicher Arbeit. Cuccagna – das nur zum Teil ein Fluchtmythos gewesen war, Kompensation der Frustrationen, wie sie einem sozialen und wirtschaftlichen System geschuldet waren, das auf den Privilegien der Grundbesitzer und der Inhaber der politischen und religiösen Macht aufbaute – verwandelt sich immer mehr von einer großen sozietären und kollektivistischen Utopie zu einem betäubenden Refugium für arbeitsscheue ›Faulpelze‹ oder zu einer isolierten und unschuldigen, weitgehend akademi-

Schlaraffenland-Spiel. Bologna, Kupferstich 1691 – Bildersaal I 10

Das Würfelspiel, von dem Bologneser Kupferstecher Giuseppe Maria Mitelli gezeichnet, stellt die gastronomischen Spezialitäten einzelner italienischer Städte vor. Das Siegerfeld in der Mitte: Mortadella aus Bologna.

schen Vergnügung für Feinschmecker und Gourmets, ein ›Refugium des armen Mannes von Welt‹, eine große melancholische Buffonerie für enttäuschte individuelle Aussteiger.«[1]

Die Gasterei der Massen als großes öffentliches Ereignis, wie sie sich vor allem im populären Fest darstellte (die Tafelfreuden der Einblattdrucke erinnern ja durchaus an »Bauernfest«-Szenen etwa der niederländischen Malerei), wird abgelöst durch die exklusive Compagnie der Gourmets; der *Markt* und der *Platz* als Orte der Repräsentation der Speisen weichen allmählich dem *Haus* und der *Küche*. Barocke Gedichte preisen die Küche als hohe Schule der Leckerei, als Tempel der Religion des Fleisches. »Das öffentliche Bankett wird mehr und mehr verdrängt durch die Philosophie der raffinierten Kochkunst.«[2]
Es sind dann, im Zeitalter des Absolutismus, die europäischen Residenzen, auf deren Festbanketten Schlaraffenland gespielt wurde. Die höfische Festtafel zeichnete sich ja durch *Raffinement* der Speisen einerseits, die *Überfülle* des Gebotenen andererseits aus. Vor allem aber lebte – auch darin Schlaraffenland vergleichbar – das aristokratische Bankett von der Lust an der *Zurschaustellung* der Köstlichkeiten, wozu ein Heer von Konstrukteuren, Zuckerbäckern, Köchen und Illusionskünstlern aufgeboten wurde, um pompöse kulinarische Architekturen zu entwerfen, die Elemente der alten »Eßlandschaft« benutzten und die natürlich, ebenso wie Schlaraffenland, dem gefräßigen Gaumen zum Opfer fallen durften (bis sie beim nächsten Mal üppiger und schöner von neuem entstanden). Nochmals zur Schau gestellt wurden die zeremoniellen kulinarischen Aufbauten oftmals in eigens gedruckten Beschreibungen oder Kupferstichen. Der Weinbrunnen ist wahrscheinlich das bekannteste Element solcher höfischen Festlandschaften geblieben. Eine ganze Zuckerstraße ließ sich König August III. von Polen um 1760 machen, wozu der Schloßhof und die Heerstraße dicht mit Zucker bestreut wurden, der hier allerdings keinem kulinarischen Zweck diente: es wurde eine »Schlittenfahrt im Sommer« veranstaltet. Von riesigen Zuckerkonstruktionen erfahren wir aus der gedruckten Beschreibung eines Festes in der Wiener Hofburg 1749, darunter »eines herrlichen Triumphgebäudes, 42 Fuß lang, 16 breit, 3 hoch mit Schlössern, Gärten, Bäumen, Blumen, Menschen, Tieren, allegorischen Figuren ... alles ganz aus Zucker.«[3]
Was die »aristokratische Cocagne« von der alten Schlaraffen-

land-Phantasie trennt, ist vor allem die soziale Exklusivität, in der das süße Leben hier inszeniert wurde. Die *Öffentlichkeit* und die *Kommunität* des Essens, Trinkens und aller anderen Vergnügungen – konstitutive Elemente der alten populären Utopie – sind dem exquisiten Genuß im Zirkel der Elite gewichen. Das Volk blieb Zuschauer oder wurde allenfalls mit mäzenatischen Spenden (öffentlicher Weinbrunnen, Geldregen) bedacht oder – wie in der *Cuccagna Napoletana* – zum Teil der Inszenierung gemacht.

Das Modell der sozialen Exklusivität des besonderen Genusses lebt, später reichlich ramponiert, auch unter bürgerlichen Vorzeichen weiter. Die *geschlossene Gesellschaft,* der *Club,* hinter dessen Türen die Regeln des Alltagslebens suspendiert sind und »erlaubt ist, was gefällt« (»Honni soit qui mal y pense!«), ist gleichsam die Verkehrte Welt im Séparée.

Marquis de Sade hat, an der Schwelle der bürgerlich-industriellen Gesellschaft, das Urmodell eines solchen »orgiastischen Séparées« beschrieben: die »Gesellschaft der Freunde des Verbrechens« in »Juliette« (1776). Geburt spielt bei der Aufnahme in diesen Club keine Rolle, alle Menschen sind hier gleich, weder Schönheit noch Jugend genießen Sonderrechte, der Anblick aller Krankheiten ist verbannt, alle Ausgaben werden gemeinsam bestritten, die Frauen und Männer sind allen gemeinsam, zu bestimmten Zeiten trifft man sich nackt, Faulheit und Feigheit werden verehrt, man gibt sich den Ausschweifungen der Tafel und des Fleisches hin und billigt alle Lüste, auch den Mord. »Der einzige Gott, den die Gesellschaft kennt, ist das Vergnügen, ihm opfert sie alles; sie billigt alle denkbaren Lüste, sie heißt alles gut, was ergötzt.«

Man wird sich fragen, wie man zu dieser schlaraffischen Gesellschaft Zugang erhält: »Es wird niemand in die Gesellschaft aufgenommen, der nicht nachweist, daß er mindestens 25 000 Pfund Rente hat«, heißt es in den Statuten. Um diesen Preis, und nur um diesen Preis, ist alles zu haben. In der bürgerlichen Gesellschaft kostet Schlaraffenland bares Geld.[4]

20. »Die Welt ist nicht aus Brei und Mus geschaffen ...« Moralisierungstendenzen, spirituelle Deutung und das bürgerliche Verdikt über Schlaraffia

Vor allem in Deutschland und den Niederlanden wird Schlaraffenland als Utopie eines Lustlebens ohne Arbeit schon früh Gegenstand der moralischen Kritik. Schon bei den Autoren der frühneuzeitlichen Fastnachtsspiele mischen sich in die Lust an der Zurschaustellung der ungehemmten oralen und sexuellen Triebhaftigkeit der wilden Schlauraffen und ihrer Narren-Gesellen vermutlich parodistisch-karikaturistische Elemente; auch später ist oft schwer zu sagen, welches Lachen die populareske Literatur des 16. Jahrhunderts mit ihren grobianischen Zügen erwecken will: jenes der Unterschichten, die sich vielleicht in den dargestellten Figuren der Narren und Tölpel wiederfinden konnten – oder das überhebliche Lachen der feinen Leute, denen das »ungeschlachte Volk« wie in einem Zerrspiegel vorgeführt wurde.

Zwei Entwicklungen sind es, vor deren Hintergrund das Schlaraffen- und Narrenwesen den Intellektuellen zunehmend verdächtig erscheint: Es verstärkt sich der Prozeß der zivilisatorischen Distinktion zwischen »Oben« und »Unten«,[1] die Sitten und Gebräuche der Unterschichten erscheinen damit in der Optik der feinen Leute mehr und mehr als tölpelhaft und roh. Die deutschen und die niederländischen Schlaraffenland-Darstellungen ergehen sich gern in der Ausmalung solcher Grobianismen. Vor allem aber ist es die neue Einstellung zur *Arbeit,* die den Traum vom guten Leben auf der faulen Haut zur gefährlichen Narretei erklärt. Das süße Leben der Aristokratie ist dabei dem Verdammungsurteil des bürgerlichen Puritanismus ebenso anheimgefallen wie das Fressen und Saufen des Volkes. Das bürgerliche Ideal wurde der maßvolle Genuß, vor allem aber mußte der Genuß »verdient« sein. Fleiß und Vorsorge wurden die Maximen, das schlaraffische Von-der-Hand-in-den-Mund-Leben erschien demgegenüber als höchst verwerflich.

> »In summa, sie fragen weder Gott noch der Welt nach, sonder sie singen alzeit unnd lassen ein klein walt Vögele sorgen: diß ist der Schlauraffen Narren art und natur«

– so steht es in der deutschen Übersetzung einer Predigt Geilers von Kaysersberg,[2] wobei der Prediger mit seinem Verdikt ja doch dem sehr nahe kommt, was Christus in der Bergpredigt gerade als Vorbild aufgestellt hatte, das »Sehet die Vögel unter dem Himmel, sie säen nicht, sie ernten nicht ...« (Matthäus 6, 26). Auch andere Muster des mittelalterlichen chiliastischen Denkens werden im Reformationszeitalter von den Predigern diskreditiert. *Schluraffen narren* sind es jetzt, die schon auf Erden selig sein wollen.

Von protestantischer Seite aus war es natürlich nur naheliegend, das klösterliche Leben als schlaraffische »Faulenzerei« zu beschimpfen und die Aufhebung dieses – im bürgerlichen Sinne unproduktiven – Zustands des Sich-Versorgen-Lassens zu betreiben. Martin Luther schreibt:

> »Alle solche geistliche Klöster und stifft beginnen zu fallen und endlich ausgerott müssen werden, und findet sich nu die warheit, das Müncherei sey das rechte schlauraffen landt, da alles vol ist fur die faulen brüder, da zu auch der Jüngel bad [Jungbrunnen], das ist jr ertichte Tauffe.«[3]

Schon im Zeitalter der Reformation zeichnen sich so die polemischen Muster ab, die bis ins 18. Jahrhundert hin von der Position des bürgerlichen Arbeits- und Vorsorgedenkens aus gegen Schlaraffia ins Feld geführt werden. Für die Kultur der Arbeit gilt der Tätige als Held, der faule Genießer als Narr. Das alte plebejische Wunschbild vom guten Leben auf der faulen Haut wird kritisiert; an seine Stelle tritt das Märchen vom tüchtigen einzelnen, der durch Arbeit und rechte Gesinnung zu Wohlstand kommt: Robinsons Insel wird das neue, bürgerliche Utopia.

Schlaraffenland mit seiner Schenke-Ökonomie, dem Genuß ohne Arbeit, dem Triumph des Bauches über den Kopf, der Freiheit der Triebe wird dafür das ideale Gegenmodell des bürgerlichen Weltverständnisses.

> »Die Welt ist nicht aus Brei und Mus geschaffen,
> Deswegen haltet euch nicht wie Schlaraffen;
> Harte Bissen gibt es zu kauen:
> Wir müssen erwürgen oder sie verdauen.«   (Goethe)[4]

Die moralisierend-karikierende Tendenz bestimmt unter den Schlaraffenland-Texten schon den in der Nachfolge von Sebastian Brants »Narrenschiff« entstandenen »Spruch vom Schlauraffen lanndt«, eine der ältesten deutschen Schlaraffenland-Beschreibungen.[5] Der Autor bezieht sich ausdrücklich auf die ältere Überlieferung des Stoffes, die er als bekannt voraussetzt (»Da hat man lang vil von gesait«, V. 9), er breitet die einzelnen Motive aus, um an ihnen die Lebensweise der *Affen* (V. 140) als verkehrt und töricht zu geißeln:

> »Wer got veracht und cristen stat,
> ere, tugent nit vor augen hat,
> on sorg und arbeit dient dem leib,
> spart nit dem alter, kindt und weib,
> der hat sein tag nit wol volendt.« (VV. 159–64).

Nach ähnlichem Muster (Ausmalung mit zusätzlicher Moralisierung) sind auch die anderen frühen deutschen schlaraffischen Texte gebaut, wobei das Gewicht, das die moralische Didaxe hat, von Fall zu Fall verschieden ist. Für die Beliebtheit des Schlaraffenland-Motivs in der Moraldidaxe zeugen, aus dem 17. Jahrhundert, noch die deutschen Bearbeitungen der geographischen Satire Joseph Halls[6] oder, neben diversen Predigtmärlein, die Predigt Ignatius Ertls über das Schlaraffenland.[7]
Neben diesem exegetischen Muster der moralischen Verurteilung des Schlaraffenwesens gab es noch jenes einer *interpretatio spiritualis*: In polemischer Abgrenzung gegenüber dem angeblich falschen groben Sinn der schlaraffischen Bilder wird ihnen ein »wahrer« höherer, geistlicher Sinn zugeschrieben, wird Schlaraffenland, im »richtigen« Verständnis, zum Zeugen einer höheren Wahrheit.
Luther hat so im Manuskript einer Predigt über Taufe und Wiedergeburt das alte Bild vom Jungbrunnen, dem »jungel bad ... im schlauraffen« aufgegriffen und geistlich – auf die Taufe – gedeutet, wobei er kräftig gegen das »falsche« weltliche Verständnis des Paradieses unter Türken und Juden zu Felde zieht:

> »*Sic* preiset *baptismum, quod sit* jungelbad und jung mache. ›*Et renovationis*‹. *Ne cogitetur, quod sit fabulosus* Jüngelbad, *quod homines* wider jung werden *ut naturaliter. Sed talis renovatio, quae* mach ein new wesen. *Turci credunt resurrectionem mortuorum et Iudei, sed* mit dem zusatz, *quod post hunc diem* besser haben mit gelt, gut, schonen weibern, *nisi* durt frid haben. *Sic in Alcoran. Sic Iudaei:* werde ein irdisch reich anrichten. *Si non aliud. Paulus contra dicit nos* widergeboren *hoc balneo sed* sol nicht solch wesen werden *ut iam, non* sol schwach gesicht und 5 sinne, *sed* ein ewig wesen. *Erit admirabilis in sanctis suis. Quando mirabiliter nobiscum egit in baptismo, non curabismus aurum,* kron, tantzen, springen, *Sed gloria in excelsis* ...«[8]

Auch Luthers großer Gegenspieler, Thomas Murner, deutet den Jungbrunnen Schlaraffenlands in diesem geistlichen Sinn: »Es heißt zu gutem dütsch der douff«[9] – und über alle konfessionellen Unterschiede hinweg sind sich der katholische Mönch und der Reformator in der Polemik gegen die Paradiese der Türken und der Juden einig, die den Menschen ein Wohlleben nach dem Tode versprechen:

> »Etlich habendt das geredt,
> Das es in essen, drincken stedt, [= besteht]
> Als das selb lernt machomet [= Mohammed]. –
> Ist das dan sin wol leben gsin,
> So ists gemein mit unserm schwin. [= Schwein]
> Die andern, alß die iüdischheit, [= die Juden]
> Ein ander meinung hondt geseit,
> Daz got nach diser zyt mit flyß
> Bewar uns in dem paradyß:
> Da sind sie all zu samen gsessen
> Und werden gschorren boren essen
> Und ouch von dem leviasan.
> Wie wol ich halt ganzt nüt [= gar nichts] dar van
> Das unser ewigs leben sy
> Fressen und ein schlemery.«[10]

Am weitesten in der spirituellen Deutung Schlaraffenlands ist der elsässische Prediger Geiler von Kayersberg gegangen. In einem 1498 gehaltenen Predigtzyklus über Sebastian Brants »Narrenschiff«, der 1520 in deutscher Bearbeitung durch Johannes Pauli gedruckt erschien, sind mehrere Predigten auch dem »Schlaraffenschiff« Brants gewidmet. Diesem setzt der Prediger das *schiff der penitentz* [Buße] entgegen, das *zu den porten der tugent* fährt:

> »Da würstu ein ander land sehen, nit ein spöttig nerrisch land, aber das verheissen und gelobt landt, nit schluraffen land, aber das gewar land, da die decher seint mit fladen gedeckt, da keß uff bergen wachsen, da da seint zuckerstein, die milchbrunnen und die bäch fliessen mit honig ...«[11]

Die einzelnen Elemente dieses »geistlichen Schlaraffenlandes« werden anschließend vom Prediger in mittelalterlicher Auslegungskunst ausführlich gedeutet: Mit Fladen sind die Dächer gedeckt: der wahre Fladen ist Christus; und wie Fladen aus Käse, Milch und Eiern gemacht ist, ist Christus aus Fleisch, Seele und Gottheit geschaffen. Wie der Fladen ein *krönlin* hat, so trägt Christus drei Kronen, die der Glorie, der Armut und die Dor-

nenkrone. Wie der Fladen im Backofen gebacken wird, so wurde Christus im Feuer der Liebe gebacken. Wie man den Fladen in das *kensterlin* [Schränkchen] legt, so wurde Christus in den Himmel aufgenommen. Wie die Mäuse zum Fladen kommen und sich davor »uff die hindern füß« stellen, so auch die geistlichen Mäuse, »die demütigen menschen ... die heben ire höupter und hälß uff, wan sie den fladen schmacken, Christum.«
In ähnlicher Weise werden auch die anderen »Bestandteile« Schlaraffenlands christlich ausgelegt. Noch in der extremen moralischen Wendung, die der alte Stoff hier bekommen hat, wird seine offenkundige Beliebtheit deutlich.

*21. Von der populären Utopie zum Kindermärchen.
Die neuen Schlaraffenländer der Kinderkultur*

Die Entwicklung Schlaraffenlands zum Kindermärchen beginnt, wie in anderen Fällen, mit der Diskriminierung des populären Erzählstoffs durch die bürgerlichen Intellektuellen. Vor dem Richterstuhl der Vernunft wird in anderer und schärferer Form als in der vorbürgerlichen Gesellschaft zwischen »wahr« und »falsch« unterschieden. Das Fabulöse, ehemals Bestandteil so gut wie aller Gattungen der literarischen Tradition, wird, sofern es nicht Bestandteil der Hochkultur ist oder moralischen Zwecken dienstbar gemacht werden kann, als einfältig, unnütz und abergläubisch verspottet und als törichtes Vergnügen des ungebildeten Volkes und der naiven Kinder betrachtet. »Das Volk«, »die Kinder«, »die Märchen« – sie verdanken, längst bevor sie von den Romantikern mit der Aura einer vermeintlichen »Ursprünglichkeit« umgeben wurden, ihre Existenz nichts anderem als einem Prozeß der sozialen und kulturellen *Ausgrenzung*.
Denn »Volk«, »Kinder« und »Märchen« – jene von den Romantikern idealisierte Trias erscheint den Intellektuellen der beiden vorhergehenden Jahrhunderte eher als Inbegriff des Törichten. Von Schlaraffenland heißt es in der Vorrede der um 1650 entstandenen moralsatirischen »Erklärung der Wunderseltzamen Land-Charten Utopiae«:

> »Es mögte sich der curiöse Leser nicht ohne Ursach billich verwundern, wie wir auf die Gedancken gerathen wären, eine so einfältige Materie (als da ist das

so genannte Schlarraffenland) nicht allein mit einem ziemlich weitläufftigen Tractätlein zu erweitern, sondern auch mit einer so groß- und mühsamen Land-Charten zu erleuchten, da doch niemand unbekannt, daß dieses nur ein pur-lauteres Gedicht und Mährlein seye, mit welchem sich selbsten der einfältige und Kinder-läppische Pövel zu vexiren pflege.«[1]

Eine »einfältige Kinder-Fabel«[2] wird Schlaraffenland dann im weiteren Verlauf des Textes genannt, deren Behandlung in einem Buch sich nur durch einen höheren moralischen Sinn rechtfertigen lasse.

Den Romantikern erscheinen dann die Märchen und das Volk zwar nicht mehr als *kindisch,* sondern als *kindlich,* nicht mehr als Inbegriff des *Ungebildeten,* sondern des *Unverbildeten;* dennoch resultiert auch diese »positive« Wertung der Popularkultur aus der Erfahrung der Distanz zwischen hoher und niederer Tradition. Die »Entdeckung« der Volkskultur ist, historisch gesehen, die Folge ihrer tatsächlichen Marginalisierung. Im Reservat der literarischen Märchenausgaben soll überleben, was gesamtkulturell längst seine Bedeutung verloren hat: die Kultur des vorbürgerlichen Zeitalters. Aus ihren Resten entsteht ein großer Teil der neuen Kinderliteratur. Auch Märchen, von den Romantikern (auch den Brüdern Grimm) noch eher als Ausdruck *»des* Kindlichen« (auch im Erwachsenen) gesehen, erhalten im Laufe des 19. Jahrhunderts mehr und mehr den Charakter von *Kinder*geschichten.

»Das Märchen vom Schlauraffenland« in der Fassung der Brüder Grimm erschien in den »Kinder- und Hausmärchen« seit der Ausgabe von 1815.[3] Wie bei vielen ihrer Märchen haben die Brüder Grimm auch hier nicht auf mündliches Erzählgut zurückgegriffen, sondern eine schriftliche Quelle bearbeitet: ein mittelhochdeutsches Lügengedicht des 14. Jahrhunderts, das ihnen in einer Ausgabe von 1784 vorlag.[4] Thema ist nicht das Land der Faulheit und des Genusses, sondern die »Verkehrte Welt«; die Brüder Grimm haben die zwischen beiden Komplexen bestehende alte Verbindung durch die Wiedergabe der *affen zît* ihrer Vorlage mit *Schlauraffen*zeit verstärkt. Den »kotigen« Schluß des alten Gedichts haben sie durch ein »sauberes« Motiv ersetzt: Kinder und Märchen hatten inzwischen rein zu sein. Mit diesem im 19. Jahrhundert durchaus üblichen Verfahren der Tilgung des Derben, des Fäkalischen, auch des Erotischen, wurde ein konstitutiver Bestandteil der niederen Tradition der frühbürgerlichen Jahrhunderte im »Kindermärchen« ausgemerzt.[5]

In die Kinderstuben kam »Das Märchen vom Schlaraffenland« (jetzt dem Genuß- und Faulheits-Land) durch das in zahllosen Auflagen und Zusammenstellungen bis heute immer wieder erschienene Bechstein'sche Märchenbuch von 1845.[6] Wahrscheinlich geht das Meiste, was im Alltagsbewußtsein im deutschen Sprachbereich mit »Schlaraffenland« assoziiert wird – trotz gegenteiliger Erinnerung[7] – auf Bechsteins Märchen zurück. Auch Ludwig Bechstein hat für sein »Schlaraffenland« auf eine literarische Quelle zurückgegriffen: das »Lindenschmidt«-Lied aus dem frühen 17. Jahrhundert, das 1836 von Hoffmann von Fallersleben wieder ediert worden war und von da in die großen Volksliedersammlungen des 19. Jahrhunderts einging.[8]

Noch ganz anders als die Grimm'sche Sammlung sind die Bechstein'schen Märchen auf einen naiv-biedermeierlichen gemütlichen Kinderton herabgestimmt, der alles Grelle und Anstößige zu vermeiden sucht und sich in gelegentlichen altfränkischen sprachlichen Wendungen als künstlicher Patina gefällt. Die Illustrationen Ludwig Richters, die die nachfolgenden Ausgaben begleiten, unterstreichen diesen Charakter.

> »Auf den Birken und Weiden da wachsen die Semmeln frischbacken, und unter den Bäumen fließen Milchbäche; in diese fallen die Semmeln hinein und weichen sich selbst ein für die, so sie gern einbrocken« – so erzählt Bechstein den Kindern.[9]

> »Auff den Bäumen die Semel stehn,
> Darunder Bäch mit Millich gehn,
> fallen in bach herabe,
> Und waichen sie [= sich] fein selber ein,
> das jeder zu essen habe«[10] –,

so lautete das alte Flugblattlied, 200 Jahre früher vom Geschichtensänger auf Volksfesten, Plätzen und Märkten einem hungrigen Volk gesungen, das sich wohl ein Land zu wünschen wußte, »wo jeder zu essen habe«. Für Bechsteins kindliche Leser tritt an die Stelle der alten Hungerphantasie ein Land, wo an den Milchbächen hingegen einer kindlichen »Unart« freier Lauf gelassen werden darf: man darf beim Brötchenessen »einbrocken« (»eintunken«).

> »Das ist etwas für Weiber und für Kinder, für Knechte und Mägde! Holla Grethel, holla Steffel! Wollt ihr nicht auswandern? Macht euch herbei zum Semmelbach, und vergeßt nicht, einen großen Milchlöffel mitzubringen.«

Das Märchen vom Schlaraffenland. Neuruppiner Bilderbogen – Bildersaal D 10

– so heißt es weiter in Bechsteins Fassung.

>>Weyb und Kinder, die Mäyd und Knecht
seind inn das Landt gar eben recht,
wollauff Gredel und Steffel:
Macht euch zu dem Milchbach hinein,
mit einem grossen Löffel« (Str. 10) –

erzählt der alte Text. Hier lebte noch die alte mittelhochdeutsche Rechtsformel des *eben unde recht* (»gleich und gerad«) weiter, die Verheißung vom Land, wo es keine Unteren mehr gibt. Und Gretel und Steffel, an die die Einladung ergeht, waren ehemals *Gesinde*namen; im 19. Jahrhundert sind *Kinderkose*namen daraus geworden. So nimmt es auch nicht wunder, daß Bechstein jenen Vers der 2. Strophe fortgelassen hat, in dem es einst hieß, daß *junge Kinder unnd allte Leut* nicht ins Schlaraffenland kommen.[11] Weggereinigt hat Bechstein auch jene Zeile über die »schlaraffenländische Währung«, die den Kindern sicher viel Spaß gemacht hätte:

»Ein jeder Furtz ein Daler [= Taler] gilt« (Str. 28).

Am Schluß hat er das Motiv von der Reisbreimauer um Schlaraffenland vermutlich aus Hans Sachsens Fassung (dort war es ein Hirsebrei) übernommen.
Auf Hans Sachsens (dem »Lindenschmidt«-Lied sehr ähnlichen)[12] Text geht der Neuruppiner Kinderbilderbogen aus den 80er Jahren des 19. Jahrhunderts zurück.[13] Die Kinder werden dort ins Schlaraffenland gewiesen, und ausschließlich Kinder sind es in der ersten Hälfte der Bildfolge auch, die sich dort tummeln. Erst wo es ans Kartenspielen und ans Trinken geht, hat der Zeichner Erwachsene eingeführt. Wo bei Hans Sachs Bauern auf den Bäumen wachsen (wahrscheinlich Spott des bürgerlichen Meisters über die tumpen Bauern), sind es auf dem Bilderbogen merkwürdigerweise Menschen allgemein (vielleicht eine Variante des »Storchenmärchens«?). Und natürlich fehlen auch hier die Grobianismen des alten Texts, *Furtz* und *Gröltzer* [= Rülpser] der schlaraffenländischen Währung. Auch auf den Bildern sind aus den einstigen Liederjahnen Schlaraffenlands adrett gekleidete Knaben und Mädchen und gutbürgerliche Herren im Anzug geworden. Daß die moralische Schlußtendenz von Sachsens Text, die Warnung vor Faulheit, inzwischen wegfallen kann, ist eigentlich selbstverständlich.
Welche kuriosen Formen die »Versittlichung« des alten Schlaraffenlandes annehmen konnte, zeigt ein Beispiel aus der niederländischen Druckgraphik. Die Druckstöcke der Holzschnitte konnten – ein in den Niederlanden übliches Verfahren – von einer Offizin an eine andere übergehen, so daß sich ältere Bildvorlagen, z. T. mit neuen Texten und Titeln versehen, über Jahr-

hunderte halten konnten.[14] Auf diese Weise kam auch ein älterer Druckstock, um 1800 im Besitz der Firma Hendriksen, Rotterdam, nachweisbar (»Het Nieuw Vermakelyk Lui-Lekkerland«) in den Besitz der Amsterdamer Offizin van Staden und wurde von ihr im 19. Jahrhundert öfter nachgedruckt.[15] Drei der 24 kleinen Einzelbilder wurden dabei allerdings mit ein paar Handgriffen »umgetitelt«: Der Mann, der mit aufgehaltenem Hut »Feigen« aus dem Hinterteil eines Pferdes sammelt, wird einfach aus dem Holzblock ausgeschnitten; das auf diese Weise allein im Bild stehende Pferd wird dann im Untertitel zum »allezeit verfügbaren Reittier« erklärt.[16] Auf einem anderen Bild bleibt der Mann hinter einem Muskat spendenden Hund zwar erhalten – der Hund wird jedoch im Untertitel als Schaf ausgegeben, und der Mann wartet auf »leckere Koteletts«.[17] Auf einem dritten Bild freut sich der hinter einem »Konfekt-Esel« kniende Mann auf ein »geröstetes Kalb«.[18]

An den Geist der alten schlaraffischen Phantasien knüpfen mehr als die traditionellen »Volksmärchenbearbeitungen« im Grunde jene (Kinder-) Geschichten an, die eine kindliche Wunschwelt in den neuen Phantasiebildern des bürgerlichen Zeitalters und in seinen literarischen oder anderen medialen Formen ausmalen. Dabei wird zwar immer wieder auf Motive des alten Schlaraffenland-Stoffes zurückgegriffen, sie werden aber zu ganz neuen phantastischen Wunschbildern verschmolzen. In dieser neuen und sich immer wandelnden Form bleibt die Wunschwelt Schlaraffia eines der großen Themen der Kinderunterhaltung des 19. und 20. Jahrhunderts.

Am Beginn dieser »neuen« Schlaraffenländer steht der phantastische Bericht E.T.A. Hoffmanns von der Traumreise der kleinen Marie Stahlbaum ins Zuckerland (aus »Nußknacker und Mausekönig«, 1816).[19] Er läßt sich als Urgeschichte der verführerischen Faszination der Kinder durch die Eß-, Spiel- und Unterhaltungswarenwelt des industriellen Zeitalters lesen: eine Entwicklung, die zunächst für die Kinder des gehobenen Bürgertums um 1800 beginnt (Anfänge der massenseriellen Spielzeugherstellung, der industriellen Zuckerproduktion, der »Kinderbeschenkrituale«)[20] und seitdem den Prozeß der Kindheit begleitet. Die kindlichen Wunsch- und Gegenwelten eines modernen Freizeitparks oder *Disneyland* mit ihren märchenhaften Angeboten[21] stehen am vorläufigen Ende dieser Entwicklung, die – nicht zuletzt darin dem alten Schlaraffenland-Komplex

vergleichbar – von den Volkserziehern und Pädagogen bis heute mit äußerstem Mißtrauen verfolgt worden ist.
Insgesamt sind es vor allem die Kindermedien (die Bücher, die Spielwaren, später die »neuen Medien«), die im 19. und 20. Jahrhundert »Schlaraffenland«-Funktionen bekommen; die Kulturwarenindustrie übernimmt das alte Versprechen der Erlösung vom drückenden Zwang des Alltags. »Das Paradies zum Aufbauen« gab es schon in Bestelmeiers Nürnberger Spielwarenkatalog von 1801 zu kaufen[22] und ein »Kinderparadies« (wie sich bis heute mancher Spielzeugladen nennt) war dieser Katalog als Ganzes.
Nächst der Traumreise der kleinen Marie in E.T.A. Hoffmanns »Nußknacker und Mausekönig« ist es Pinocchios Reise ins Spielzeugland (aus Collodis »Pinocchio«, 1883),[23] mit der die Kinderliteratur in neuer selbständiger Form das alte Schlaraffenland-Thema aufgreift. Pinocchio, hin- und hergerissen zwischen den Stimmen der Verführung und der Moral,[24] soll ein richtiger Menschen-Junge werden; aber immer wieder entzieht er sich durch die Flucht den Zumutungen dieses wirklichen Kinderlebens, das doch am Ende auch sein Schicksal sein wird. Seine Flucht ins Land der Spielzeuge, »ein wahres Schlaraffenland«, knüpft an die alten Bilder der Jenseitsreise und des »Auszugs der Kinder« an: eine Reise in das gelobte Land, wo, ähnlich wie im altfranzösischen *Fabliau,* die Zeit aufgehoben ist:

> »Dort gibt es keine Schulen, dort gibt es keine Lehrer und keine Bücher. In diesem gesegneten Land braucht man nie zu lernen. Donnerstags ist keine Schule, und jede Woche besteht aus sechs Donnerstagen und einem Sonntag. Stelle dir vor, die großen Ferien beginnen am ersten Januar und enden am letzten Dezember.«

Nicht mehr der Hunger, die Erwerbsarbeit und der Wunsch nach Gleichheit sind es, deren Aufhebung in Schlaraffenland hier geträumt wird, sondern die Schul-Arbeit und der durch sie bestimmte Pflichtenkanon und Zeitrhythmus. Wie im Schlaraffenland der alten Popularliteratur die Wünsche der unterdrückten Klassen der vorbürgerlichen Gesellschaft Gestalt gewannen, so in Collodis und anderen Kinderschlaraffenländern die Bedürfnisse einer Kindheit, die gegen ihre Subsumtion unter die Tugendforderungen, den Schulzwang und die Zeitökonomie der industriellen (Erwachsenen-) Gesellschaft rebellieren.
In Collodis *paese dei balocchi* darf nur gespielt und getrödelt

werden; wer dort lebt, kann der Zumutung, in der bestehenden Gesellschaft ein richtiger Mensch werden zu müssen, entgehen. Nur Kinder leben in diesem Land, und sie bewegen sich in Formen einer tumultuarischen, pädagogisch nicht disziplinierten Öffentlichkeit:

> »Auf den Straßen herrschte eine Fröhlichkeit, ein Tumult, ein Geschrei, daß man dabei den Verstand verlieren konnte. Scharen von Lausejungen überall; einige spielten mit Nüssen, andere mit flachen Steinchen, wieder andere spielten Ball, noch andere fuhren auf Fahrrädern, und schließlich saßen welche auf Schaukelpferdchen. Hier spielten sie Blindekuh, dort liefen sie sich nach, bald waren sie als Clown verkleidet, bald versuchten sie sich als Feuerfresser...«

Das Leben im Land der Spielzeuge (dessen Szenen an Brueghels *Kinderspiele*-Bild oder Mitellis italienischen Kupferstich *Die Kinder kommen aus der Schule*[25] erinnern) endet natürlich mit der Katastrophe. Aber auch das gehört ja seit alters zum Thema Schlaraffenland: die Moralisten haben es immer wieder beschrieben, um es ihrem Publikum am Ende mies zu machen. Freilich meinte der Traum vom herrlichen Leben noch zu Zeiten Collodis und lange Zeit später für sehr viele Kinder in ganz elementarer Weise: nicht hungern und nicht frieren zu müssen. Hans Christian Andersens rührendes Märchen vom kleinen Mädchen mit den Schwefelhölzern[26] erzählt den alten Hungertraum vom Blick auf den gedeckten Tisch – und »die Gans sprang von der Schüssel herunter und wackelte auf dem Fußboden, Messer und Gabel im Rücken, gerade auf das arme Mädchen zu.« Aber Schlaraffenland ist hier eher eine Fieberhalluzination, der alte Traum ist an der Wirklichkeit zerbrochen, das arme Kind hat sich in den Hungertod geträumt.

Das Thema vom Leben herrlich und in Freuden, frei von den Zwängen der herrschenden Ordnung, bleibt in den verschiedenen Formen der Kinderkultur auch weiterhin beliebt. Spielerisch-kombinatorisch gehen die zahlreichen *Kinderreime*, wie sie sich in diversen Sammlungen seit dem 19. Jahrhundert finden, mit Schlaraffenland und den unmöglichen Dingen der Verkehrten Welt um.[27] Von einem Berliner Jungen, 1964, stammt der Vers

> »Im Schlaraffenland
> Streckste aus die Hand
> Und ne Gans von zich Pfund
> Fliecht jebraten in'n Mund.«[28] –

Das, eher ein Jux, ist – wie sooft im Kinderreim – der schnodderig-respektlose Umgang mit einem irgendwo (vielleicht in der Schule) aufgesammelten Bruchstück der kulturellen Tradition. Um 1900, in der Blütezeit des »Theater-Märchens«, kam dann »Schlaraffenland« natürlich auch in *szenischer Form* unter die Kinder (A. Steinmann/C. M. Schmidt, Die Reise ins Schlaraffenland, ein Kindermärchenspiel, Berlin 1903; L. Fulda, Das Schlaraffenland, Märchenschwank in 3 Aufzügen, Stuttgart 1900);[29] vertont wurde es in Franz Lehárs Kinder-Operette »Peter und Pauls Reise ins Schlaraffenland«.[30]
Unter den neueren Kinderbuchbearbeitungen ist Otto Ernsts »Der Kinder Schlaraffenland« (1910) zu nennen: das Märchen vom kleinen Karl, der eines Tages im Schlaraffenland aufwacht, wo keine Schule ist, die Stadt aus Essen und Trinken besteht, man ungestraft auf Apfelbäume klettern, im Eis einbrechen und echten Krieg spielen darf; am Ende will der kleine Junge zurück, weil es ihm langweilig wird, und er wacht im Bett auf.[31]
Eher metaphorischen Gebrauch des Wortes macht Wilhelm Schmidtbonn mit seinem in der Reihe »Die Feldbücher« 1916 erschienenen »Schlaraffenland«: es sind Geschichten aus der Kindheit, den Soldaten im Feld erzählt.[32] Ein Jahr später (1917) erschien Karl Stamms Versgeschichte »Die Kinder im Schlaraffenland« mit den Illustrationen von Hans Witzig.[33] Nach dem 1. Weltkrieg greifen Hans Baluschek und Hermine Hanel das Hoffmann'sche Thema von süßen Traumland mit ihrer Geschichte »Das Zuckerbäckerreich« auf: dem naschhaften Walter wird die Geschichte vom naschhaften Fritz erzählt, der im Schlaf durch alle süßen Genüsse jenes Reiches reisen darf – bis er dort am Ende im klebrig-süßen Himbeereis zu ersticken droht, schreiend aufwacht und der Mutter schwört: »Ich verspreche dir, nie wieder zu naschen. Ich mag auch nicht mehr Zuckerbäkker werden, ich glaube, ich werde doch lieber Kutscher oder Kürassier.«[34]
In den zwanziger Jahren erschien dann das (inzwischen wieder aufgelegte) »Schlaraffenland«-Bilderbuch des »Simplizissimus«-Zeichners Karl Arnold mit dem modernisierten Text von Hans Sachs.[35] In den Zusammenhang der Kinder- und Jugendliteratur der zeitgenössischen Arbeiterbewegung gehört Max Barthels Märchen vom »Wunschdorf«, wo, anders als im »Land Niemals« die Wünsche Wirklichkeit werden. Die kleine Hella bekommt dort ein neues Kleid und schwebt mit einer Flugma-

schine durch eine blühende Natur; am Ende wird ihr verkündet, daß auch das Land Niemals »einmal ›Immer‹ und ›Licht‹ und ›Wohlgefallen‹ und ›Ewigkeit‹ heißen wird.«[36]
Wahrscheinlich sehr viel näher an den technischen Phantasien von Großstadtkindern der Zeit ist Erich Kästners Schlaraffenland, das Konrad (in »Der 35. Mai«, 1931) bei seinem Ritt in die Südsee durchquert: Dort gibt es zum Beispiel »Vierfruchtbäume« ...

> »... Und was sie da feststellten, war wirklich außerordentlich praktisch. Auf dem Baumstamm befand sich ein Automat mit Griffen und Inschriften. ›Am linken Griff einmal ziehen: 1 geschälter zerteilter Apfel‹, stand zu lesen. ›Am linken Griff zweimal ziehen: 1 gemischtes Kompott.‹ ›Am rechten Griff einmal ziehen: 1 Stück Pflaumenkuchen mit Schlagsahne.‹ ›Das ist ja enorm‹, sagte der Onkel und zog rechts zweimal. Darauf klingelte es, und schon rutschte ein Teller mit Kirschenmarmelade aus dem Baum.«

Und wie die Schlaraffen in ihren Häusern essen, führt der Präsident des Landes den beiden Besuchern vor:

> »Er griff in den Nachttisch und holte eine Tablettenschachtel heraus. ›Zunächst paar pikante Vorspeisen‹, seufzte er, nahm eine weiße Pille in den Mund und drückte auf einen Knopf. Daraufhin erschien an der gegenüberliegenden Zimmerwand ein farbiges Lichtbild, das Ölsardinen und russische Eier und Ochsenmaulsalat zeigte. ›Nun einen hübschen knusprigen Gänsebraten‹, sagt der Präsident, nahm eine rosa Pille und drückte wieder auf den Knopf. Jetzt erschien auf der weißen Wand ein pompöser Gänsebraten mit Bratäpfeln und Gurkensalat. ›Und zum Schluß Eis mit Früchten‹, sagte Seidelbast, nahm eine gelbe Pille und drückte ein drittes Mal auf einen der Knöpfe. Auf der Zimmerwand erschien ein herrlicher Eisbecher mit halben Pfirsichen. Konrad lief das Wasser im Mund zusammen. ›Warum essen Sie denn Pillen?‹, fragte der Onkel. Als Apotheker interessierte ihn das natürlich ganz besonders. ›Das Essen strengt sonst zu sehr an‹, behauptete der Präsident. ›In Tablettenform, durch Lichtbilder unterstützt, schmeckt es ebensogut und macht weniger Mühe.«[37]

Auch in der Kinder- und Jugendkultur der jüngsten Zeit lassen sich die verschiedenen genannten Entwicklungslinien des Stoffes weiter verfolgen. Es gibt nach wie vor die modernisierten »Volksmärchenbearbeitungen« (Hans Sachs, Ludwig Bechstein)[38] – und die Lehrplaner der reformierten Schulen waren inzwischen auch nicht faul: in Schroedels neuem Lesebuch »Texte für die Primarstufe« sollen die Zweitkläßler an Schlaraffenland das »Einschätzen des Wirklichkeitsbezugses von Texten« üben.[39] Dabei schauen sich die Kinder vielleicht viel lieber die (in den

sechziger Jahren kursierende) bunte Bildheftchengeschichte »Schlaraffenland« der »Eduscho-Kaffeegroßrösterei Bremen, Europahafen« an, die auf die einfachen Mittel des »Witzbildes« zurückgreift und wo neben dem »Turm, erbaut aus fünfzig Sorten der wirklich allerfeinsten Torten« natürlich die »Eduscho-Kaffeequelle« sprudelt.[40]
Den Jugendlichen winken andere Schlaraffenländer. Unter den Neuheiten 1982 der Atari Video-Kassettenspiele wurde auch das Modell PAC-MAN CX 2646 angeboten:

> »Sie spielen mit Ihrem Freund PAC-MAN. Führen ihn durch sein Reich, das Labyrinth-Land. Wie im Schlaraffenland verzehrt PAC-MAN dabei, was ihm in die Quere kommt. Das sind köstliche Sachen wie Video-Waffeln, Vitamine und Kraftpillen. Je mehr Sie ihm davon zu fressen geben, je mehr Punkte erreichen Sie. Aber Vorsicht, die Gefahr lauert in Form von Gespenstern.«[41]

Auch wenn es vielleicht vielen Freunden der alten Volkskultur nicht gefallen dürfte, wie hier mit dem Stoff umgegangen wird: es werden wahrscheinlich die technischen und futuristischen Phantasien der Kinder und Jugendlichen (und Erwachsenen) und ihre Aufnahme durch die Unterhaltungs- und Konsumgüterindustrie sein, in denen, in ganz neuer Form, viele der alten Wunschbilder von der Anderen Welt weiterleben werden.

Anmerkungen

Lediglich mit Verfassernamen zitierte Literatur ist in der Bibliographie am Ende dieses Teils nachgewiesen. – »Text« ... bezieht sich auf den Textteil.

Zu Kapitel 1

1 Statt der *Tauben* können dabei, je nach lokalen Gaumengewohnheiten, auch andere Köstlichkeiten durch die Luft schwirren. Vgl. niederländisch *De gebraden duiven (gansen) sullen u niet in de mond vliegen,* dänisch *Stegte Duer flyve Ingen i Munden,* englisch *You may gape long enough, ere a bird fall in your mouth,* französisch *Il attend que les alouettes lui tombent toutes rôties dans le bec,* italienisch *Aspettare a bocca aperta le lasagne.* Nach I. v. Düringsfeld/O. v. Reinsberg-Düringsfeld, *Sprichwörter der germanischen und romanischen Sprachen,* Bd. II, Leipzig 1875 (Neudruck Hildesheim 1973), S. 238 f.; J. Grauls, p. 207.
Dieses Motiv ist über die Zeiten und Kulturen hinweg einer der festesten *Topoi* des Schlaraffenland-Komplexes. Zum ersten Mal taucht es bereits in einem altgriechischen Komödienfragment aus dem 5. Jahrhundert auf: »Recht knusprig gebraten, mit Myrtenzweigen bestreut und mit/Anemonen, flogen einem die Drosseln um den Mund/ herum und flehten, daß man sie verspeisen soll« (Pherekrates, Metalleis, nach H. Langerbeck, S. 198).
Das altenglische Gedicht vom *Land of Cokaygne* (14. Jh., Text 3) setzt das Bild beim Hörer als bekannt voraus: »The leverokes, *that beth cuth* [= well known]/ Lightith adun to manis mouth.« (VV. 107 f.). Bis hin zu dem Märchen aus den siebziger Jahren des 20. Jahrhunderts (Text 12) fliegen dann die Eßvögel um die Mäuler.
Eine frühe bildliche Darstellung ist auf einem Holzschnitt zu Sebastian Brants *Narrenschiff* von 1494 zu sehen: dort ist es ein auf einem Krebs reitender *Narr,* dem *eyn brotten tub* [Taube] in den offenen Mund fliegt (Kap. LVII). Auch auf Brueghels Schlaraffenland-Bild von 1567 wird wahrscheinlich auf dieses Motiv angespielt, wie die mit aufgerissenem Mund unter dem »Fladendach« wartende Figur nahelegt.
2 E. Bloch, *Freiheit und Ordnung,* Abriß der Sozialutopien, Berlin 1947, S. 9.
3 Text 5, Str. 2
4 Eine ältere Zusammenstellung der Hypothesen bei Zarncke, S. 456, Ackermann, S. 4 und Väänänen, S. 5. Das *Dictionnaire étymologique de la langue française* von O. Bloch und W. v. Wartburg resümiert: »l'histoire du mot [cocagne] reste obscure« (Paris ⁶1975, p. 138).
5 Provenzalisch *cocanha* »kleine Süßigkeit«, mittelniederländisch *kokenje* (ein kleiner Zucker-Sirup-Kuchen, den die Kinder zur Zeit der Jahrmarktsfeste bekamen), deutsch *Kuchen.* Die reduplizierende Bildung (*ka-ka) könnte auf ein Wort aus der Kindersprache hinweisen. Nach F. Kluge/W. Mitzka, *Etymologisches Wörterbuch der deutschen Sprache,* Berlin ¹⁹1963, S. 408; Dauzat/Dubois/Mitterand, *Nouveau dictionnaire étymologique et historique,* Paris ⁴1964, p. 175.
6 Zarncke, S. 456; E. Schmidt, S. 55.

7 Text 1. Hier erscheint die adjektivische Ableitung: *abbas Cucaniensis.*
8 Text 2.
9 *Nouveau dictionnaire étymologique,* l.c., p. 175: »sans doute d'origine méridionale«.
10 Text 3.
11 »Cocagna, as we say Lubberland« (1598) – zit. bei G. Boullough, p. 25.
12 R. Priebsch, S. 187; Keyser, S. 33.
13 *cucaña* scheint erst aus dem Italienischen entlehnt zu sein (Nach Corominas, *Diccionario crítico etimológico de la lengua castellana,* vol. I, Bern 1954, p. 961). Unter dieser Bezeichnung erscheint das Wort in einer spanischen Romanze: »Esta tierra, amigos mios,/ es la isla de Chacona,/ por otro nombre Cucana ...« (Ackermann, S. 159).
14 V. W. von Hagen (Hg.), *Auf den Königsstraßen der Inkas,* Stuttgart 1971, S. 238–42. Das von schneebedeckten Gebirgszügen umschlossene Tal wird als ehemals reich an Gold und Silber und bestanden mit heilkräftigen Bäumen beschrieben – nicht jedoch als »Schlaraffenland«.
15 Lope de Rueda, *Pasos completos,* Madrid 1966, p. 83–85. Den Hinweis auf dieses Stück und die Übersetzung verdanke ich Patricia Peña.
16 *Decamerone* VIII, 3. Der Erzähler verlegt hier das Land in eine geographisch entfernte, aber »reale« Lokalität, die *terra dei Baschi* (Baskenland).
17 Text 4
18 So Corominas, *Diccionario crítico,* l.c., vol. II, Bern 1954, p. 1042. – Die Ableitung von dem peruanischen Tal hingegen in Real Academia Española, *Diccionario de la lengua española,* Madrid 1956, p. 769, und, als »wahrscheinlich« bei M. Moliner, *Diccionario de uso de español,* vol. II, Madrid 1973, p. 186.
19 Ein *kokanisch gewant* heißt in einem Gedicht unter dem Namen des Seifried Helbling ein unübliches Phantasiekostüm *(Seifried Helbling,* hg. v. J. Seemüller, Halle 1886, S. 209).
20 In seiner Rezension des *Wunderhorn*-Liedes »Der Himmel hängt voll Geigen« nennt er es »eine christliche Cocagne« (Jenaische Allgemeine Literaturzeitung, 21. Januar 1806, S. 140), und auch das berühmte Neapoletanische Volksfest – vgl. Kap. 18 – heißt bei ihm »eine allgemeine Cocagna« *(Italienische Reise,* 29. Mai 1787).
21 Vgl. dazu *Deutsches Wörterbuch* der Brüder Grimm, Bd. IX, Sp. 494–98.
22 Die Affen entstanden als Folge einer Mißgeburt; ein Schmied wollte es Gott gleich tun und einen alten Menschen in seiner Esse verjüngen – vor Schrecken über den Anblick des fehlgeschlagenen Versuchs bringen die Frau und die Schwägerin des Schmieds Affen zur Welt. So erzählen es Hans Folz *(Reimpaarsprüche,* hg. H. Fischer, Nr. 24), Hans Sachs und danach Grimms *Kinder- und Hausmärchen* 147.
23 Text 23; ganz ähnlich definiert J. H. Campe, *Wörterbuch der Deutschen Sprache,* Bd. 4, Braunschweig 1810, S. 170.
24 E. Martin/H. Lienhart, *Wörterbuch der elsässischen Mundarten,* Bd. 2, Straßburg 1907, S. 471; H. Fischer, *Schwäbisches Wörterbuch,* Bd. 5, Tübingen 1920, S. 898.
25 J. Müller, *Rheinisches Wörterbuch,* Bd. 7, Berlin 1948, S. 1254.
26 A. Schmeller, *Bayrisches Wörterbuch,* Bd. 2, Stuttgart/Tübingen 1877, S. 533. Ebenso in den angegebenen elsässischen und schwäbischen Mundartlexika.

27 E. Martin/H. Lienhart, a.a.O., S. 471; H. Fischer, a.a.O., S. 898.
28 A. v. Keller, *Fastnachtsspiele des 15. Jahrhunderts*, Bd. 1, Stuttgart 1853 (= Bibl. d. Litterarischen Vereins, 28), S. 372. Weitere Beispiele Grimm, *Deutsches Wörterbuch*, Bd. IX, Sp. 494.
29. H. Folz, *Reimpaarsprüche*, hg. v. H. Fischer, München 1961, S. 439.
30 Wittenwiler, *Der Ring*, hg. Wießner, V. 5909–12.
31 A. v. Keller, *Fastnachtsspiele*, a.a.O., Bd. 2, S. 270.
32 H. Sachs, *Sämtliche Fabeln und Schwänke*, hg. v. E. Goetze, Halle 1893, Bd. I, nr. 4, v. 65 f.
33 Vgl. Abb. S. 216. Auch in dem deutschen Stich S. 160 wird *Grobianus* zum »Meister«.
34 Text 19 und 20. Mit der Erinnerung an Brants Werk beginnt auch eine der ältesten deutschen Schlaraffenland-Beschreibungen (um 1500): »Es ist in khurtz vergangenen Jaren/ das narrenschiff vom landt gefaren ...« (Zarncke, S. CXXII f.; Ackermann, S. 170 ff.). In den berühmten *Epistolae virorum obscurorum* (1515/17) firmiert einer der ungelehrten Finsterlinge als »Philipp Schlauraff«, der von »Sebastianus Brant in Narragoniam« geschickt wird (Ackermann, S. 88). – Zu niederländischen Spuren Brants in schlaraffischen Darstellungen vgl. M. de Meyer, S. 435 f., zur englischen Wirkungsgeschichte G. Bullough, p. 24. – Für die Malerei ist an Hieronymus Boschs Narrenschiff-Bild zu denken.

Zu Kapitel 2

1 Art. »Meropis«, in: Pauly-Wissowa, *Realenzyklopädie*, Bd. XV, Sp. 1054–62.
2 So Langerbeck, S. 194, 200 u. ö. – Langerbeck versucht die einzelnen Fragmente aus ihrem erschlossenen literarischen und sozialen Kontext heraus zu deuten und kommt zu der Auffassung, sie seien eher ironisch und sarkastisch zu verstehen, keinesfalls als naive Hoffnungsbilder des Volkes.
3 Edmonds, *The Fragments von Attic Comedy*, vol. I, Leiden 1957, Frg. 130, nach Langerbeck, 199 f.; Kenner, 73.
4 Frgmm. 14–17, nach Langerbeck 196 f.; Kenner, 77. Auch in den *Vögeln* des Aristophanes gibt es unter der Herrschaft der Vögel eine Art Goldenes Zeitalter (V. 588 ff.; 725 ff.).
5 Platon, *Kritias*, 112e–120d. Platons *Atlantis*-Bericht hat, nicht zuletzt wohl deshalb, weil der Dialogpartner Kritias sich dabei auf einen »authentischen« altägyptischen Erzählstoff beruft, die Phantasie auch später immer wieder beflügelt.
6 Über Ktesias' »Indika« (398 v. Chr.) und andere Indien-Berichte vgl. Poeschel, S. 395–99; E. Rohde, *Der griechische Roman und seine Vorläufer*, Leipzig 1876.
7 Vgl. G. Cary, *The Medieval Alexander*, Cambridge 1956. Über die Wirkungsgeschichte des Alexanderromans und die einzelnen Fassungen des Stoffes (bis zum 16. Jh. 80 Versionen in 24 Sprachen) vgl. die Zusammenstellung in Kindlers Literatur Lexikon, Bd. 3, München 1974, S. 899–911; über die Bedeutung für volkstümliche Erzählstoffe vgl. *Enzyklopädie des Märchens*, Bd. 1, Berlin/New York, 1977, Sp. 272–91.
8 Hesiod, *Werke und Tage*, V. 111–120, nach: Sämtliche Werke, dt. v. Th. v. Scheffer, Bremen o. J., S. 56.

9 Telekleides, *Amphiktyones*, nach Langerbeck, S. 197 f. Es könnte sich, nach Langerbeck, dabei auch um einen Bericht aus dem Totenreich handeln.
10 F. Tassy, p. 372 (ägyptischer Osirismythos); G. Cocchiara, p. 176–79 (Pygmäen), p. 249 (babylonische, ägyptische und indische Urzeit-Mythen); H. Baumann, *Schöpfung und Urzeit der Menschen im Mythos der afrikanischen Völker*, Berlin 1936, S. 267 ff.
11 Camporesi, S. 77.
12 Poeschel, S. 404, erinnert aus der lateinischen Tradition an Ovid (Met. I, 111 ff.) und Horaz (Carm. II, 19), Kenner (S. 81) an Plautus (Asinaria, 31 ff.) und Petron (Sat. 45,4 und Cena, 43).
13 Vgl. E. Norden, *Die Geburt des Kindes*, Leipzig 1931; K. Prümm, *Die Heilserwartung der vierten Ekloge*, in: Scholastik 6 (1931), S. 539 ff.; S. Benko, »Virgil's Fourth Eclogue in Christian Interpretation«, in: W. Haase (Hg.), *Aufstieg und Niedergang der römischen Welt*, Berlin/New York 1980. – Als eine der heidnischen Verkünderinnen der christlichen Heilsgeschichte figuriert die Cumaeische Sibylle der 4. Vergilischen Ecloge auch auf zahlreichen bildlichen Darstellungen (z. B. auf dem Marmorfußboden des Doms zu Siena).
14 Vergil, *Opera*, hg. Hirtzel, Ecloga, IV, V. 21.29.37–45, dt. Landleben, hg. v. J. Götte, München 1958.
15 »End is daer altoes sommertijd« heißt es in dem mnl. Gedicht von dem *Lant van Cockaengen* (15. Jh.), Priebsch, S. 190.
16 Pherekrates, *Metalleis*, Frgm. 108, nach Langerbeck, S. 198 f.
17 Nach V. Propp, *Le radici storiche dei racconti di magia*, Roma 1977, p. 315 ff. – Zur Vorstellung der »Ruhe« im Jenseits anders Ph. Ariès, *Geschichte des Todes*, München 1980, S. 35 ff. u. 274 ff. (»Die Ruhe ist das zugleich älteste, volkstümlichste und dauerhafteste Bild des Jenseits«, S. 37).
18 *Verae historiae*, hg. M. D. Macleod, Oxford 1977, p. 103 ff., dt. Lukian, *Sämtliche Werke*, nach der Übersetzung von Chr. M. Wieland, bearbeitet v. H. Floerke, Bd. 3, Berlin 1922, S. 315 ff. – Lukians fabulöses Reisebuch wurde im frühen 17. Jh. durch Gabriel Rollenhagen verdeutscht (in: *Vier Bücher wunderbarlicher biß daher unerhörter und ungleublicher indianischer Reysen*, Magdeburg 1603).
19 Jenseits der »Säulen des Herkules« (der Meerenge von Gibraltar), lag das Reich des Okeanos, wo Odysseus den Schatten der Abgeschiedenen begegnete (Odyssee, XI). – In den älteren Zeiten beherrschten die Phönizier den Handel im westlichen Mittelmeer und vielleicht ist es richtig, was Ernle Bradford vermutet, daß nämlich die Furcht vor dem westlichen Ende dieses Meeres, die lange Zeit unter den Griechen herrschte, auf Schauergeschichten der Phönizier zurückgeht, die sich eine lästige Handelskonkurrenz vom Hals halten wollten. (Vgl. E. Bradford, *Reisen mit Homer. Die wiedergefundenen Inseln, Küsten und Meere der Odyssee*, München 1967, S. 130 f.).
20 Lukian, a.a.O., S. 345–54.
21 Lukian, a.a.O., S. 353 f.
22 Philon von Alexandrien, *Die Werke* in deutscher Übersetzung hg. v. L. Cohn et. al., Bd. I, Berlin ²1962, S. 87. – Auch der jüdische Historiker Josephus schildert das Paradies vor dem Sündenfall als Leben »ohne jede Mühe und harte Arbeit« und ohne »schnelles Alter«. (Josephus, *Jüdische Altertümer*, hg. v. H. Clementz, Wiesbaden, o. J., S. 21).

23 Antilegomena, *Die Reste der außerkanonischen Evangelien und urchristlichen Überlieferungen*, hg. u. übs. v. E. Preuschen, Giessen 1901, S. 150 (aus den »Papias-Fragmenten«). – Zum Weiterleben der talmudischen endzeitlichen Fruchtbarkeitsvorstellungen in der jüdischen Erzählliteratur vgl. *Märchen aus Israel*, hg. v. H. Jason, Düsseldorf–Köln 1967, Nr. 68/V. (Nach dem Babylonischen Talmud Keth 111 b, 28).
Fruchtbarkeitsbilder für die zukünftige Erlösungszeit finden sich, wenngleich zurückhaltender, schon bei den Propheten des Alten Testamentes (»Wasser werden in der Wüste hervorbrechen, Bäche im dürren Lande...«, Jesaja 35,6); der *Wein* als Getränk der Heilszeit spielt dabei eine große Rolle. Die Predigt Jesu bezieht sich in ihrer Ankündigung des neuen Äons auf diese Bilder, vgl. dazu J. Jeremias, *Die Gleichnisse Jesu*, Göttingen ^{7}1965, S. 115–19.
24 Die rabbinischen Quellen über die Fruchtbarkeit der Endzeit sind zusammengestellt bei H. L. Strack/P. Billerbeck, *Kommentar zum Neuen Testament aus Talmud und Midrasch*, Bd. IV/2, München 1961, S. 888–955.
25 E. Hennecke/W. Schneemelcher, *Neutestamentliche Apokryphen*, Bd. 2, 1971, S. 518 f. – Über die von selber spendende Erde vgl. dort S. 513 f.
26 Koran 76, 12–21 (nach *Der Koran*, übersetzt von M. Henning, Wiesbaden o. J., S. 537) – Vgl. auch Koran 45, 51–57; 56, 46–78 (»In ihnen sind gute und schöne Mädchen, Huris, verschlossen in Zelten, die weder Mensch noch Dschann zuvor berührte...«) u. ö. – Zu den Paradiesgarten-Vorstellungen vgl. C. Schmölders (Hg.), *Vom Paradies und anderen Gärten*, Köln 1983.
27 Über die Vorstellungen der rabbinischen Tradition zum *Garten Eden* vgl. H. L. Strack/P. Billerbeck, a.a.O., Bd. IV, 2, S. 1144–65.
28 D. Richter, *Das Land, wo man nicht stirbt. Märchen vom Leben und vom Tod*, Frankfurt 1982, S. 73 f. u. 128 f.
29 Micha Josef bin Gorion (Hg.), *Der Born Judas*, Wiesbaden 1959, Nr. 38.
30 Vgl. A. Graf, *Miti, leggende e superstizioni del Medio Evo*, vol. I, Torino 1892, Neudruck Bologna 1965, p. 1–238 (»Il mito del paradiso terrestre«).
31 R. V. Tooley/Ch. Bricker, *Landmarks of Mapmaking*, Amsterdam 1968, S. 17.
32 Jacob van Maerlant (um 1235–1300), nach: A. Graf, a.a.O., S. 214.
33 Vgl. H. R. Patch, *The Other World according to Descriptions in Medieval Literature*, Cambridge/Mass. 1950, p. 134 ff. (»Journeys to Paradise«).
34 So die Legende vom »Kreuzesholz«, vgl. Jacobus von Voragine, *Legenda Aurea* (ed. R. Benz, Heidelberg 1979, S. 349 f.). – Agnolo Gaddi hat die »Legende vom Kreuzesholz« um 1390 für Santa Croce in Florenz gemalt, Piero della Francesca um 1460 für San Francesco in Arezzo.
35 E. Hennecke/W. Schneemelcher, *Neutestamentliche Apokryphen*, Bd. 2, 1971, S. 550.
36 C. Selmer, *Navigatio Sancti Brendani*, Notre Dame/Ind. 1950; R. Benz, *Sanct Brandans Meerfahrt*, Jena 1927.
37 H. Brunner, *Die poetische Insel*, Inseln und Inselvorstellungen in der deutschen Literatur, Stuttgart 1967, S. 32. (Kap. 1 »Insel und irdisches Paradies«); G. Schreiber, *Der irische Seeroman des Brandan. Ein Ausblick auf die Kolumbus-Reise*. In: Fs. F. Dornseiff, Leipzig 1953, S. 285.
38 So in der italienischen Bearbeitung (1534) von Mandevilles Reisebeschreibung, nach C. Ginzburg, *Der Käse und die Würmer. Die Welt eines Müllers um 1600*, Frankfurt 1979, S. 115. – In der frühneuhochdeutschen Mandevil-

le-Übersetzung Michael Velsers (ca. 1388) heißt es hingegen, übereinstimmend mit der französischen Fassung: »Von dem irdeschen paradyß da wolt ich uch gern aigenlich von sagen. Das mag ich laider nit getun, wan ich sin nit enwaiß, wan das ich da von hon gehört sagen ...«. Es folgt dann im wesentlichen die Angabe der Lage des Ortes und der Paradiesflüsse. (E. J. Morrall, *Sir John Mandevilles Reisebeschreibung in deutscher Übersetzung* von Michael Velser, Berlin 1974, S. 165 f.). Auch von einer Insel im indischen Archipel mit dem Paradies eines Zauberers, wo die Engel die schönsten Jünglinge und Jungfrauen sind, berichtet Mandeville (ebenda, S. 158). – In einer anderen deutschen Mandeville-Fassung heißt es, der Erzähler sei dem Irdischen Paradies so nahe gewesen, daß er es in der Höhe gesehen habe. (*Des englischen Ritters Herrn Hansen von Montevilla Reise*, Frankfurt 1867, S. 145).

Als eine Art Schlaraffenland wird der (Jenseits-)Himmel in zwei italienischen Versdichtungen des 16. Jahrhunderts ausgemalt: Es herrschen Gesang und Lachen, für einen Quattrino kriegt man 100 Stück Marzipan, die Häuser haben Zuckerdächer, der Malvasier strömt, es regnet Manna in den Mund etc. (nach V. Rossi, S. 403–5).

Zu Kapitel 3

1 M. de Meyer, S. 434.
2 Poeschel, S. 389–403; E. Schmidt, S. 52–55; Bolte-Polivka, S. 245 f.; M. de Meyer, S. 434; H. Langerbeck; H. Kenner, S. 69–82; R. C. Elliott, *The Shape of Utopia*, Chicago/London 1970, p. 3 ff.
3 Brüder Grimm, S. 239.
4 Poeschel, S. 391.

Zu Kapitel 4

1 Vgl. Bildersaal Nr. D 9.
2 Vgl. Text 22.
3 Vgl. Bildersaal Nr. N 6. Das Schiff trägt seinen Namen nach dem Patron der Trinkbrüder, es segelt unter dem Kommando von Admiral »Jan Alverteerd« [Allesverzehrt] und Kapitän »Klaas Hebniet« [Habenichts]. Das Motiv ist sicher von Sebastian Brants *Narrenschiff* abhängig (M. de Meyer, a.a.O., S. 436), wobei das Besondere allerdings darin liegt, daß trotz satirischer Anspielungen die durchgängige moralische Verurteilung der »närrischen Schiffsreise« fehlt.
4 V. Propp, *Morphologie des Märchens*, München 1972. Der wichtigste Unterschied zu diesem Erzählschema liegt darin, daß im Schlaraffenland-Märchen die »Überwindung der Schwierigkeiten« und der »Kampf mit dem Gegner« fehlt, es sei denn, man fasse den »Weg nach Schlaraffenland« als dessen Äquivalent auf.
5 *Narrenschiff*, cap. 108 (nhd. Übersetzung von H. A. Junghans, Stuttgart 1980, S. 413).
6 Text 2, vv. 18–21.
7 »Nun hört zu, ich werde euch was sagen:/ Ich kam kürzlich in ein Land/ Das mir fremd war und unbekannt« (= *Van dat edele lant van Cockaengen*, nach R. Priebsch, a.a.O., S. 187.)

8 *Ich bin im Land von Cuccagna gewesen* ... (A. Zenatti, Storia, a.a.O., S. 55).
9 Vgl. Ph. B. Gove, *The Imaginary Voyage in Prose Fiction*. With an Annoted Check List of 215 Imaginary Voyages from 1700–1800, New York 1941; P. Versins, *Outrepart*. Anthologie d'utopies, de voyages extraordinaires et de science fiction, Paris/Lausanne 1971; M. Winter, *Compendium Utopiarum*. Typologie und Bibliographie literarischer Utopien, Bd. 1: Von der Antike bis zur deutschen Frühaufklärung, Stuttgart 1978.
10 Vgl. F. Kramer, *Verkehrte Welten*, Zur imaginären Ethnographie des 19. Jahrhunderts, Frankfurt 1977.
11 Hans Sachs, vv. 4–7; Ackermann, S. 162. Vgl. M. de Meyer, S. 435, Anm. 3 und Abb. 133, ferner hier die Texte 11 und 12.
12 Text 3, vv. 197 ff.
13 Ackermann, S. 179 (»Lindenschmidtlied«, Basler Fassung). Auch bei dem Meistersänger Hans Folz liegt ein fabulöser Ort »drey meyl jhensit der mistlachen« *(Reimpaarsprüche,* hg. H. Fischer, Nr. 46, 35).
14 Text 6, Str. 7.
15 Text 5, Str. 34.
16 C. Ginzburg, *Der Käse und die Würmer,* a.a.O., S. 123.
17 Text 4, Str. 1.

Zu Kapitel 5

1 Text 24.
2 Über eine Hungersnot in Frankreich 1032 berichtet ein lateinischer Chronist: »Einige nahmen, um dem Tod zu entgehen, ihre Zuflucht zu den Wurzeln der Bäume und den Pflanzen der Flüsse ... Viele gruben eine weiße tonartige Erde aus, vermischten sie mit ein bißchen Mehl oder Tuch und bereiteten sich daraus Brot um so dem Hungertod zu wehren; wie sehr sie aber in solchem Tun Rettung erhofften, blieb doch der Erfolg aus. Von Blässe und Magerkeit waren aller Mienen gezeichnet, bei vielen warf sich die Haut in Blasen, und hoch und dünn waren die Stimmen der Menschen wie die sterbender Vögel.« (F. Curschmann, *Hungersnöte im Mittelalter,* Leipzig 1900, S. 112 f.) – Von einer 1316 in Mitteleuropa herrschenden großen Hungersnot wird berichtet: »Anno Domini 1316 erschien ein Schweifkomet, eine tödliche Pestilenz brach ein und eine große Hungersnot hob an, dergestalt, daß viele Arme (wenn es denn gesagt sein darf) wie die Hunde Schafskadaver roh anfraßen und das Gras auf der Wiese wie das Vieh ungekocht verschlangen ...« (ebenda, S. 213). – Von einer Hungersnot in der Gegend von Angers 1683 heißt es: »Die meisten Leute lebten von nichts anderem als von gekochten Kräuterwurzeln und von Brot aus Farnkräutern« (F. Lebrun, *Les hommes et la mort en Anjou,* Paris 1971, S. 339).

Zu Kapitel 6

1 »Auf allen Straßen findet man schöne Tische aufgestellt, die man niemandem verweigert, mit weißen Laken unbefleckt, Brot und Wein darauf gelegt, dazu Fische und Fleisch nach eines jeglichen Begehr. Den ganzen Tag kann man da essen und trinken und keine Zeche zahlt man dort wie man es hierzuland tut. O wie gut ist das Land!« *(Van dat edele lant van Cockaengen* [15. Jh.], hg. de Keyser, VV. 57–65.) Tische »überall auf den Wegen und Straßen« auch im Text 2, VV. 43–48.

2 Text 3, vv. 59–64.
3 Vgl. dazu Kap. 13.
4 Text 7, Str. 9.
5 P. Camporesi, *Il paese della fame*, Bologna 1978; dort bes. S. 7 ff. (über die »Hungergesellschaft« des 17. Jahrhunderts.).
6 Vgl. Kap. 5, Anm. 2, ferner M. Mollat, *Les pauvres au moyen age*, Paris 1978, p. 256 ff. (»La montée du paupérisme«); J.-P. Gutton, *La societé et les pauvres en Europe* (XVIe–XVIIIe siècles), Paris 1974.
7 *Capitolo di Cuccagna* (16. Jh.), in: A. Zenatti, p. 59, VV. 100–2.
8 »Ein Bach, ganz von Vernacciawein, vom besten den man trinken könnte und in dem kein Tropfen Wasser wäre« – so wird bei Boccaccio (VIII, 3) vom *Paese di Bengodi* erzählt.
Der erwähnte *Vernaccia* kommt aus San Gimignano bei Siena und wird im 15./16. Jahrhundert als Tafelwein der Medici und der Päpste hoch gerühmt. »Er ist das vollkommene Getränk für Herren«, schrieb der Kellermeister von Papst Paul III (1534–49) über ihn. Literarischen Ruhm bekam der Vernaccia vor Boccaccio schon durch *Dante*. Der Dichter begegnet auf seiner Jenseitswanderung im *Purgatorio* unter den für ihre Schlemmerei Bestraften einer abgeschiedenen Seele, die »... mit Fasten büßt/ Bolsenas Aale und Vernacciawein« (XXIV, 23 f.). Es ist Papst Martin IV (1281–85), von dessen Genußsucht viele Geschichten erzählt wurden; seine Spezialität waren Aale aus dem Bolsenasee, lebend in Vernaccia eingelegt.
9 Zur Geschichte der Gewürze vgl. W. Schivelbusch, *Das Paradies, Der Geschmack und die Vernunft. Eine Geschichte der Genußmittel*, München 1980, S. 13–24 (»Die Gewürze oder der Beginn der Neuzeit«). Die Gewürze kamen während des Mittelalters als Kostbarkeiten durch den (vor allem) venezianischen Seehandel aus den Ländern des Ostens nach Europa. »Für den mittelalterlichen Menschen sind die Gewürze Sendboten aus einer sagenhaften Welt. Vom Pfeffer hat man die Vorstellung, er wachse nahe am Paradiese in einer Ebene wie ein Rohrwald. Ingwer und Zimt wird von ägyptischen Fischern mit Netzen aus den Fluten des Nils geholt, und dieser wiederum bringt sie geradewegs vom Paradies.« (Schivelbusch, a.a.O., S. 16). – Vom *Gewürzbaum* im Osten ist in Mandevilles Reisebeschreibung die Rede (siehe Kap. 15); er wächst auch im altirischen *lond of Cokaygne* (Text 3, VV. 71–78).
10 Der traditionelle Süßstoff in der alten Gesellschaft war der *Honig;* die alten »Süßwünsche« (die, wie es scheint, zum Grundbestand der Wohlleben-Utopien gehören) richten sich darauf. In der Bibel ist Kanaan das »Land, darin Milch und Honig fließt« (2. Mose 3,8 u. ö.); in Ovids Schilderung des Goldenen Zeitalters heißt es, daß »aus grüner Eiche goldne Honigtropfen quollen« (Metamorphosen I, 112; ähnlich Vergils 4. Ecloge, V. 30). *Zucker* (Rohrzucker) bleibt nach den überseeischen Entdeckungen noch lange Zeit ein ausgesprochener Luxusartikel, eher eine Apothekerware als ein Gebrauchsgut, vor allem aber Bestandteil des »süßen Lebens« der Aristokratie, die riesige Mengen an Zucker, Konfekt und anderen Süßwaren verbrauchte. Erst nach der Erfindung einer Methode der Rübenzuckerraffinade Ende des 18. Jahrhunderts wurde Zucker ein wirklicher Massenartikel. Vgl. dazu E. v. Lippmann, *Geschichte des Zuckers,* Berlin 1929, bes. S. 563 ff. – *Zuckerhüte* in »Salinen aus feinem Zucker« sieht man auf dem römischen Einblattdruck *La Cuccagna* (um 1600), ähnlich auf dem Remondini-Blatt (Bildersaal, Nr. 11 u. 18).

11 G. Cusatelli, *Ucci, ucci. Piccolo manuale di gastronomia fiabesca*, Milano 1983, p. 5.
12 Brüder Grimm, KHM 36. In anderen Märchen (z. B. Basile, *Pentamerone* I, 1) ist es ein Zauber*tuch*, das die Speisen bereitet (AaTh 563).
13 C. u. Th. Colshorn, *Märchen und Sagen*, Hannover 1854, S. 78 f.; Zum Motiv vgl. R. Köhler, *Kleinere Schriften*, Bd. III, Weimar 1900, S. 219 f. – AaTh. 565.
14 Nach: *Tschechische Volksmärchen*, hg. v. O. Sirovatka, Düsseldorf, Köln 1969, Nr. 30, S. 213. Zum Motiv vgl. Brüder Grimm, KHM 103 (»Der süße Brei«).
15 Vgl. dazu G. Cusatelli, l. c., p. 13.
16 Solche »Öfen, die beständig frische Brote backen«, sieht man z. B. auf dem Einblattdruck aus Bassano (Bildersaal I 8).

Zu Kapitel 7

1 Tiere und Männer in dienstbaren Rollen vor allem auf dem Einblattdruck *Cuccagna delle donne*, vgl. Bildersaal I 9.
2 So z. B. auf dem römischen Einblattdruck *La Cuccagna*, Bildersaal I 11, oder dem Remondini-Druck, I 8.
3 So auf Mitellis Stich I 11.
4 Hingewiesen sei in diesem Zusammenhang auf den Versuch, den Paradiesmythos als Sehnsucht nach der »Einheitswirklichkeit in der Urbeziehung von Mutter und Kind« (S. 27) zu deuten: M. Jacoby, *Sehnsucht nach dem Paradies, Tiefenpsychologische Umkreisung eines Urbilds*, Fellbach 1980 (= Schriftenreihe des C. G. Jung-Instituts, 2).
5 G. Demerson, S. 543.
6 Bildersaal I 11.
7 Einblattdruck I 1 u. I 8, ferner *Capitolo di Cuccagna*, ed. Zenatti, p. 59, VV. 118 f. sowie M. de Meyer, S. 438.
8 Text 13, V. 18.
9 AaTh 675, Stith-Thompson Mot. D 1523.1 (selbstfahrender Wagen).
10 G. Demerson, p. 543.
11 Th. Morus, *Utopia*, hg. v. G. Ritter, Stuttgart 1964, S. 70–72.
12 Vgl. S. 13 (Lope de Rueda)
13 Bildersaal I 1.
14 Text 5, Str. 18.

Zu Kapitel 8

1 Vgl. hierzu etwa die Schilderung des Tierreiches in dem Komödienfragment des Krates *(Theria,* vor 424 v. Chr.): »Ein jegliches Stück des Hausrats/ kommt dann, wenn du ihm rufst, von selbst. Zum Beispiel: Tischlein deck dich/ rück näher her! Und Säckchen Mehl, daß du das Brot mir knetest! / Schenk ein, mein Krug! Doch wo ist's Glas? Im Kommen soll sich's spülen …« (Langerbeck, 196).
2 Vgl. K. Bosl, »Staat, Gesellschaft, Wirtschaft im deutschen Mittelalter«, in: W. Gebhardt, *Handbuch der deutschen Geschichte*, Stuttgart ⁹1970, S. 696 und S. 805 ff. M. Dobb, Entwicklung des Kapitalismus, Köln 1970, S. 48 ff.
3 Text 2, vv. 27–30.

4 »Das ist das Land vom Heiligen Geist/ Wer da am längsten schläft, der gewinnt am meisten.« *Van dat edele land van Cockaengen*, hg. Priebsch, S. 187, VV. 17 f.
5 »Ich bin in Cuccagna gewesen/ O wieviele schöne Sitten gibt es dort!/ Je mehr einer da schläft, um so mehr verdient er.« *(Capitolo di Cuccagna,* hg. Zenati, p. 55, VV. 1–3).
6 Text 6, Str. 5.
7 Vgl. M. Weber, *Die protestantische Ethik*, Bd. 1, Hamburg ⁴1975, bes. S. 115 ff.; H. Stahleder, *Arbeit in der mittelalterlichen Gesellschaft*, München 1972; E. P. Thompson, *Time, Work-discipline and Industrial Capitalism*, in: Past and Present 38 (1967) p. 56–97.
8 *Berthold v. Regensburg*, hg. v. F. Pfeiffer/J. Strobl, Bd. I, Wien 1862, S. 562.
9 ebenda I, 268 f.; I, 417 (Ruhe); II, 115 (Freiheit).
10 *Die frau Sorg und frau Faulkeit* (1542), in: H. Sachs, *Auswahl aus seinen Dichtungen*, hg. v. U. Zernial, Bielefeld/Leipzig 1918, S. 16.
11 H. Sachs, »Das Schlauraffen Landt« (1530), VV. 104–9, (vgl. Kap. 1, Anm. 32).
12 *Idealstadt* ist schon das *Neue Jerusalem* der Johannesapokalypse (Kap. 21) mit den 12 Perlentoren. Am Stadtmodell ist in unserem Zeitraum Campanellas Città del sole (1623) orientiert. Zum Thema insgesamt vgl. E. Garin, »La Cité idéale de la Renaissance italienne«. In: *Les utopies à la Renaissance*, Colloque international 1961, Bruxelles 1963, p.11–38.
13 Eine halbe Ausnahme ist der Text Nr. 3, der ein Ideal*kloster* beschreibt, daneben aber durchaus landschaftliche Momente aufweist. – Das auf italienischen Darstellungen Cuccagnas erscheinende »Gefängnis für die Arbeiter« sowie der »Palast der Wonnen« sind Elemente der Stadtarchitektur, erscheinen aber als Einzeldetails im Kontext der Landschaft.
Auch F. Graus bezeichnet dies als Unterschied zwischen den Utopien des Mittelalters und der Neuzeit: »City and state are becoming the preferred objects of utopian descriptions. We would look in vain for them in the Middle Ages« (p. 7).
14 Auf Zusammenhänge Schlaraffenlands mit der Entwicklung der Stadtwirtschaft hat unter einem anderen Gesichtspunkt auch G. Demerson hingewiesen: »Der Mythos von Cocagne ... (ist) das Zeugnis einer veritablen Produktivitätsbesessenheit in einer Situation, wo sich Städte entwickeln, die keine Nahrungsmittel produzieren. Aber diese Sorge löst sich in den Traum einer Verwandlung des natürlichen Universums auf, anstatt sich auf die kulturelle Welt zu konzentrieren, um dort nach Art eines Ingenieurs die Bedingungen des Ertrags zu untersuchen und praktische Lösungen zu entwickeln, um die Natur in Dienst zu nehmen.« (S. 541)
15 Text 2, vv. 103–8.
16 Text 5, Str. 29.
17 Text 2, vv. 104–8.
18 Text 7, Str. 27.

Zu Kapitel 9

1 *Capitolo di Cuccagna*, hg. Zenatti, VV. 19–21.
2 Th. Morus, *Utopia*, hg. v. E. Jäckel, Stuttgart 1964, S. 85 u. 87.
3 ebenda, S. 88

4 *La Piacevole Historia di Cuccagna, posta in Luce per Giovannino detto il Tranese,* Napoli 1715. In: Giambattista Basile, Archivio di letteratura popolare 2 (1884), p. 84, str. 12. – Ähnlich heißt es in *Capitolo,* a.a.O., p. 59, v. 109: »In jenem Land scheint jeder ein Graf zu sein.«

5 Das Schlaraffen-Land, Ein musikalisches Lustspiel, Braunschweig 1765. Komponist: Baldassare Galuppi, Textdichter: Carlo Goldoni. (Zweisprachiges Textbuch Wolfenbüttel, Textb. 701).

Zu Kapitel 10

1 Auf Lukians »Insel der Seligen« vergnügt man sich mit Frauen und schönen Knaben (vgl. oben S. 20); die Freuden der Liebe spielen vor allem im islamischen Paradies eine große Rolle (vgl. S. 23).
2 Text 2, vv. 109–16.
3 Vgl. E. Fuchs, *Illustrierte Sittengeschichte vom Mittelalter bis zur Gegenwart,* Bd. I: Renaissance, sowie Ergänzungsband Renaissance, München 1909.
4 Vgl. E. Fuchs, a.a.O., I, S. 294 f. und S. Shahar, *Die Frau im Mittelalter,* Königstein 1981, S. 181 ff. – Die Autoren weisen auf die größere Selbständigkeit der Frauen des Großbürgertums, die Einschränkung der patriarchalischen Herrschaft, Heiratsrestriktionen im zünftlerischen Gewerbe, Reiseverkehr, Prostitution und neue Kommunikationsformen (Badehäuser) hin. – Zum Thema vgl. ferner den Bildband von S. Harksen, *Women in the Middle Ages,* New York 1975, p. 16 ff.
5 Geschichten von lüsternen Nonnen u. Mönchen erzählt z. B. Boccaccio, *Decamerone* III, 1.4.8 oder Margarete von Navarra, *Heptameron* V, 41.46.
6 Text 3, Str. 22.
7 Gemäldegalerie Berlin (West), Staatl. Museum Preußischer Kulturbesitz, Kat. Nr. 593.
8 Text 6, Str. 7.
9 *Vant luye lecker Landt,* in: Ackermann, S. 162–65. Für die Übersetzung des Textes danke ich Burkhardt Straßmann.
10 Bildersaal I 1.
11 Bildersaal I 3. Man sieht dort im Inneren zwei Figuren übereinanderliegen. – Von einem *seraio delle allegrezze* (»Serail der Fröhlichkeiten«) erzählt auch die venezianische Wunschlandbeschreibung von Andrea Calmo von 1532 (V. Rossi, p. 138 f.). Das Palast-Motiv ist also älter als die genannten Einblattdrucke.
12 Vgl. M. Müller.
13 Bildersaal I 9, Abb. S. 190/91.
14 Thomas Murner, *Narrenbeschwörung,* hg. v. M. Spanier, Berlin/Leipzig 1926, S. 216.
15 Text 21 u. Anm.
16 Text 22.

Zu Kapitel 11

1 Vgl. A. Wünsche, *Die Sagen vom Lebensbaum und Lebenswasser,* Leipzig 1905; K. v. Spiess, *Der Brunnen der ewigen Jugend,* in: Mitteilungen der Vorderasiatischen Gesellschaft, 22 (1918), 328–41; M. Ninck, *Die Bedeutung des Wassers im Kult und Leben der Alten,* Berlin 1921: G. Cocchiara, »La fontana della vita, Echi del simbolismo acquatico nella novellistica popo-

lare«, in: *Il paese di cuccagna e altri studi di folklore*, Torino 1980, 126–58; A. Rapp, *Der Jungbrunnen in Literatur u. bildender Kunst des Mittelalters*, Diss. Zürich 1976.
2 Vgl. I. Friedländer, *Die Chadirlegende und der Alexanderroman*, Leipzig 1913; D. Richter, *Das Land, wo man nicht stirbt*, a.a.O., S. 111 ff. und 132 f.
3 »Die Tugendhaften und die Ärzte sind gründlich verbannt aus ganz Cuccagna«, heißt es dort am Eingang zu dem Land. Natürlich sollte damit auch einem früher sehr verhaßten und oft verspotteten Berufsstand eins ausgewischt werden.
4 Hesiod, a.a.O., S. 56, VV. 113 ff.
5 Text 5, Str. 16.
6 Text 2, VV. 151 ff. – Auch in einer der ältesten Jungbrunnendarstellungen, einem Fresko im Castello di Manta bei Cuneo sieht man *beide* Geschlechter sich verjüngen. (Beschreibung bei Cocchiara, p. 143).
7 F. Zarncke, S. CXXII.
8 Text 6.
9 Text 7, Str. 23 u. 24.
10 Auch in einem Holzschnitt zu Thomas Murners »Badenfahrt« erscheint der Jungbrunnen ausschließlich als Frauenbrunnen (Th. Murner, *Ein andechtig geistliche Badenfahrt*, hg. v. V. Michels, Berlin 1927, S. 108). – Auf Hans Sebald Behams Stich »Der Jungbrunnen« sieht man zwar ebenfalls die alten Männer, die ihre Frauen herbeischleppen, im Brunnen selber tummeln sich aber beide Geschlechter.
11 W. Brückner, *Populäre Druckgraphik Europas: Deutschland*, München 1969, Abb. 51 (»Jung mann machen«), 115 (»Windmühl, auf welcher alte Weiber jung gemahlet). Berlin, Kupferstichkabinett 352–10 (ein tschechischer »Jungofen«-Holzschnitt von 1594). – Vgl. M. de Meyer, *Verjüngung in Glutofen, Altweiber- und Altmännermühle*, in: Zeitschr. f. Volkskunde 60 (1964), 161–67.
12 *Ludwig Bechsteins Märchenbuch*, 12. Aufl., Leipzig 1853, S. 169. Über die negative Rolle des Alters im Märchen vgl. R. Schenda, »Alte Leute«, in: *Enzyklopädie des Märchens*, Bd. I, Berlin/New York 1977, Sp. 373–80.

Zu Kapitel 12

1 Hierher gehören außer dem Gedicht »Sô ist diz von lügenen«, der Vorlage von Grimm, KHM 158 (= Text 13) vor allem das sog. »Wachtelmäre« (ed. F. Massmann, *Denkmäler deutscher Sprache und Literatur*, Bd. I, München 1828, S. 105–12; Ackermann, S. 150 f.) und die »Lügenpredigt vom Backofen« (ed. J. Bolte, ZfdA 36 [1892], S. 150–54; Ackermann, S. 168 f.), beide aus dem 14. Jh.
2 Vgl. C. Müller-Fraureuth, *Die deutschen Lügendichtungen bis auf Münchhausen*, Halle 1881 (Neudruck Hildesheim 1965).
3 Text 16.
4 Vgl. G. Cocchiara, *Il mondo alla rovescia*, Torino 1963; H. Kenner, *Das Phänomen der verkehrten Welt in der griechisch-römischen Antike*, Klagenfurt 1970; J. Lafond/A. Redondo (edd.), *L'image du monde renversé et ses représentations littéraires et para-littéraires de la fin du XVIe siècle au milieu du XVIIe*, Paris 1979.
5 Text 5, Str. 30

6 *Capitolo di Cuccagna*, in: Zenatti, S. 56.
7 Text 5, Str. 15.
8 Giambattista Basile, *Lo cunto de li cunti*, a cura di M. Petrini, Roma 1976, p. 308 (= IV, 4); dt. G. Basile, *Das Märchen aller Märchen*, hg. v. W. Boehlich, Frankfurt 1982.

Zu Kapitel 13

1 H. Grundmann, *Religiöse Bewegungen im Mittelalter*, Darmstadt 1961.
2 B. Toepfer, *Die Entwicklung chiliastischer Zukunftserwartungen im Mittelalter*, Berlin 1960 (u. d. T. Das kommende Reich des Friedens, Berlin 1964); N. Cohn, *Das Ringen um das Tausendjährige Reich*. Revolutionärer Messianismus im Mittelalter und sein Fortleben in den modernen totalitären Bewegungen, Bern/München 1961.
3 A. Rosenberg (Hg.), *Das Reich des Heiligen Geistes*, München 1955; H. Grundmann, *Studien über Joachim von Floris*, Stuttgart ²1966; M. Reeves, *The Influence of Prophecy in the Later Middle Ages*. A Study in Joachimism, Oxford 1969;
4 Vgl. J. Jeremias, *Die Gleichnisse Jesu*, Göttingen ⁷1965, bes. S. 115 ff.
5 H.-W. Kuhn, *Enderwartung und gegenwärtiges Heil*, Göttingen 1966; H. Lichtenberger, *Studien zum Menschenbild in Texten der Qumrangemeinde*, Göttingen 1980, S. 218–30; B. Janowski/H. Lichtenberger, *Enderwartung und Reinheitsidee*. Zur eschatologischen Deutung von Reinheit und Sühne in der Qumrangemeinde. In: Journal of Jewish Studies 34 (1983), S. 31–62. – Einen der ältesten Berichte über eine »utopische Kommunität« gibt Philo von Alexandrien in seiner Beschreibung der in Gütergemeinschaft und allgemeiner Gleichheit lebenden »Essaier«. (Die Werke in deutscher Übersetzung, hg. v. L. Cohn et al., Bd. 7, Berlin 1964, § 75–87.)
6 H. Grundmann, *Religiöse Bewegungen*, a.a.O., S. 402 ff. M. Erbstösser/E. Werner: *Ideologische Probleme des mittelalterlichen Plebejertums:* Die freigeistige Häresie und ihre sozialen Wurzeln, Berlin 1960.
7 B. Töpfer, »Die Apostelbrüder und der Aufstand des Dolcino«, in: Deutsche Historiker-Gesellschaft (Hg.), *Städtische Volksbewegungen im 14. Jahrhundert*, Berlin 1960, S. 62–84.
8 F. Seibt, »Die Säkularisation des Chiliasmus: Tabor.« In: *Utopica*, Düsseldorf 1972, S. 145–55; F. G. Heywood, *John Žižka and the Hussite Revolution*, London 1956.
9 G. Brendler, *Das Täuferreich zu Münster 1534/35*, Berlin 1966; O. Rammstedt, *Sekte und soziale Bewegung*. Soziologische Analyse der Täufer in Münster, Köln 1966.
10 P. Fredericq: *Corpus documentorum inquisitionis haereticae pravitatis Neerlandicae*, Bd. III, Gent 1906, p. 175.
11 »Iohannis Abbatis Victoriensis Liber certarum historiarum«, hg. F. Schneider, in: *MGSS in usum scholarum*, Bd. 53/II, Leipzig 1910, S. 129.
12 Vgl. G. H. Williams, *The Radical Reformation*, Philadelphia 1962; C.-P. Clasen, *Anabaptism: A Social History 1525–1618*, Ithaca/London 1972; S.-A. Jorgensen, »Utopisches Potential in der Bibel: Mythos, Eschatologie und Säkularisation.« In: *Utopieforschung*, hg. v. W. Voßkamp, Bd. 1, Stuttgart 1982, S. 375–401.

13 Vgl. F. Seibt, »Utopie und Realismus: Die Huterer«, in: *Utopica*, a.a.O., S. 166 ff.
14 Text 5, Str. 30.
15 Vgl. C. A. Barack, »Hans Böhm und die Wallfahrt nach Niklashausen im Jahre 1476«, in: Archiv d. histor. Vereins von Unterfranken, Bd. 14 (1858), S. 1–108; K. Arnold, *Niklashausen 1476:* Quellen u. Untersuchungen zur sozialreligiösen Bewegung des Hans Behem und zur Agrarstruktur eines spätmittelalterlichen Dorfes, Baden-Baden 1980.
16 Vgl. E. Bloch, *Thomas Müntzer als Theologe der Revolution*, Frankfurt 1960; M. Bensing, *Thomas Müntzer und der Thüringer Aufstand*, Leipzig 1966.
17 A. Götze/L. E. Schmitt, *Aus dem sozialen und politischen Kampf*. Die zwölf Artikel der Bauern 1525. Hans Hergot, *Von der neuen Wandlung 1527*, Halle 1953, S. 53 (= Flugschriften der Reformationszeit, 20).
18 a.a.O., S. 54.
19 a.a.O., S. 64.

Zu Kapitel 14

1 Die spätmittelalterliche Armutsbewegung ist nicht identisch mit der franziskanischen Bewegung, diese wiederum nicht mit dem Franziskaner*orden*. Armut und Bettel als religiöse Lebensform war außerhalb der von der Kurie approbierten Bettelorden eine sozialreligiöse Massenbewegung der Zeit, die oft genug häresieverdächtig war oder als häretisch erklärt wurde. Schon mit der Bestätigung der Ordensregel durch Papst Honorius III. (1223) war dem Ideal des hl. Franz die Radikalität genommen, entwickelte sich die franziskanische Bewegung – wenn auch durch lange Kämpfe zwischen radikalen und gemäßigten Flügeln – zum integrativen Faktor der herrschenden Kirche. Allgemein zum Armutsthema in den mittelalterlichen Häresien seit dem 11. Jh. vgl. M. Mollat (Hg.), *Études sur l'histoire de la pauvreté*, t. II, Paris 1974, p. 345 ff. (»Polémiques autour de la notion de pauvreté spirituelle«).
2 H. Boehmer (Hg.), *Analecten zur Geschichte des Franciscus von Assisi*, Tübingen [3]1961, S. 25. Deutscher Text nach: Franz v. Assisi, *Legenden und Laude*, hg. v. O. Karrer, Zürich [3]1945, S. 569. – Vgl. ebenda S. 561–64. – Der Satz von den »2 Röcken« aus der Predigt Johannes des Täufers wurde zu einem der Kernsätze auch der nicht-franziskanischen Armutsbewegungen (vgl. M. Erbstößer/E. Werner, *Ideologische Probleme*, a.a.O., S. 55).
3 Text 2, vv. 130 ff.
4 *Legenden und Laude*, a.a.O., S. 375.
5 Franz sagt zwar in seinem »Testament«: »Ich arbeitete mit meinen Händen und will es heute noch, und ich verlange entschieden, daß alle andern Brüder Handarbeit verrichten wie es sich ziemt.« (H. Boehmer, *Analecten*, a.a.O., S. 25; *Legenden und Laude*, a.a.O., S. 571). Aber damit ist nicht der gütererzeugende *labor industriosus* gemeint: Franziskus hat z. B. die verfallene kleine Kirche von San Damiano wiederaufgebaut oder ist mit einem Besen durchs Land gezogen, um Kirchen zu fegen. Diese Tätigkeit hatte eher zeichenhafte Bedeutung, nicht jene der Sicherung des Lebensunterhalts.
6 P. Sabatier, *Speculum perfectionis*, Paris 1898, 3b.
7 *Speculum perfectionis*, a.a.O., 112 (dt. *Legenden und Laude*, a.a.O., S. 279–82).

8 P. Sabatier, a.a.O., 14 (dt. *Legenden und Laude*, a.a.O., 170).
9 *Legenden und Laude*, a.a.O., S. 60.
10 Ebenda, S. 62.
11 P. Sabatier, a.a.O., 93 (dt.: *Legenden und Laude*, a.a.O., S. 176).

Zu Kapitel 15

1 M. C. Seymour, *Mandevilles Travels*, Oxford 1967; E. J. Morrall (Hg.), *Sir John Mandevilles Reisebeschreibung* in deutscher Übersetzung von Michel Velser, Berlin 1974.
2 B. Morrall, a.a.O., S. XVI.
3 Man kann das *ander welt* hier als *mundus alter* im Sinn von »Verkehrter Welt« verstehen, als welche die eigene (europäische) Zivilisation schon hier erscheint.
4 Morrall, a.a.O., S. 112. Ich zitiere nach der frühneuhochdeutschen Übersetzung des Südtiroler Richters und Gelehrten Michel Velser von ca. 1388.
5 ebenda, S. 116.
6 ebenda, S. 117.
7 ebenda, S. 118.
8 ebenda, S. 151.
9 ebenda, S. 108.
10 ebenda, S. 167.
11 Vgl. F. Zarncke, *Der Priester Johannes*, In: Abhandlungen der Sächsischen Gesellschaft der Wissenschaften, phil. – hist. Klasse, Bd. 7, Leipzig 1879, S. 909 ff.
12 Morrall, a.a.O., S. 115.
13 Vgl. Morrall, S. XV.
14 Carlo Ginzburg hat in minutiöser Analyse die »Leseerfahrung« des Müllers Menocchio mit Mandeville nachgezeichnet. Er zeigt, wie die volkstümliche Skepsis gegenüber der katholischen Orthodoxie und Weltsicht sich u. a. aus der sehr individuellen Rezeption auch »fabulöser« Werke entwickelt. So hält der Müller neben Mandeville dem Inquisitor beispielsweise auch die »Ringfabel« vor, die er aus dem verbotenen Boccaccio kennengelernt hat. Vgl. C. Ginzburg, *Der Käse und die Würmer*, a.a.O., Kap. 12.20–22.39.
15 Daneben wird die »geographische Utopie« heute in Fernbilder galaktischer Welten (Science fiction) verlegt. Allerdings herrschen in diesen stellaren Räumen zumeist nur perfektere technologische Bedingungen; ansonsten leben die Bewohner ferner Galaxien zumeist nicht viel anders als die Irdischen.
16 Vgl. dazu die Darstellung bei U. Bitterli, *Die »Wilden« und die »Zivilisierten«*, Grundzüge einer Geistes- und Kulturgeschichte der europäisch-überseeischen Begegnung, München 1976, S. 376–81.
17 So C. Ginzburg, *Der Käse und die Würmer*, a.a.O., S. 121.
18 Nach A. von Kirchenheim, *Schlaraffia politica*, Geschichte der Dichtungen vom besten Staat, Leipzig 1898.
19 E. Schwarz, Aus Wirklichkeit gerechte Träume: Utopische Kommunen in den Vereinigten Staaten von Amerika. In: *Utopieforschung*, hg. v. W. Voßkamp, Bd. 3, Stuttgart 1982, S. 411–30.
20 Text 3, vv. 1–4.
21 A. Zahorsky, Christoph Columbus, Bordbuch, Zürich/Leipzig 1941, S. 81 ff. (nach: U. Bitterli, *Die Entdeckung und Eroberung der Welt: Dokumente und Berichte*, Bd. I, München 1980, S. 35.)

22 J. B. Thacher, *Christopher Columbus, his life, his work, his remains as revealed by original printed and manuscript records,* vol. II, New York 1967, p. 409 f.
23 W. Irving, *Life und Voyages of Christopher Columbus,* vol. 5, New York/London 1892, p. 88.
24 *Epistola de Insulis Nuper Inventis* by Cristoforo Colombo, with an English Translation by Frank E. Robbins, Ann Arbor 1966.
25 J. B. Thacher, a.a.O., vol. II, p. 71.
26 Abbildung bei U. Bitterli, *Die »Wilden« und die »Zivilisierten«,* a.a.O., S. 379.
27 Walter Raleigh, *The Discovery of the lovly, rich and beautiful Empire of Guiana with a relation of the great and golden City of Manoa, which the Spaniards call El Dorado,* London 1596; vgl. auch U. Bitterli, a.a.O., S. 380.
28 *Merry Drollery,* hg. J. W. Ebsworth, 1875, p. 103 (nach: G. Boullough, S. 30). Dort weitere Texte und Hinweise zum »Schlaraffenland Amerika«.
29 Bildersaal D 6.
30 Ulrich Bräker, *Leben und Natürliche Ebentheuer des Armen Mannes im Tockenburg,* hg. v. S. Voellmy, Basel 1945, S. 113.
31 Vgl. G. Cocchiara, *Storia del folklore in Europa,* Torino 1971, pp. 33–48 (»La scoperta del selvaggio«).
32 L.-A. de Bougainville, *Reise um die Welt,* Stuttgart 1980, S. 176. Vgl. auch S. 21.
33 ebenda, S. 434. Vgl. auch S. 365.
34 Bougainville, a.a.O., S. 181.
35 Nach U. Bitterli, *Die Entdeckung und Eroberung der Welt,* a.a.O., II, S. 250. Eher in christlichen Paradiesbildern hat Cook Tahiti gesehen: »Es mag fast scheinen, als sei dieses Volk vom Fluche unserer Vorväter befreit. Denn kaum ließe sich sagen, daß es sein Brot im Schweisse seines Angesichts esse« (nach U. Bitterli, *Die »Wilden« und die »Zivilisierten«,* a.a.O., S. 384).
36 Vgl. H. Ritz, *Die Sehnsucht nach der Südsee,* Bericht über einen europäischen Mythos, Göttingen 1983, S. 74 ff.
37 G. Forster, »Reise um die Welt«, in: *Werke,* hg. v. G. Steiner, Bd. II, Berlin 1965, S. 248.
38 Denis Diderot, *Supplément au voyage de Bougainville,* dt. Nachtrag zu »Bougainvilles Reise«, Frankfurt 1965.
39 Text 5.
40 Vgl. oben S. 13 f.
41 Bildersaal I 11.
42 U. Bitterli, *die »Wilden« und die »Zivilisierten«,* a.a.O., S. 343.

Zu Kapitel 16

1 Vgl. dazu v. a. M. Bachtin, *Rabelais and his world,* Cambridge, Mass./London 1968 [russ. Originalausgabe Leningrad 1968; franz. Übers. Paris 1970, ital. Torino 1979]. P. Burke, *Helden, Schurken und Narren:* Europäische Volkskultur in der frühen Neuzeit, Stuttgart 1981, Kap. 7 (= Popular culture in early modern Europe, 1978).
2 M. Bachtin, nach I. Calvino, La Cosmologia carnevalesca, in: *La vita recitata:* Una storia di carnevale, Palermo 1980, p. 10.

3 *Die Predigten Johannes Paulis*, hg. v. R. G. Warnock, München 1970, S. 214.
4 Vgl. H. Kenner, S. 82–84. Dort auch Quellen zu weiteren altorientalischen Verkehrungsfesten.
5 H. Kenner, S. 88–92. Kenner führt die Verkehrungsbräuche auf imitative Magie zurück; die »Anderswelt« sei die der zu besänftigenden Geister (S. 90 f.).
6 Vgl. dazu P. Burke, a.a.O., S. 202–4.
7 Vgl. J. Delumeau, S. 14–20 (»Fête des fous et sociétés folles«).
8 Vgl. P. Burke, a.a.O., S. 207.
9 Vgl. H. Boesch, *Kinderleben in der deutschen Vergangenheit*, Leipzig 1900, S. 79 f. (Gregorifest oder »Fest des Kinderbischofs«); Burke, a.a.O., S. 206. »Noch vor kurzem gab es in der Steiermark am 28. Dezember, dem Tag der Unschuldigen Kinder, den Brauch, daß die Kinder die Erwachsenen mit Ruten schlagen durften, wozu sie ihnen Frische und Gesundheit wünschten.« (Kenner, S. 94).
10 Burke, a.a.O., S. 204 u. ö.
11 Vgl. unten S. 90 ff.
12 Lügenpredigt 14. Jh., in: F. Pfeiffer, *Altdeutsches Übungsbuch*, Wien 1866, S. 153 f. Die Predigt endet mit der »Absolution«: »Wer meine Predigt gehört hat und seine Sünden büßen will, den will ich freisprechen von 1000 Jahr Todsünden, und spreche ihn jetzt zu dieser Stunde frei, so frei wie einen räudigen Hund im Brachmonat frei von Flöhen, so frei mag er von mir gehen.« – *Lügenpredigt vom Backofen* [15. Jh.], in: J. Bolte, ZfdA 36 (1892), S. 150–54; 3 »Predigtparodien« 14./15. Jh., bei E. Seemann, »Mitteilungen aus dem clm 15613«, in: Münchener Museum 1 (1911/12), S. 92–102. Eine kurtzweilige Faßnacht-Predig, ed. Th. v. Karajan, Wien 1851; Predigtanspielung auch zu Beginn eines Fastnachtsspiels von Rosenplüt, in: A. v. Keller, *Fasnachtsspiele aus dem 15. Jh.*, Bd. II, Stuttgart 1853, S. 613.
13 *Narrenschiff*, hg. v. Zarncke, cap. 110b, V. 30–32. Das Kapitel handelt von den »Fasnachtsnarren«.
14 Text Nr. 2, VV. 80–88.
15 Sebastian Brant, *Narrenschiff*, hg. v. Zarncke, cap. 110b, V. 43 f.
16 Simplicissimus III, 18 (= *Grimmelshausens Simplicissimus Teutsch*, hg. v. J. H. Scholte, Halle 1938, S. 263).
17 P. Burke, a.a.O., S. 204.
18 Brant, a.a.O., 110b, 68 f.
19 Vgl. P. Burke, a.a.O., S. 201 f.
20 »La piacevole Historia di Cuccagna«, in: Giambattista Basile, Archivio di letteratura popolare 2 (1884), p. 84.
21 Bildersaal I 11.
22 Dazu James G. Frazer, *Der Goldene Zweig:* Eine Studie über Magie und Religion, Bd. 1, Frankfurt 1977, cap. XXIV; P. Camporesi, 79 f.; I. Calvino, *La cosmologia carnevalesca*, l. c., p. 9 f.
23 Bildersaal I 5.
24 Vgl. Kap. 17.
25 Eine frühe Darstellung auf einem italienischen Holzschnitt des 16. Jahrhunderts bei P. Toschi, *Populäre Druckgraphik Europas: Italien*, München 1967, Abb. 11.

26 Neben dem bekannten Bild von Pieter Brueghel vgl. einen niederländischen Kupferstich (17. Jh.) von B. Bolswert: Karneval wird dort durch eine junge dicke *Frau* dargestellt, die auf einem Faß auf Rädern fährt, hinter ihr ein Narr mit Schellenkappe; *Fasten* ist auch hier die mit Fischen behängte häßliche Alte. (Berlin, Kunstbibliothek, 945a, 21).

Zu Kapitel 17

1 Bildersaal I 11.
2 »Das Grundelement des karnevalesken Ritus bestand in der Krönung eines Schelmenkönigs *(re di burla)* und seiner späteren Entthronung, der oft die Inszenierung seiner Hinrichtung folgte ... Die europäische Volkskunde bietet unzählige Varianten dieser symbolischen Zeremonie für den Wechsel der Zeit, die Relativität jeder Macht.« (I. Calvino, *La cosmologia carnevalesca*, a.a.O., S. 9).
3 Bildersaal I 1.
4 Bildersaal I 8.
5 Die Darstellung spielt auf den »Triumphzug des Karneval« an – jene Verkehrung der aristokratischen *Trionfi*, wie wir sie auch auf druckgraphischen Blättern finden. P. Toschi, *Populäre Druckgraphik*, a.a.O., Abb. 56 und 57. – Schon auf einem italienischen Holzschnitt aus dem 16. Jahrhundert, »Trionfo del Carneval«, werden die bekannten »Essensspieße« vor dem König hergetragen, der neben einem Schwein auf einem Triumphwagen sitzt (Rom, Museo Nazionale delle Arti e Tradizioni Popolari, IV/7d/7640).
6 Bildersaal D 5.
7 So 1. Timotheus 6, 15 und Johannesapocalypse 17, 14.
8 Text 5, vv. 22–24. Camporesi verweist zur Beschreibung dieser Figur auf die »anima anale« und »rituelle Flatulenz« als Teil der mythischen karnevalesken Kosmogonie (P. Camporesi, *G. C. Croce e la letteratura carnevalesca*, Torino 1976, p. 312).
9 Bildersaal F 2.
10 Bildersaal F 1. – Abdruck des Textes und Analyse des Blattes bei A. Huon, S. 220 ff.
11 So P. Camporesi, p. 79 f.
12 A. Huon, S. 219 f.
13 Dafür spricht auch, daß der König Panigon nicht erst, wie A. Huon meint (S. 215), in Pietro de Piccolis »La Nuova Cuccagna« von 1658 zum erstenmal im Italienischen auftaucht, sondern bereits in dem oben erwähnten Kupferstich der Zeit um 1600.
14 Vgl. *Handwörterbuch des deutschen Aberglaubens*, Bd. IV, Berlin 1931/32, S. 117 f.; H. Boesch, Kinderleben, a.a.O., S. 79 (dort über eine Riesengasterei mit Hirse während der Faschingszeit).

Zu Kapitel 18

1 Aus meinem Leben, *Dichtung und Wahrheit* I, 5 (= Werke, hg. v. E. Trunz, Bd. 9, Hamburg 1961, S. 202–6).
2 *Auli Apronii (d. i. Adam Ebert) vermehrte Reise-Beschreibung, von Franco Porto der Chur-Brandenburg durch Teutschland, Holland und Braband ...* Villa Franca (= Frankfurt) 1723, S. 118 f.

3 D. Scafoglio, *La maschera della cuccagna*, Napoli 1981, p. 38. – Zu einer karnevalesken Schlaraffenland-Inszenierung im französischen Romans vgl. E. Le Roy Ladurie, *Karneval in Romans*, Stuttgart 1982, S. 196.
4 Meiner Darstellung liegen außer eigenen Quellenstudien in Neapel vor allem folgende Arbeiten zugrunde: F. Mancini, *Feste ed apparati civili e religiosi in Napoli dal Viceregno alla Capitale*, Napoli 1968; D. Scafoglio, *La maschera della Cuccagna*, a.a.O., Napoli 1981; L. Barletta, *Il Carnevale del 1764 a Napoli: Protesta e integrazione in uno spazio urbano*, Napoli 1981.
5 Mancini, *Feste ed apparati civili*, a.a.O., p. 35; Civiltà del '700 a Napoli 1734–1799, Catalogo della mostra, Napoli 1979–80, t. II, Firenze 1979, nr. 570 b. – Als *Schlaraffenbaum*, *Albero della Cuccagna*, einer schlüpfrigen Kletterstange, an deren Spitze dem, der sie erklommen hat, Gewinne winken, spielte diese Einrichtung auf italienischen Volksfesten auch sonst eine Rolle. Vgl. G. Amalfi, *Tradizioni ed usi della penisola Sorrentina*, Palermo 1890, p. 53.
Unter den Bedeutungsnuancen von *Cuccagna* führt S. Battaglia, *Grande dizionario della lingua italiana*, t. III, Torino s. a., p. 1027 auch an: »Gioco (di origine molto antico) che si svolge generalmente nella piazza del paese, consiste nell' arrampicarsi su un albero o palo scortecciato ...«; auch der Kletterbaum selber kann (nach Battaglia, l. c.) *Cuccagna* heißen. – Eine Zeichnung »L'albero della Cuccagna in Val di Rose sul lago di Lecco« von Riccardo Pellegrini, 1907, zeigt halbwüchsige Mädchen bei diesem Spiel (Rom, Museo Nazionale delle Arti e Tradizioni Popolari, IV/7a/7512). Wahrscheinlich moralischen Sinn hat der bei P. Toschi, *Populäre Druckgraphik Europas: Italien*, a.a.O., Nr. 147 abgebildete Holzschnitt »Albero della Cuccagna« aus dem 17. Jh. (Rom, M.N.A.T.P., IV/7a/7482). Denn durch die Gesten der schwarzgewandeten Herren wird dort der Junge zu Füßen des Kletterbaums, der es offensichtlich nicht wagt zu klettern, ins Zentrum gerückt. Dazu wäre ein Sprichwort des Sinnes *Chi non risica, non rosica*, *Ohne Fleiß kein Preis*, zu denken.
Auch in der deutschen Reisebeschreibung von J. W. Archenholtz wird das Spiel mit dem *Cuccagna*-Kletterbaum als »in der Lombardey, in Toscana und Neapel üblich« beschrieben. (England und Italien, 4. Theil, Leipzig 1787, S. 14).
Nach Ch. Galtier, *Le Trésor des Jeux Provençaux*, Arles 1952, p. 252, gab es den *l'aubre de Coucagno* als Kinderspiel in der Provence.
6 Civiltà del '700 nr. 570 b.
7 Civiltà del '700, l. c., p. 308 sq.
8 L. Barletta, a.a.O., p. 34.
9 D. Scafoglio, La maschera della cuccagna, a.a.O., p. 19 f.
10 Vgl. Abb. S. 80.
11 Vgl. Text Nr. 26.
12 Vgl. E. Le Roy Ladurie, *Karneval in Romans*, a.a.O., (über eine Revolte im Karneval 1580), ferner P. Burke, *Helden, Schurken und Narren*, a.a.O., S. 201 ff.
13 Richard de Saint-Non, *Voyage pittoresque ou description des royaumes de Naples et de Sicilies*, t. I, Paris 1781, p. 249.
Einen wie geplant ruhigen und »ordentlichen« Verlauf einer Plünderung beschreibt Sara Goudar 1774 *(Relation historique des divertissements du Carnaval de Naples ou Lettre de Madame Goudar sur ce sujet a Monsieur le Gé-*

néral Alexis Orlow, Lucques 1774, p. 10–16.).
14 Text 25.
15 G. F. Coyer, Voyage d'Italie et de Hollande, t. I, Paris 1775, p. 247 (nach : L. Barletta, Il Carnevale, a.a.O., p. 14).
16 Bildersaal Na7.

Zu Kapitel 19

1 P. Camporesi, S. 77 f.
2 P. Camporesi, S. 85.
3 Nach E. v. Lippmann, *Geschichte des Zuckers*, Berlin 1929, S. 566 f.
4 *Histoire de Juliette ou les prospérités du vice*, III, in: de Sade, Oeuvres complètes, t. XXI, Paris 1976, p. 23 f. Zum Thema dieses Kapitels vgl. auch H. Kiltz, *Das erotische Mahl*, Szenen aus dem chambre séparée des 19. Jahrhunderts, Frankfurt 1983.

Zu Kapitel 20

1 Vgl. Norbert Elias, *Über den Prozeß der Zivilisation:* Soziogenetische und psychogenetische Untersuchungen, Bd. 1, Frankfurt 1978. (^{1}1938).
2 *Welt Spiegel oder Narren Schiff, darinn aller Ständt schandt und laster, uppiges leben, grobe Narrechte sitten und der Weltlauff gleich als in einem Spiegel gesehen und gestrafft werden* ... Basel 1574, S. 383.
3 Kleine Antwort auf Herzog Georgen nächstes Buch, in: WA 38, S. 150.
4 Text 24.
5 F. Zarncke, S. CXXII f.
6 Nr. 22.
7 vgl. Text 20, Anm.
8 Predigt aus dem Jahr 1537, in: WA 45, S. 172 f. – [Übersetzung]:
So preiset die Taufe, welche sei ein Jungbrunnen und jung mache. »Und der Erneuerung« [Titus 3,5]. Man soll nicht denken, es sei der märchenhafte Jungbrunnen, daß die Menschen wieder jung werden wie natürlich. Sondern die Erneuerung ist so, daß sie ein neues Wesen macht. Die Türken glauben an die Auferstehung der Toten und die Juden, aber mit dem Zusatz, daß sie es nach diesem Tag besser haben mit Geld, Gut, schönen Weibern, wenn sie nicht dort Friede haben. So im Koran. So auch die Juden: (er) werde ein irdisches Reich anrichten. Wenn nicht anders, Paulus hingegen sagt, daß wir wiedergeboren werden durch dieses Bad, aber es soll nicht solches Wesen werden wie es schon war, soll nicht ein schwaches Gesicht und fünf Sinne (haben), sondern ein ewiges Wesen. »Er wird herrlich in seinen Heiligen sein« [Psalm 4,4]. Weil er es herrlich mit uns vollführte in der Taufe, werden wir uns nicht kümmern um Gold, Krone, Tanzen, Springen. Statt dessen »Ehre sei Gott in der Höhe« [Lukas 2, 14].
9 Thomas Murner, *Badenfahrt,* hg. v. V. Michels, Berlin 1927, S. 109 (Kapitel »Der Jungbrun«).
10 Th. Murner, *Badenfahrt,* a.a.O., S. 103. Nach rabbinischer Auffassung wird im Paradies der getötete Leviathan gegessen. Vgl. H. L. Strack/P. Billerbeck, *Kommentar zum Neuen Testament aus Talmud und Midrasch,* Bd. IV, 2, S. 1147. »gschorren boren« verbalhornt zu schor-ha-bor, »das Tier des Abgrunds«.

11 *Keiserspergs Narenschiff, so er gepredigt hat zu straßburg in der hohen stifft ... 1498 ... und uß latin in tütsch bracht*, Straßburg 1520, S. CCXVII. – Text 20.

Zu Kapitel 21

1 Erklärung der Wunder-seltzamen Land-Charten (= Text Nr. 22) S. 3
2 a.a.O., S. 4
3 Text Nr. 14. Dort (im 2. Band) zunächst unter der Nr. 67, ab der 2. Ausgabe von 1819 unter Nr. 158.
4 Text Nr. 13.
5 Zur »Reinigung« der alten Stoffe in der Kinder- und Jugendliteratur vgl. D. Richter, »Till Eulenspiegel, der asoziale Held und die Erzieher«, in: Ästhetik und Kommunikation, 27 (1977), S. 36–53.
6 Vgl. L. Bechstein, *Sämtliche Märchen*, hg. v. W. Scherf, München 1965 (dort Nachwort S. 779 ff.); die 12. Auflage (Leipzig 1853) mit den Zeichnungen von Ludwig Richter ist Dortmund 1977 im Reprint erschienen.
7 H. Kenner schreibt in ihrem Buch: »Niemand, dem als Kind Grimms Märchen vorgelesen wurden oder noch vorgelesen werden, wird je zwei Geschichten vergessen, die so schön von wunderbaren Speisen träumen lassen: das Märchen vom Tischleindeckdich ... und jenes vom Schlaraffenland, wo gebratene Vögel speisefertig in der Luft umherfliegen ...«, a.a.O., (S. 69 f.). Nur – daß eben dieses Märchen überhaupt nicht aus der Grimm'schen, sondern aus der Bechstein'schen Sammlung kommt. Die »falsche« Erinnerung zeigt, wie sehr im deutschen Sprachraum Märchen und »Grimms Märchen« in eins gesetzt werden!
8 Vgl. dazu die näheren Angaben in den Anmerkungen zu Text Nr. 6. u. 7.
9 *Ludwig Bechsteins Märchenbuch*, 12. Auflage, Leipzig 1853, S. 168.
10 Text Nr. 7, Str. 9. – Zum Umgang Bechsteins mit seiner Quelle vgl. ferner Kap. 10 u. 11.
11 Der Widerspruch zwischen den Strophen 2 und 6/10 läßt sich wohl so auflösen, daß in Strophe 2 die ganz kleinen Kinder gemeint sind.
12 Vgl. Anm. zu Text 7.
13 Bildersaal D 10.
14 Vgl. dazu Bildersaal, N 12 u.ö.
15 Bildersaal 8 und N 10.
16 Alter Text: »Hier gaert (= nimmt) men Vygen in den Hoed/ Het Paard kakt ze, als men ze eeten moet.« Neuer Text: »De paarden staan hier ook immer klaar/ Hebt ge trek (= Lust) in 't rijden, stijg op dan maar.«
17 »De Hond kakt hier de Noot-Muskaat/ Die men maar opvangt langs de straat.« – »Gebakke schapen zijn ook klaar gezet/ Deez kruipt naar en lekkere kottelet.«
18 »Deez' luie Domoor ((= Dummbart) vangt met vlyt/ Hier Ezelskeutels voor Confyt«. – »Deez ligt op de knien van 't eten vermoed/ Gerooste kalf smaakt uitnemend goed.«
19 Text Nr. 29.
20 Vgl. I. Weber-Kellermann, *Die Familie*, Frankfurt 1976, S. 305 ff.
21 Vgl. K. W. Bauer/H. Hengst, *Wirklichkeit aus zweiter Hand:* Kindheit in der Erfahrungswelt von Spielwaren und Medienprodukten, Reinbek 1980, S. 165–82.

22 Siebendes Stück meines Magazins von verschiedenen Kunst- und anderen nüzlichen Sachen, zu finden bei Georg Hieronimus Bestelmeier in Nürnberg, 1801, Nr. 905, S. 11 (Nachdruck Zürich 1979).
23 C. Collodi, Le avventure di Pinocchio, Milano 1983, cap. 30–32.
24 Vgl. D. Richter, »Die Kinder und ihre strengen Freunde«, in: D. Larcher/Chr. Spiess, *Lesebilder*, Reinbek 1980, S. 154–56.
25 G. Mitelli, *I ragazz int l'uscir dall scol*, 1710 (in: Bertarelli, nr. 361.).
26 H. Chr. Andersen, Märchen, Bd. II, Frankfurt 1981, S. 92 ff.
27 Beispiele bei Ackermann, S. 134–39; »Lügenlieder« darüber hinaus in den meisten einschlägigen Sammlungen.
28 E. Borneman, *Die Welt der Erwachsenen in den »verbotenen« Reimen deutschsprachiger Stadtkinder*, Olten/Freiburg 1976, Nr. 1354.
29 Nach Ackermann, S. 112 u. 121.
30 Nach Hinrichs, S. 30. Das Stück soll erfolglos geblieben sein. – Hinrichs weist außerdem auf eine »Cocaigne Overture« hin, die 1901 in der Queens Hall in London aufgeführt wurde.
31 *Der Kinder Schlaraffenland:* Ein lustiger Schwank für Jung und Alt. Von Otto Ernst [d. i. Otto Ernst Schmidt]. Bilder von Hans Schroedter, Mainz (Josef Scholz) 1910. Neue Auflage Freising 1921.
32 W. Schmidtbonn, *Schlaraffenland*, Berlin 1916 (= Die Feldbücher).
33 K. Stamm/H. Witzig, *Die Kinder im Schlaraffenland*, Zürich (Stehli) 1917. (Nachdruck 1977). – Freundlicher Hinweis von Hans ten Doornkaat, Zürich.
34 In: Was der Kalender erzählt, Ein deutscher Märchenkranz von H. Hanel, mit Bildern von H. Baluschek, Berlin (H. Klemm) 1919 (= Deutsche Märchenbücherei, 3), S. 63–69 (»Das Zuckerbäckerreich«).
35 *Das Schlaraffenland*. Von Hans Sachs. Mit Bildern von Karl Arnold, Berlin (Volksverband der Bücherfreunde) 1925. Neue Ausgabe Frankfurt (Insel) 1976.
36 »Wunschdorf, Ein Märchen von Max Barthel.« In: *Kinderland*, Das Jahrbuch für Arbeiterkinder in Stadt und Land, Berlin (Vorwärts) 1929, S. 62–65.
37 E. Kästner, *Der 35. Mai*, in: Gesammelte Schriften, Bd. 7, Stuttgart/Hamburg o. J., S. 237 und 240.
38 Neben den in den vorhergehenden Anmerkungen genannten Reprints bzw. Neuauflagen ist noch zu nennen P. Alverdes/K. Maillard, *Vom Schlaraffenland* (1965).
39 Texte für die Primarstufe, Bd. II, Hannover 1972, S. 77 ff. u. 125.
40 Eduscho Märchen und Geschichten: *Schlaraffenland*. Hg. v. Eduscho, Kaffeegroßrösterei, Bremen, Europahafen, Redaktion Dr. Martina Hoffmann-Keinig. 4 Seiten. (Aus dem Jahr 1966). – Freundlicher Hinweis von Hartwig Suhrbier, Köln.
41 Atari-Werbeprospekt 1982. – Den Hinweis verdanke ich Sabine Richter, Bremen.

Bibliographia Schlaraffica

Ackermann, Elfriede M.: Das Schlaraffenland in German Literature and Folksong. Social Aspects of an Earthly Paradise, with an Inquiry into its History in European Literature, Diss. Chicago/Ill. 1944.
Bolte, Johannes/Polivka, Georg: Das Märchen vom Schlauraffenland. In: Anmerkungen zu den Kinder- u. Hausmärchen der Brüder Grimm, Bd. 3, Leipzig 1918, 244–58.
Bolte, Johannes: Bilderbogen des 16. u. 17. Jahrhunderts: Das Schlaraffenland. In: Zeitschrift f. Volkskunde 20 (1910), 187–193.
Bullough, Geoffrey: The Later History of Cockaigne. In: G. Bauer/F. K. Stanzel (Hg.), Festschrift H. Koziol, Wien/Stuttgart 1973, 22–35.
Camporesi, Piero: Il paese della fame, Bologna 1978.
Cioranescu, A.: Utopie, Cocagne et âge d'or. In: Diogène 75 (1971), 86–123.
Cocchiara, Giuseppe: Il paese di cuccagna e altri studi di folklore, Torino 1980, 159–87.
Delpech, François: Aspects des pays de Cocagne. Programme pour une recherche. In: J. Lafond/A. Redondo (edd.), L'image du monde renversé et ses représentations littéraires et paralittéraires de la fin du XVIe siècle au milieu du XVIIe, Paris 1979.
Delumeau, Jean et al.: La mort des pays de Cocagne. Comportements collectifs de la Renaissance à l'âge classique, Paris 1976 (= Publications de la Sorbonne, Études 12).
Demerson, Guy: Cocagne, utopie populaire? In: Revue Belge de Philologie et d'Histoire 59 (1981), 529–553.
Graf, Arturo: Il Paese di Cuccagna e i paradisi artificiali. In: Miti, superstizioni e leggende del Medio Evo, Torino 1892, t. I, 229–238.
Grauls, Jan: Volkstaal en volksleven in het werk van Pieter Bruegel, Antwerpen 1957 (cap. VI: »Dar zijn de daken met vladen gedekt«).
Graus, František: Social Utopias in the Middle Ages. In: Past and Present 38 (1967), 2–19.
Grimm, Jacob und Wilhelm: Kinder- u. Hausmärchen, 3. Band (Anmerkungen), Göttingen ³1856 [Neudruck hg. v. H. Rölleke, Stuttgart 1980], 239–42.
Heurck van, Emile H./Boekenoogen, G. J.: Histoire de l'imagerie populaire flamande, Bruxelles 1910 (»Luilekkerland«, 127–30).
Hinrichs, Hans: The Glutton's Paradise, Being a Pleasant Dissertation on Hans Sachs's »Schlaraffenland« and Some Similar Utopias, Mount Vernon/N.Y. 1955.
Huon, Antoinette: Le Roy Sainct Panigon dans l'imagerie populaire du XVIe siècle. In: F. Rabelais, Ouvrage publié pour le quatrième centenaire de sa mort 1553–1953, Genève-Lille 1953, 210–25.
Karlinger, Felix: Capitolo di Cuccagna, in: Laura Sergo, La Polenta, Salzburg 1980, S. 35–37 (= Texte romanischer Volksbücher, 2).
Kenner, Hedwig: Das Phänomen der verkehrten Welt in der griechisch-römischen Antike, Klagenfurt 1970 (Kap. VIII: »Verkehrte Welt und Schlaraffenland«).
Keyser de, P.: De Nieuwe Reis naar Luilekkerland. In: Ars Folklorica Belgica II (1956), 7–41.

Langerbeck, Hermann: Die Vorstellung vom Schlaraffenland in der alten attischen Komödie. In: Zs. f. Volkskunde 59 (1963), 192–204.
Lebeer, Louis: Le pays de Cocagne, Het luilekkerland. In: Bulletin des Musées Royaux des Beaux-Arts de Belgique 4 (1955), 199–214.
Meyer de, Maurits: Luilekkerland. In: De volks- en kinderprent en de Nederlanden van de 15e tot de 20e eeuw, Antwerpen/Amsterdam 1962, 432–440.
Müller, Martin: Neu-Schlaraffia in Porcolandrien. Zu einem italienischen Druck vom Anfang des 18. Jahrhunderts. In: Neue Zürcher Zeitung v. 8./9. 1. 1983, 56.
Pfleger, Alfred: Das Schlaraffenland im altelsässischen Schrifttum. In: Elsaßland, Lothringer Heimat 10 (1939), 167–73.
Poeschel, Johannes: Das Märchen vom Schlaraffenlande. In: Beiträge zur Geschichte d. dt. Sprache u. Literatur 5 (1878), 389–427.
Priebsch, R.: Noch einmal »Van dat edele lant van Cockaengen«. In: Tijdschrift voor Nederlandsche Taal- en Letterkunde 13 (1894), 185–91.
Rossi, Vittorio: Il paese di cuccagna nella letteratura italiana. In: Le lettere di Messer Andrea Calmo, Torino 1888, 398–410.
Scafoglio, Domenico: La maschera della cuccagna. Spreco, rivolta e sacrificio nel Carnevale napoletano del 1764, Napoli 1981.
Schmidt, Erich: Das Schlaraffenland. In: Charakteristiken, Berlin 1901, 51–70.
Sluys, F. et Cl.: Le pays de Cocagne. In: Problèmes, Revue de l'Association général des étudiants en médecine de Paris 77 (1961), 8–35.
Tassy, Ferenc: Il paese di cuccagna. Contributi alla letteratura universale della tematica. In: Acta litteraria Academiae Scientiarum Hungaricae 2 (1959), 369–81.
Väänänen, Veikko: Le »fabliau« de Cocagne. In: Neuphilologische Mitteilungen 48 (1947), 3–36. Wiederabgedruckt in: ders., Recherches et récréations latino-romanes, Napoli 1981, 375–406.
Zarncke, Friedrich (Hg.): Sebastian Brant, Narrenschiff, Leipzig 1854 [Neudruck Darmstadt 1964], 455–59.
Zenatti, Albino: Storia del Campriano contadino, Bologna 1884. (Rez: F. Novati. In: Giornale Storico della Letteratura Italiana 5 (1885), 258–69.)

Geschichten und Bilder

Wunschland

---

1. EGO SUM ABBAS CUCANIENSIS
   ICH BIN DER SCHLARAFFISCHE ABT
   (Carmina Burana, 13. Jh.)

Ego sum abbas Cucaniensis
et consilum meum est cum bibulis
et in secta Decii voluntas mea est,
et qui mane me quesierit in taberna,
post vesperam nudus egredietur
et sic denudatus veste clamabit:
 »wafna, wafna!
 quid fecisti, sors turpissima!
 nostre vite gaudia
 abstulisti omnia.«

Ich bin der Schlaraffische Abt
Und unter den Zechern halte ich Rat
Und im Decius-Orden ist meine Gunst,
Und wer mich frühmorgens sucht in der Schenke,
Der wird nach Abend nackt herauskommen
Und also der Kleider entblößt rufen:
 »Wehe, wehe!
 Was hast du getan, o elendes Los!
 Meines Lebens ganze Freude
 Hast du mir genommen heute.«

Ego sum abbas Cucaniensis. Ich bin der Schlaraffische Abt: Carmina Burana, hg. v. A. Hilka u. O. Schumann, Bd. 1, 3, Heidelberg 1970, S. 81 f. – Übersetzung D. R.

Das lateinisch-deutsche Trinklied aus den *Carmina Burana* zieht seinen Witz aus den versteckten sprachparodistischen Elementen. Es erzählt von einem »verkehrten Orden« (*Decius*, V. 3, ist der Patron des Würfelspiels, vgl. frz. *dé*, Würfel), wobei *Cucaniensis* analog zu »richtigen« Ordensbezeichnungen (*Cluniacensis* etc.) gebildet ist. Auch die Bibel wird kräftig bemüht und verdreht: der Erzähler fühlt sich als *beatus vir... in consilio impiorum* (Psalm 1,1) und sein Spielgegner wird die Schenke als ein weltlicher Hiob verlassen (*nudus egressus sum de utero matris meae et nudus illuc revertar*, Hiob 1, 21). – Die *Carmina Burana*, eine Sammlung mittellateinischer Gedichte aus dem frühen 13. Jahrhundert, stammen wahrscheinlich aus dem Kreis fahrender Kleriker und gelehrter Vaganten. – Zum Thema des »verkehrten Ordens« vgl. auch Text Nr. 3.

2. FABLIAU VOM LAND COQUAIGNE
(Frankreich, 13. Jh.)

Jetzt gebt acht, ihr Anwesenden!
Ihr alle sollt meine Freunde sein
Und mich wie euren Vater ehren;
Nur recht und billig ist es, daß
Die große Begabung, die Gott mir verliehen hat, offenbar werde;
Ehe ich die Geschichte zu Ende bringe,
Werdet ihr hier etwas hören können,
Was euch viel Spaß macht.
Ich bin noch nicht allzu alt,
(10) Aber deswegen bin ich nicht weniger verständig.
Eines sollt ihr erfahren:
Ein gewaltiger Bart ist noch kein Beweis für Wissen;
Wenn die Bärtigen den Verstand gepachtet hätten,
Müßten Böcke und Ziegen sehr klug sein.
Ihr dürft nicht auf den Bart starren,
Mancher, der einen sehr langen hat, ist nicht einmal halbgescheit;
Die jungen Männer sind dagegen sehr verständig.
Ich zog zum Papst nach Rom,
Um mir eine Buße auferlegen zu lassen;

(20) Der schickte mich dann in ein Land,
Wo ich manche Wunder sah.
Hört jetzt, wie die Leute, die
In dieser Gegend wohnen, sich eingerichtet haben.
Mir scheint, daß Gott und alle seine Heiligen
Diese Region mehr gesegnet und geheiligt haben
Als irgendeine andere.
Das Land heißt Coquaigne,
Je mehr man dort schläft, um so mehr verdient man:
Wer bis Mittag schläft,
(30) Bekommt dafür fünfeinhalb Sous.
Die Zäune um die Häuser bestehen aus
Barschen, Lachsen und Alsen;
Die Dachsparren sind aus Stören gemacht,
Gedeckt sind die Häuser mit Speck,
Und die Latten sind aus Würsten.
In dem Land gibt es viele Genüsse,
Denn von Braten am Spieß und Eisbein
Sind die Weizenfelder ringsum eingefaßt;
Durch die Straßen laufen
(40) Die fetten Gänse und braten,
Sie drehen sich um sich selbst,
Und stets folgt ihnen die weiße Knoblauchsauce.
Und ich sage euch, daß man überall
Auf den Wegen und Straßen
Tische aufgestellt findet
Mit weißen Tischtüchern darauf,
Da können alle, die Lust haben,
Reichlich essen und trinken;
Ohne daß jemand Einspruch erhebt oder es verbietet,
(50) Nimmt da ein jeder, soviel sein Herz begehrt,
Der eine Fisch, der andere Fleisch;
Selbst wenn er einen Wagen volladen wollte,
Bekäme er alles nach Belieben –
Hirschbraten oder Geflügel,
Je nach Wunsch gebraten oder gekocht,
Aber sie zahlen nicht die Zeche
Und rechnen nach der Mahlzeit nicht ab,
Wie man es hierzulande tut.
Es ist die reine, erwiesene Wahrheit,
(60) Daß in jener gesegneten Gegend

Ein Bach von Wein fließt,
In dem schwimmen die Becher gleich mit ans Ufer,
Und die Gläser
Und die Humpen aus Gold und Silber.
Dieser Bach, von dem ich rede,
Führt bis zur Mitte Rotwein,
Vom besten, den man
In Beaune oder jenseits des Meeres finden könnte;
Und auf der anderen Seite fließt Weißwein,
(70) Der trefflichste und allerfeinste,
Der je in Auxerre,
La Rochelle oder Tonnerre wuchs.
Wer Lust hat, geht zu dem Bach,
Er kann mittenheraus und am Rand schöpfen,
Aus der Mitte und von überall trinken,
Ohne Furcht, daß ihn jemand hindert,
Und ohne einen Heller zu bezahlen.
Die Leute da sind keine Tölpel,
Sind wacker vielmehr und höfisch.
(80) Ein Monat hat sechs Wochen,
Viermal im Jahr ist Ostern,
Viermal Sankt-Johannis-Fest,
Vier Weinernten gibt es im Jahr,
Alle Tag ist Feiertag und Sonntag,
Viermal feiert man Allerheiligen, viermal Weihnachten
Und viermal jährlich Lichtmeß,
Viermal Karneval,
Und nur einmal alle zwanzig Jahre kommt eine Fastenzeit;
Und dabei ist das Fasten so angenehm,
(90) Denn jeder bekommt dabei, was ihm behagt;
Schon am Morgen, gleich nach der neunten Stunde,
Ißt man, was Gott gibt,
Fleisch, Fisch oder etwas anderes,
Und niemand wagt es den Leuten zu verbieten.
Glaubt nicht, daß ich übertreibe,
Es sei Hoch oder Niedrig
Keinem fällt das Fasten schwer:
Dreimal in der Woche fällt
Ein Platzregen von warmen Fladen,

(100) Den sich weder einer, der noch Haare auf dem Kopf hat
noch ein Kahlkopf
Entgehen läßt, das weiß ich sicher;
Vielmehr schnappt jeder davon, soviel er will.
Und in dem Land herrscht solcher Überfluß,
Daß Börsen voller Heller
Einfach auf den Feldern herumliegen;
Arabische und byzantinische Goldmünzen
Findet man in Massen – ganz umsonst:
Niemand kauft oder verkauft dort.
Die Frauen in jener Gegend sind wunderschön;
(110) Jeder nimmt sich die
Damen und Fräulein, wenn er Lust dazu hat,
Ohne daß sich jemand darüber aufhält;
Dann treibt er es mit ihnen, wie es ihm gefällt,
Solange er will und ganz vergnügt;
Die Frauen werden deshalb nicht getadelt,
Sondern stehen in viel höherem Ansehen.
Und wenn es sich zufällig ergibt,
Daß eine Dame ihre Aufmerksamkeit
einem Mann zuwendet, den sie sieht,
(120) Dann nimmt sie ihn sich mitten auf der Straße
Und macht mit ihm, was sie gern möchte.
So tut eines dem anderen viel Gutes.
Des weiteren sage ich euch, ungelogen,
Daß es in diesem gesegneten Land
Hochanständige Tuchhändler gibt,
Denn sie verteilen jeden Monat
Gern und bereitwillig
Kleidung vielerlei Arten;
Wenn einer es wünscht, bekommt er ein Gewand aus brauner,
(130) Scharlachfarbener oder violetter Wolle,
Aus gestreiftem Stoff von guter Art,
Aus grünem Wollzeug oder ganz aus Groblinnen,
Aus Seidenstoff von Alexandria,
Aus gestreiftem Tuch oder aus Kamelhaar.
Was soll ich euch sagen?
Es gibt so viele verschiedene Kleider,
Mit denen ein jeder sich ausstattet, wie es ihm beliebt,
Der eine mit buntem, der andere mit grauem Pelz;

      Und wer gern möchte, bekommt einen hermelingefütterten Rock.
(140) Das Land ist so gesegnet,
Daß es da Schuhmacher gibt,
Die ich bestimmt nicht für knickrig halte;
Freude spenden sie im Überfluß,
Denn sie verteilen Schnürstiefel,
Gamaschen und gut gearbeitete Sommerschuhe;
Wer es möchte, bekommt schräg geschnittene Schuhe,
Die eng anliegen und den Fuß gut kleiden.
Wenn er am Tag dreihundert
Und noch mehr davon haben wollte, er würde sie bekommen:
(150) Solche Schuhmacher gibt es da.
Man findet dort noch ein anderes Wunder
– ihr habt nie etwas Vergleichbares gehört –,
Denn dort ist der Jungbrunnen,
Der die Leute wieder jung macht
Und auch sonst Gutes bewirkt.
Ich weiß genau, daß es keinen
Mann gibt, er sei noch so alt und weißhaarig
Und keine Frau,
Sei sie noch so steinalt oder weiß,
(160) Die nicht wieder dreißig würden,
Wenn sie zu dem Brunnen gelangen können;
Alle, die in jenem Land leben,
Können dort wieder jung werden.
Wahrlich, der wäre ein rechter Narr,
Der den Weg dorthin fände
Und wieder wegginge, wenn er einmal da war.
Ich selbst, das weiß ich sicher,
Kann es am eigenen Leibe spüren;
Für töricht halte ich mich und ich war es auch,
(170) Daß ich mich je aus dem Land entfernt habe;
Aber ich kam hierher, um meine Freunde zu holen
Und sie mit mir in jenes Land zu nehmen,
Wenn mir das gelänge.
Aber ich konnte das Land nie mehr
Auf dem Weg, den ich verlassen hatte, erreichen,
Und kein Pfad und keine Straße führte mich wieder dorthin.

>   Da ich also nicht mehr hineingelangen kann,
>   Bleibt mir nichts weiter übrig,
>   Als mich damit abzufinden.
> (180) Aber etwas will ich euch noch sagen:
>   Gebt acht, wenn es euch irgendwo gut geht,
>   Daß ihr euch um keinen Preis entfernt,
>   Damit euch nicht auch so ein Unglück passiert.
>   Denn wie oft habe ich
>   Ein Sprichwort gehört, das weit verbreitet ist:
>   Wem es gut geht, der soll sich nicht von der Stelle rühren,
>   Denn er könnte nicht viel dabei gewinnen;
>   Das lehrt uns die Schrift.

Fabliau vom Land Coquaigne: V. Väänänen, Le »fabliau« de Cocagne, in: Neuphilologische Mitteilungen 48 (1947), S. 3 ff. – Übersetzung Albert Gier. Der Sänger kleidet seine Geschichte als Bericht von einer Pilger-Bußfahrt ein. Er spielt damit auf ein verbreitetes Erzählmotiv an: Wie der Tannhäuser und andere ganz große Sünder hat er beim Papst persönlich Absolution gesucht; die *merveille,* die er am Ende der auferlegten Bußfahrt findet, sind jedoch die weltlichen Wunder des *pais de Coquaigne* mit seiner surrealistischen Landschaft.

Fabliaux waren unterhaltsame kürzere Geschichten oft schwankhaft-witzigen Inhalts, die, in der vierhebigen Reimpaarform des höfischen Epos abgefaßt, sich jedoch eher an ein »niederes Publikum« wandten und öffentlich rezitiert wurden.

Lit.: Fabliaux et Contes, publ. par Barbazan, nouv. éd. par M. Meon, t. IV, Paris 1808, p. 175–81.

3. WEIT IM MEER, WESTLICH VON SPANIEN
(Irland, 14. Jh.)

> Weit im Meer westlich von Spanien
> liegt ein Land genannt Cokanien.
> Es ist kein Land unterm Himmelreich
> an Güte und Reichtum Cokaygne gleich.
> Das Paradies ist fröhlich und hell –
> Doch Cokaygne ist eine schönere Stell.
> Was ist denn schon im Paradeis
> als Blumen, Gras und grüne Reis?

    Von Freud und Wonne man dort weiß.
(10) doch gibt es Früchte nur als Speis.
    Da ist kein Saal, keine Kammer, keine Bank,
    und Wasser ist der Menschen Trank.
    Zwei Menschen leben dort nur noch:
    Elias und Henoch.
    Einsam mögen sie da gehen,
    wo sonst kein Mensch mehr ist zu sehen.
    Doch in Cokaygne gibt's Speise und Trank
    ohne Sorge, Mühe und Zank.
    Die Speisen sind trefflich, die Getränke klar,
(20) zum Mittag, zur Vesper, zum Abend fürwahr!
    Und ohne Zweifel – ich sag' es ganz ehrlich,
    kein Land auf Erden ist so begehrlich.
    Kein Land unterm Himmel weit und breit
    hat soviel Freude und Seligkeit.
    Viel ist dort herrlich anzusehen,
    die lichten Tage nie zu Ende gehen.
    Es gibt nicht Zank noch Streit und Not
    nur ewig Leben und keinen Tod.
    Dort ist kein Mangel an Speise und Kleid
(30) und Frau und Mann haben niemals Streit.
    Dort ist keine Schlange, kein Wolf, kein Fuchs,
    kein Pferd, kein Klepper, keine Kuh und kein Ochs,
    kein Schaf, kein Schwein, und keine Geiß,
    kein Dreck, fürwahr, der Herrgott weiß,
    und auch kein Hof für Hengst und Stut',
    dieses Land hat anderes Gut.
    Hier ist weder Fliege, Floh noch Laus,
    in Kleidung, Garten, Bett und Haus,
    kein Donner, Graupel oder Sturm,
(40) keine Schnecke und kein übler Wurm,
    kein Hagel, Regen oder Wind,
    und weder Mann noch Frau sind blind.
    Alle in Spiel und Freude sind,
    wohl jenem, der sich dort befindet!
    Dort sind auch Flüsse groß und fein
    mit Öl und Milch, mit Honig und Wein.
    Wasser dient hier, im Vertrauen,
    zum Waschen nur und anzuschauen.
    Früchte gibt es ohne Maß

(50) und alles hier ist Freude und Spaß.
Ein schönes Kloster ist dort zu schauen
mit weißen Mönchen und mit grauen.
Die Zellen und Säle von Wand zu Wand
sind aus Pasteten bis zum Rand,
mit Fleisch und Fisch und reicher Speis,
das Herrlichste, das ein Mensch wohl weiß.
Pfannkuchen sind die Schindeln alle
von Kirche, Kreuzgang, Zellen und Halle,
die Zinnen sind aus fetten Würsten,
(60) reiche Speise für Könige und Fürsten.
Man mag davon essen soviel man kann,
dies ist das Recht von jedermann.
Alles gehört allen, ob jung oder alt,
ob schwach oder stark oder welcher Gestalt.
Dort ist ein Kreuzgang, schön und licht,
weit und lang, von gehöriger Sicht,
und die Säulen des Kreuzgangs sind überall
ganz und gar gebildet aus reinem Kristall,
und Basis und Kapitelle von allen
(70) sind aus grünem Jaspis und roten Korallen.
Und auf der Wiese steht ein Baum,
der ist gar herrlich anzuschaun,
seine Wurzel ist Galgant und Ingwer,
seine Triebe sind ganz aus Zitwer,
aus feinem Muskat seine Blüten sind,
und die Rinde aus süßem duftenden Zimt,
die Früchte wohlriechende Nelken sind,
dazu man reichlich Kubebe findet.
Rosen in roter Farbe da stehen
(80) und Lilien herrlich anzusehen.
Sie welken weder Tag noch Nacht,
dies Bild ist eine süße Pracht.
Vier Quellen sind in der Abtei:
von Heilwasser, von Arzenei,
von Balsam und von süßem Wein,
nützlich fließend und allen gemein.
Aus ihnen über den Grund her rollt
kostbare Steine und edles Gold,
es gibt dort Perlen und Saphir;
(90) Karfunkel und den Lynkurier,

Smaragd, Rubin und Chrysopras,
Beryll, Onyx und Topas,
Amethyst und Chrysolith,
Chalzedon und Hämatit.
Es gibt dort Vögel in großer Zahl,
Singdrossel, Drossel und Nachtigall,
den Specht und die Kalander
und viele Vögel miteinander,
die knausern nie mit ihrer Macht,
(100) fröhlich zu singen Tag und Nacht.
Doch sollt ihr noch mehr von mir wissen:
Die Gänse geröstet an den Spießen
fliegen zur Abtei, Gott weiß,
und rufen: »Gänse heiß, alle heiß!«
Mit Mengen von Knoblauch sind sie gespickt,
das feinste Gericht, das man je hat erblickt.
Die Lerchen, das ist jedem kund,
schweben herab in des Menschen Mund;
im Topf zubereitet ganz ohne Fehl
(110) bestreut mit Nelken und mit Kaneel.
Mangel herrscht am Trinken nie,
nimm nur genug, ganz ohne Müh!
Und wenn die Mönche zur Messe gehen,
lassen die Fenster eine Wandlung sehen
und werden Kristall, gar glänzend und schön,
damit die Mönche besser sehen.
Ist die Messe dann vorbei
und die Bücher in der Reih',
wird zu Glas das Kristall klar
(120) eben wie es vorher war.
Den jungen Mönchen Tag für Tag
Spiel nach dem Essen gefallen mag:
Kein Habicht oder Vogel lebt,
der besser in den Lüften schwebt,
als unsere Mönche frohen Muts
mit ihrer Kutte und Kapuz.
Und wenn der Abt sie fliegen sieht,
dann kennt er ihre Fröhlichkeit.
Wie dem auch sei, mittendrin
(130) ruft er sie nieder zum Abendgebet hin.
Doch die Mönche schweben nicht herunter,

sie fliegen weiter schnell und munter.
Wenn der Abt bei sich nun sieht,
daß sein Mönchschor von ihm flieht,
nimmt von der Straße er eine Maid,
hält ihren Hintern gen Himmel breit
und schlägt diese Trommeln mit seiner Hand,
daß die Mönche herabschweben auf das Land.
Wenn die Mönche dies nun sehn,
(140) dann fliegen sie zu dem Mädchen hin
und alle gehen um sie ringsum
und streicheln an ihrem Hintern herum.
Nach dieser Mühe begeben sie sich
heim zum Trinken demütiglich.
Und gehen so zur Collation
als eine recht hübsche Prozession.
Nahe ist eine andere Abtei,
wahrlich, eine prächtige Nonnerei
an einem süßen Millichfluß
(150) wo es Seide gibt im Überfluß.
Ist dann ein Sommertag recht heiß,
nehmen die jungen Nonnen mit Fleiß
ein Boot mit Ruder und Steuer daran
und fahren den süßen Milchfluß entlang.
Sind sie weit genug von dem Kloster fort,
ziehen sie sich aus und vergnügen sich dort:
sie springen in das Naß sodann
und fangen geschickt zu schwimmen an.
Wenn die jungen Mönche das sehn,
(160) machen sie sich auf und fliegen hin,
und sind sie an der Nonnen Ort,
nimmt jeder Mönch sich eine mit fort
und trägt die Beute schnell herbei
in die große, graue Abtei.
Dort lehren sie die Nonnen ein Gebet
beim Iambleve-Tanz, der auf und nieder geht!
Der Mönch, den ich einen rechten Hengst heiß'
und der sich gut anzupreisen weiß,
wird ohne einen Korb zu kriegen
(170) mit zwölf Weibern jedes Jahr liegen,
ganz zu Recht und nicht durch Gnade
zum eigenen Spaß und ohne Schade.

Der Mönch, der das Schlafen am besten pflegt
und seinen Körper zur Ruhe legt,
von dem ist zu hoffen, ja Gott weiß,
daß Vater Abt er bald schon heiß'.
Wer in dieses Land zu kommen sucht,
muß leisten eine schwere Buß:
Volle sieben Jahre in Schweinemist
(180) muß er waten, daß ihr es wißt,
bis zum Kinn oben hin,
so wird er dieses Land gewinnen.
Gute Herrschaften, klug und schön,
mögt ihr von dieser Welt nie geh'n,
bevor ihr eure Neugier stillt
und diese große Buße erfüllt.
Auf daß ihr dieses Land beehrt
und niemals hierher wieder kehrt,
bitten wir Gott um sein Geleit
im Namen der heiligen Barmherzigkeit.

Weit im Meer, westlich von Spanien: The land of Cokaygne, in: A. S. Haskell, A middle English Anthology, New York 1969, p. 375–80. – Übersetzung Franz-Peter Mau.
Das Gedicht ist vermutlich zu Beginn des 14. Jahrhunderts in Kildare (Irland) entstanden, wo es sowohl eine *grei abbei* (v. 164), d.h. ein Franziskanerkloster, wie einen Karmeliterkonvent (*white monkes,* v. 52) gab. Der Verfasser dürfte (nach dem beschriebenen Milieu und den Einzelheiten der Darstellung zu urteilen) Geistlicher gewesen sein. Nichts deutet aber darauf hin, daß er in moral-satirischer Absicht die »Verworfenheiten« des Klosterlebens oder einer bestimmten Abtei »geißeln« wollte; er malt die Wunder eines *weltlichen Klosters,* in der die monastischen Regeln auf dem Kopf stehen. – v. 14: *Elias* (2. Könige 2) und *Henoch* (1. Mose 5, 18) wurden entrückt, sind daher die beiden einzigen Bewohner des (irdischen) Paradieses. – v. 46: Mit *Öl, Milch, Honig* und *Wein* fließen die vier Ströme des Irdischen Paradieses. – v. 71 ff.: Der Gewürzbaum wird auch in Mandevilles Reisebeschreibung genannt (vgl. S 61 f.). *calingale* (v. 73) und *sedwale* (v. 74) wurden aus den Wurzeln von Ingwergewächsen gewonnen und ebenso wie *cucubes*-Pfeffer (v. 78) zum Kochen und als Medizin benutzt. – v. 90 ff.: Die Edelsteine erinnern an die Schilderung des »Neuen Jerusalem« in Apoc. 21. – v. 105: Zu den »Knoblauch-Gänsen« vgl. Text 2, v. 40 ff. – v. 114: Die »Wandlung« der Fenster ist möglicherweise eine Anspielung auf die Meß-Wandlung. – v. 166: *iambleve* aus frz. jambe (»Bein«) und lever (»heben«).
Lit.: M. Haupt/H. Hoffmann, Altdeutsche Blätter, Bd. I, Leipzig 1836, S. 396–401; W. Heuser, Die Kildare-Gedichte, Bonn 1904 (Neudruck Darmstadt 1965), S. 141 ff.

4. WIE DER BAUER CAMPRIANO
ZWEI KAUFLEUTE PRELLTE
(Italien, um 1500)

Campriano, ein armer Bauer, verkauft zwei Kaufleuten einen angeblich geldscheißenden Esel, einen Topf, der ohne Feuer koche, ein Kaninchen, das Botengänge erledige und eine Trompete, die Tote wieder zum Leben erwecke. Die betrogenen Kaufleute wollen sich an Campriano rächen. Sie stecken ihn in einen Sack, um ihn im Fluß zu versenken. Als sie den Sack unterwegs abstellen, überredet Campriano einen Schäfer, mit ihm den Platz zu tauschen, indem er ihm weismacht, er solle zur Hochzeit mit der Königstochter von Spanien entführt werden. So wird an Stelle von Campriano der Schäfer in den Fluß geworfen, und die Kaufleute treffen anschließend auf Campriano mit der Herde des Schäfers:

(71) Er wandte sich an sie mit froher Miene
 Und sprach: »Ja seht ihr mich denn nicht?
 Daß Böses ihr mir tätet, es euch schiene
 Und doch euch wie dem Vieh Verstand gebricht.
 Geschnürt warft ihr mich in des Flusses Rinne –
 Doch gibt es solch ein Land auf Erden nicht
 So schön wie jenes dorten auf dem Grunde,
 Ein ander Welt erschien es mir zur Stunde.

(72) Ich sank hinab und trat in einen Hain,
 Mit Würsten sind die Reben da gebunden,
 Ein Fluß, der führt den allerbesten Wein,
 Ich hab davon getrunken manche Runden.
 Gedünstete Kapaunen sah ich schnein,
 Von Parmesan ein' Berg auch hab ich funden
 Und eine Frau, die Makkaroni machte
 In Riesenmengen, daß das Herz mir lachte.

(73) Der Krammetsvogel dort am Spieß gebraten
 fliegt mit Orangen unterm Fuß gespickt;
 Voll Malvasier, wenn ich recht beraten,
 Ein Becher aus Kristall dich dort entzückt.

Und frische Federbetten gar sie hatten,
Ich stand recht blöd davor beim ersten Blick,
Und Omelettes und Marzipan und Torten
Pignolenkuchen von den feinsten Sorten.

(74) Auch Jungfraun gibt es dort in großen Scharen
Mit denen man sich allezeit vergnügt,
Nicht schön're mögt ihr je gewahren;
Ich weiß, ihr werdet wunderbar entzückt
Von ihren Kleidchen und geputzten Haaren
(Wie nach des Landes Sitte es sich schickt).
Von ihren Küssen, ihren Artigkeiten
Wollt ihr nach einem Jahr euch noch nicht scheiden.

(75) Sowie du ankommst, werden sie dir netzen
Die Füße erst mit edlem Elixier,
Dann stehst du auf und wirst zu Tisch dich setzen,
Sie reichen köstliches Bisquitbrot dir,
Törtchen und Wachteln werden dich ergötzen
Doch niemand, glaubt mir, zahlt die Zeche hier.
Rebhühner, fette Tauben und Kapaunen
Trägt man euch eilend auf – ihr werdet staunen!

(76) Was man am Fasttag ißt, kann ich nicht zählen,
Am Freitag und am Samstag in der Früh,
Die Störe, groß wie Kerzen, niemals fehlen
In Gelatine, sag ich, eingelegt sind sie,
Kräuterpasteten laufen auf den Wegen,
Von süßen Trauben quillt die Bütte hie,
Gekochte Schleien, Hechte und Lampreten
Und andrer Fische Zahl ist da vertreten.

(77) Als ich dann schied, hat man mir noch gegeben
Beim Ausgang aus dem Fluß zehn Golddukaten,
Denn so pflegt man zu tun in jenem Leben
Mit jedem, der in diesen Fluß geraten.
Ich kriegte auch die Herde Vieh daneben,
Ihr seht's, einhundert Stück mit Haut und Haaren.
Ich bring sie heim, will dann zurückspazieren,
Um noch acht Tage dort zu triumphieren.«

(78) Die Händler neigten sich vor ihm auf Knien
Und sprachen so zum Bauern Camprian:
»Wir würden gern des Leibes Mühsal fliehen,
Wenn es mit deiner Hilfe ginge an,
Daß wir in jenes Land nur könnten ziehen,
Was du erzählt – wie süß hört es sich an!
Ach, Camprian, wirf uns in jenen Fluß,
Damit auch uns zuteil wird der Genuß!«

(79) »Gern will ich's tun, auch folg ich nach beizeiten!« –
Mit einem Strick darauf er beide band,
Und – um das Lied nicht länger auszuweiten –
Er warf sie in den Fluß mit eigner Hand.
Darauf mit seinem Stecken sah man schreiten
Ihn wieder Richtung Haus und Heimatland,
Und hatte seine Lust mit Weib und Kindern
Und keiner mußt' ihm mehr das Zahnweh lindern.

(80) Ich schweige nun nach dieser meiner Kunde,
Daß gutes Glück zum Leben nötig sei
Und daß, wenn nur mit Christo du im Bunde
Du kommst aus jeder schlimmen Fährnis frei.
Der, wie wir sahen, klug sich hat entwunden
Aus Todesbanden immer wieder neu,
Strahlt ruhmvoll fürder hell im Sternenlichte.
Zu Eurem Ruhm jetzt endet die Geschichte.

Wie der Bauer Campriano zwei Kaufleute prellte: Storia di Campriano contadino, a cura di Albino Zenatti, Bologna 1884, p. 26–29. – Übersetzung D. R.
Die *Storia di Campriano contadino* ist ein vermutlich um 1500 in der Toskana entstandener und aus zahlreichen Drucken bis zum Ende des 19. Jahrhunderts überlieferter Bänkelsänger-Text. Er ist in *Stanzen* abgefaßt. Lieder wie die *Storia* wurden von Geschichtensängern *(cantastorie)* auf Jahrmärkten, Volksfesten etc. vorgetragen und dazu gedruckt verkauft. Sie können also, längst bevor sie in gedruckter Form auftauchen, in mündlicher Tradition existiert haben.
In seinen »Kurtisanengesprächen« (Ragionamenti, 1533/36) beschreibt Pietro Aretino eine solche Bänkelsänger-Szene, die auch für die Popularität des *Campriano*-Stoffs spricht. Die gute Kurtisane, so die Lehrmeisterin Nanna, könne von einem guten Geschichtenerzähler lernen: »NANNA: Erinnerst du dich nicht, Pippa, wie es Zoppino macht, wenn er an seinem Stand die Geschichte von Campriano verkauft? – PIPPA: An Zoppino erinnere ich mich;

denn wenn er an seinem Stand singt, läuft alle Welt herbei, um ihm zuzuhören... – NANNA: Du weißt, Zoppino erzählte, wie Campriano seinem Esel drei Lire in kleiner Münze ins Loch gesteckt hatte und mit ihm nach Siena zog. Dort verkaufte er ihn für 100 Dukaten an zwei Kaufleute, denen er weismachte, der Esel könne Geld kacken... Er erzählte die Geschichte bis zur Hälfte; wenn er die Menge lüstern gemacht hatte, und ehe er zum Schluß kam, wollte er erst tausend Kleinigkeiten absetzen...« (II, 1).

Der Verfasser der *Storia* hat einen Stoff benutzt, der in der europäischen Märchenliteratur weit verbreitet ist – von einem lateinischen Gedicht des 11. Jahrhunderts vom Bauern *Unibos* bis hin zu H. Chr. Andersens *Der kleine und der große Klaus*. Im Mittelpunkt steht der bäuerliche Held, der mit List über die Großen triumphiert. Dabei geht es in diesem Typ des Schwanks darum, daß man jemanden übers Ohr hauen kann, indem man ihm das für wahr verkauft, wovon in alten Märchen und Geschichten die Rede ist. So wird auch ein Stück Aufklärung erzählt.

Die Schlaraffenland-Szene am Ende der Geschichte findet sich in anderen Ausformungen des Stoffes nicht. Die Jenseitsreise durch das Wasser hindurch (ein verbreitetes Märchenmotiv) wird hier zur Reise in eine »andere Welt« (*un altro mondo*, Str. 71) irdischer Genüsse. Neben den Gaumenfreuden geht es dabei vor allem um die erotischen Genüsse. Süßwaren, Feingebäck und Geflügel gehörten zum aristokratischen oder signorilen Tafelluxus (»Kapaunen und Rebhühner« sind auch bei Aretino (II, 1) das Essen der *Signori*). Auch von Kristallbechern und »aufgeschüttelten Betten« (Federbetten), Str. 73, konnte das Volk nur träumen. In Strophe 76, die von den Fastenspeisen berichtet, scheint der Erzähler hingegen nicht bei Hofe oder in einer reichen *villa*, sondern in einem lebenslustigen Kloster zu Gast gewesen zu sein.

Lit.: G. Cocchiara, 164; Märchenfassungen u.a.: Straparola, Piacevoli notti I, 3; KHM 61 (»Das Bürle«); L. Gonzenbach, Sizilianische Märchen, Leipzig 1870 Nr. 70 u. 71. Dazu R. Köhler, in: Orient und Okzident, hg. v. Th. Benfey, Bd. II, Göttingen 1864, S. 486 ff. und Bolte/Polivka, Bd. II, S. 1 ff. – AaTh 535, 1539.

5. CAPITEL, WELCHES VOM SEIN EINER NEUEN WELT ERZÄHLT, DIE IM MEER OCEANUS GEFUNDEN
(Italien, 16. Jh.)

Von neuem ward ein schönes Land gefunden
Von Seeleuten im Meer Oceanus,
Das man nie mehr gesehen, von dem man nie mehr gehört
   hat.

Sehr groß ist dieses Land und ganz eben,
Gutes Leben heißt es mit Namen
Und niemals stirbt dort der Gesunde.

Ein einziges Gebirg aus Reibekäse
Sieht man inmitten der Ebene,
Auf seinem Gipfel trägt es einen Kessel.

Hoch ist dieser Berg und weithin zu sehen,
Der Kessel hängt an vielen großen Seilwinden,
Eine Meile die Breite mißt er im Innern.

(5) Er siedet beständig und kocht Makkaroni
Und wenn sie gekocht sind, wirft er sie aus,
Und den Berg hinab werden sie eingerollt,

Damit sie sich von allen Seiten mit Käse überziehen,
Stellt euch das vor, hinunter die Reise bis zum Fuße des
 Berges! –
Da gibt es ein großes Haus voller Gabeln.

Das ganze Land eilt zum Fuße des Berges,
Ein jeder ißt und nimmt noch mit, soviel er mag
Und die Quellen sind dazu voll von gutem Wein.

Eine Pflanze, die Kuchen trägt
Wächst auch an jenem Ort, ich sage euch: schönes Gebäck,
Hell und dunkel, von jeder Sorte und gut.

Ein Fluß von Milch entströmt einer Grotte,
Der fließt mitten durch das Land
Und seine Ufer sind aus Quark gemacht.

(10) O wie süß ist das Leben, wie gut der Aufenthalt!
Die Sachen wachsen da ohne Mühe
Und stehen immer, jeden Monat, zur Verfügung.

Stets reif sind dort Trauben und Feigen,
Die Melonen sind groß wie die Krüge
Und wie gut sie sind, mag dir schon ihre Farbe sagen.

Und Wälder gibt es da, mit Bäumen,
Die Rebhühner als Früchte tragen und
Gebratene Kapaunen, alle auserlesen gut und schön.

Dort braucht man nicht Röcke noch Jacken,
Nicht Hemden noch Hosen zu irgend einer Zeit,
Nackt gehen alle, die Mädchen und die Burschen.

Dort ist es zu keiner Zeit heiß oder kalt,
Man sieht sich und bleibt solange man will,
O welch glückliches Leben, o welch schöne Zeit!

(15) Den Anstand, welchen man bei uns hochhält,
So daß man sich viel Gutes versagt, den halten sie
Für Verrücktheit dort, das ist alles Narrenzeug.

Jeder ist jung, es gibt kein Alter dort,
Und also jung lebt jeder tausend Jahre
Und dann stirbt man im Schlaf, o welche Lust!

Keine Krankheiten gibt es dort, keine Schmerzen und
   Leiden,
Jeder lebt heiter und ohne Grillen,
Genießt die Stunden, die Tage, die Monate, die Jahre.

Jeder hat, was er will für einen jeden Weg
Und wenn einer je ans Arbeiten dächte
Würden sie ihn aufhängen und der Himmel würde ihn nicht
   retten.

Ein wahrer Tor wäre auch, wer sich abmühte,
Sind doch die Böschungen aus Lagen von Weißbrot,
Mit Kuchen gefüllt die Kästen.

(20) Und mit Fleisch und Käse die Säcke.
Von selber entstehen alle diese guten Sachen
Und die Esel bindet man mit Würsten an.

Nichts anderes als Liebesdinge treibt man dort,
Niemand hat andere Gedanken im Kopf –
Und Tanzen und Singen und Musizieren und ähnliches mehr.

Der König des Orts trägt den Namen Bugalosso,
Weil er der größte Faulenzer ist, hat man ihn zum König
   gemacht,
Er ist groß und dick wie ein Strohschober.

Wohlgenährt und fett ist er, daß er freiwillig
Sich nie bewegen mag, das ist ihm lästig,
Und von Anstrengung will er nichts hören.

Seinem Arsch entströmt Manna
Und wenn er spuckt, spuckt er Marzipan
Und anstelle der Läuse hat er Fische auf dem Kopf.

(25) Dort gibt es keine Bauern und keine Landleute,
Ein jeder ist reich, ein jeder hat, was er will,
Denn gesegnet mit Gütern sind die Ebenen.

Wenn man schlafen will – das ist kein närrisches Zeug! –
So gibt es da Büsche, die tragen Bettücher als Laub,
Als Rinde Federkissen, soviel man nur will.

Dort ist es einem nicht leid, viele Söhne zu haben,
Die man versorgen muß, wie das hier bei uns ist,
Denn wenn es regnet, regnet es Ravioli.

Und wie man die Töchter einmal verheiratet,
Darüber macht man sich keine Sorge, denn man wird sich
   um sie reißen,
Ein jeder befriedigt sein Verlangen.

Die Häuser sind ganz aus feinem Gold gemacht;
Das Gold ist nichts wert, denn in jener Gegend
Ist es nicht möglich, irgendetwas zu kaufen.

(30) Die Felder sind nicht geteilt und nicht die Ländereien,
Denn an Gütern herrscht allerorten Überfluß,
So ist das Land ganz in Freiheit.

O welch vergnügtes Volk, welch schönes Leben!
Man macht sich um nichts anderes Sorgen
Als zu schönen Liebhaberinnen zu kommen.

Sonne und Mond gehen dort nie unter,
Es gibt keine Nacht, immer ist es heller Tag,
Und nicht Zank und nicht Streit gibt es dort.

O welch schöner Ort, o welch herrliches Land!
Wie töricht, noch länger hier bei uns zu weilen.
Ich möchte, daß wir in die Gegend um jenen schönen Berg ziehen.

Wer dorthin gehen will, dem will ich den Weg sagen:
Er möge sich im Mamelukkenhafen einschiffen
Und dann über das Lügenmeer segeln,

Und wer dort ankommt, ist König über jeden Narren.

Capitel, welches vom Sein einer neuen Welt erzählt, die im Meer Oceanus gefunden: Capitolo qual narra l'essere di un mondo novo trovato nel Mar Oceano. In: P. Camporesi, La maschera di Bertoldo, G. C. Croce e la letteratura carnevalesca, Torino 1976, p. 309-11. – Übersetzung D. R.
Mit Titel und Anfangsstrophe schließt dieses (in Terzinen abgefaßte) italienische Lied aus dem 16. Jahrhundert an die im Zeitalter der überseeischen Entdeckungen zahlreich umlaufenden Berichte von fremden Ländern im Westen an. Die Beschreibung greift die alten Elemente der *Cuccagna*-Darstellung auf (der Käseberg, Str. 3–5, kommt aus Boccaccio, Decamerone VIII,3 und findet sich ebenso in den populären Drucken) und akzentuiert sie mit eher reflektiert wirkenden Momenten wie sie einem politischen Diskurs entnommen sein könnten (vgl. Str. 30).
Lit.: C. Ginzburg, Der Käse und die Würmer, Die Welt eines Müllers um 1600, Frankfurt 1979, S. 121–23.

6. EIN ABENTHEURISCH LIED IN DEM ROTEN ZWINGER THON VON DEM SCHLAURAFFENLANDE, SELTZAM SCHWENCK, LUSTIG ZU HÖREN.
(Fliegendes Blatt, 16. Jh.)

(1) In disem Land kan jch nymmer bleyben,
Meyn lange Zeyt und Weil also vertreiben,
Nach einem andern Land so will jch stellen.
Ich weyß ein Land, das thu jch euch bekante,
Schlauraffen Land also ist es genante,
Darzu so hör auch hie doch wer da wölle.
Das Land das ist gebauet schön,
Die Heuser sind gedeckt mit Eyrenfladen[1],
Die Maur und auch die Wend daran,
Letzelten[2] sind die Thür und auch die Laden,
Groß Trem[3] dardurch gezogen
Auß Schweynenpraten gmacht,
Gar wol durchflacht,
Ist war und nicht erlogen,
Darnach stell jch Tag unde Nacht.

(2) Ein yedes Hauß das hat sein eigen Prunne,
Darein so scheynt gar lustigklich die Sunne,
Darauß man schöpfft nichts denn guten Malwasiere.[4]
Durch yede Gaß so thut ein Bach her fliesse,
Das ist der allerbeste Weyn so süsse,
Wie einer wil nach seines Hertzen Giere.
Ein yedes Hauß ein Garthen hat,
Darinn wachsen Strauben und bachen Schnitten[5],
Allerley Frücht darynnen stat,
Das Eyer im Schmaltz thut man von Baumen schneydten.
Umb den Garthen ein Zaune,
Der ist durchflochten gar,
Nempt eben war,
Mit Pratwürsten so praune,
Das sing jch euch hie offenbar.

(3) Noch sing jch eyns, daran wil jch nit liegen[6],
Die Vögel, die in demselben Land fliegen,
Die sind geleych nach allem Wunsch gepraten.

Welchers nit fahen[7] wolt unnd wer so faule,
Dem fliegen sie also gepraten ins Maule,
Wenn ers begert, es sey frü oder spate.
Drey grosse See im Lande auch seind,
Darynn gehen Visch gepraten mancherleye,
Gesotten, gebachen wie jhr wend,
Buchen, Hechten, Karpffen und auch die Schleye,
Und lassen sich gern fahen[7],
Wenn sie geend zu dem Gstadt[8],
Auch also drat[9],
Damit sich die Visch her machen,
Ein yeder Mensch die Wal do hat.

(4) Wenn in demselben Land ist Ungewiter,
Und das es auß dem Himel regnet nider,
Es regnet nichts dann guten Milichrame.
Wenn es denn schauert[10] zu denselben Zeyten,
Gegen dem Wetter darff man auch nicht leuten[11],
Es schauert Zuckererbeis[12] da mit Name.
Das Land ist aller Reichtum vol
Und wer dreyn kumpt, dem mag nit[13] misselinge,
Er mag auch allzeit leben wol,
Frü unde spat und seyn auch gutter Dinge.
Es ist gut Gelt gewinne
Wol in dem selben Landt,
Mercket zu handt,
Welcher praucht Witz und Sinne[14],
Mit Singen thu jchs euch bekandt.

(5) Wer gerne trinckt und wirt vol auß der Massen,
Also das er das Speien nit mag lassen,
Demselben gilt es gar ein guten Lone.
Und wer fast[15] speyt vom Trincken und vom Essen,
Dem selben thut mans also köstlich messen,
Eyn Löffel vol der gilt jhm zehen Krone.
Wer einer, der fast[15] schlaffen thet,
Dem selben lonet man wol nach der Stunde:
Als manig Stund er leyt im Beth,
Also offt geyt man jme manig Pfunde.
Und wer sich dann thut fleyssen[16],
Zwey Pfund jch jm denn verheyß

Von eynem Scheyß;
Thut er ins Beth gar scheyssen,
Man lont jm zwey darfür, ich weyß.

(6) Wer gern spilt, der mag sich dahin wol fügen,
Welcher auch gar meisterlich wol kan liegen[6],
Und einer der auch Bulschafft da will pflegen.
Demselben leyt es doch nymmer so harte[17],
Welcher verspilt auff Würffel und auff Karte,
Drey mal so vil thut man jm wider geben.
Und welcher weidlich liegen[6] kan,
Von einer Lüg so gibt man jm ein Gulde,
Es seyen Frauen oder Man,
Jung oder alt, yederman ist jm holde.
Welcher pflegt Bulereye[18],
Das er wol bey der Zeyt
Bey Frauen leyt,
Derselbig lebt gar freye,
Niemandt tregt jm keyn Haß und Neyd.

(7) Wenn einer leyt bey einem schönen Weybe,
Wol zwentzig Gulden thut man jhm zu schreybe,
Ist sie denn alt, zwifach muß man jms zale,
Von eyner Junckfrau ist der Lon vierfache,
Des mag ein yeder jm selbs gar wol lache,
Und das man jm auch gibt also die Wale.
Nun habt jr mich verstanden wol,
Des Landes Sit und wie mans hat in Achte,
Die Warheyt sing jch unverhol[19],
Das Land leit drey Meil hinder den Weynnachte,
Man muß durch Schne und Eyse,
Dem der Weg wirt bekandt,
Zur lincken Handt
Nahent beym Paradeyse,
Daselben leyt Schlauraffenland.

Worterklärungen: 1 Eierfladen – 2 Lebkuchen – 3 Balken – 4 Malvasier (Malmasiere, Druck) – 5 Strauben (in Süddeutschland eine süße Mehlspeise) und gebackene Schnitten – 6 lügen – 7 fangen – 8 Gestade – 9 behend – 10 schauert, hagelt – 11 gegen das Gewitter braucht man nicht zur Abwehr die Glocken zu läuten – 12 Zuckererbsen – 13 nichts – 14 wer Sinn und Verstand zu gebrauchen versteht – 15 fest – 16 befleißigen – 17 denjenigen trifft es überhaupt nicht hart – 18 Buhlerei, Liebesdinge – 19 unverhohlen

Ein abentheurisch Lied in dem Roten Zwinger Thon...: Fliegendes Blatt mit Titelholzschnitt *Gedruckt zu Nürmberg durch Kunegund Hergotin.* Wiedergabe nach: O. Clemen, Das Lied von dem Schlaraffenland im roten Zwingerton, Zwickau 1912 (= Zwickauer Faksimiledrucke, 14). Der besseren Lesbarkeit halber habe ich lediglich Initialen, Groß-/Kleinschreibung, Komposita, u- und o-Umlautschreibung sowie v/u und au/aw ausgeglichen und die Interpunktion verändert.

Das Meisterlied in der Melodie des Zwinger ist vermutlich zwischen 1527 und 1538 gedruckt worden (Bolte, S. 188). Wie bei dem Lindenschmidt-Lied (Nr. 7) ist die Frage des quellenmäßigen Zusammenhangs mit Hans Sachs' 1530 entstandenen Gedicht *Das Schlauraffen Landt* ungeklärt. *Drei Meilen hinter Weihnachten* lokalisieren beide das Wunschland, der Nürnberger Druck nennt dazu *Schnee und Eis* als Barriere, Hans Sachs hingegen den *Berg aus Hirsebrei.* Die moralisierende Tendenz des Sachs'schen Gedichts ist dem Lied im Zwingerton fremd; die (männlichen) erotischen Freizügigkeiten sind breiter ausgesponnen, die Grobianismen deutlich. Schlaraffenland erscheint als Land der Tölpel, Flegel und Buhler.

Lit.: F. Zarncke, S. 455; J. Bolte, S. 187 ff.; E. Ackermann, S. 91 f. u. 173 ff.

7. EIN SCHÖNS NEW GEBACHENS UND WOLGESCHMACKES HONIGSÜSSES LIEDE VON DEM ALLER BESTEN LANDT SO AUFF ERDEN LIGT
(Fliegendes Blatt, 17. Jh.)

Ein schöns new gebachens[1] vnd wolgeschmackes Honigsüsses Liede, von dem aller besten Landt, so auff Erden ligt, Allen denen, die gnäschig, leckerhafftig, faul vnd gefressig, vnd zu der Arbeyt nachlässig, das man solche Personen jung vnd alt, alßbald in das Landt weysen thu, darinnen da haben sie gutte rhu. Jm Lindenschmids thon.

> Ein Landt das ist mir wol bekandt,
> Das wirdt genandt Schlauraffen Landt,
> Jn gantzer Welt nicht seines gleich,
> Darinn werden die Armen reich.
> Das Landt ist auß der massen gut,
> Wie dises Lied anzeygen thut.
> Vom schlaffen[2] gibt man guten lohn,

Wer nur dasselb verrichten kan,
Der mach sich nur gar bald hinein.
Welcher auch geren jung wolt sein,
Darinn hat es ein warmes Bad,
Das macht die Leüt schön jung vnd grad.
Das Landt hat Märckt vnd Freyheit vil,
Der sein alts Weyb nicht haben will,
Mags verdauschn vmb ein junge fein,
Man gibt jhm auff vnd zalt jm Wein.

(1) NVn höret zu und schweyget still
   vnd höret, was ich euch sagen will
   von einem gutten Lande:
   So blyb mancher daheimen nicht,
   Wann jm das wer bekande.

(2) Der weg der ist auch zimblich weyt,
   junge Kinder vnnd alte Leut
   mögen dahin nicht kommen:
   Jm Winter ist es jn zu kalt,
   vnnd auch zu haiß im Sommer.

(3) Die gegendt haist Schlauraffenlandt,
   ist faulen Leuten wol bekandt,
   redt ich ohn allen schaden:
   Darinn seind die Häuser gedeckt
   mit eytel gutt Eyrfladen.

(4) Welliche Mayd oder Gesell
   des Landes art erfaren wöll,
   mag sich dahin verfügen:
   Wann man die Dächer brichet ab
   hat er Fladen sein gnügen.

(5) Thür vnd Wänd, das gantze Hauß
   ist gut Letzelten[3] vberauß,
   Die Träm[4] von Schweinen Braten:
   Kaufft einer dort ein Pfenning werth,
   hie gilts einen Ducaten.

(6) Wolauff jr Kinder allgemein,
    ziecht alle in das Land hinein
    zu den Letzeltenhauffen:
    Dort habt jhr sein vmb sunst genug,
    hie müst jr den theur kauffen.

(7) Vmb jedes Hauß da ist ein Zaun,
    geflochten mit Bratwürsten braun,
    rösch braten frisch gesotten:
    Es mag sie essen, wer da will,
    seind niemandt nicht verbotten.

(8) All Brunnen vol Maluasier da sein,
    rinnen eim selbs ins Maul hinein,
    vnnd andere süsse Weine:
    Wer sie dann geren trincken thut,
    der mach sich bald hineine.

(9) Auff den Bäumen die Semel[5] stehn,
    darunder Bäch mit Millich gehn,
    fallen in bach herabe:
    Vnd waichen sie fein selber ein,
    das jeder zu essen habe.

(10) Weyb vnd Kinder, die Mayd vnd Knecht
     seind inn das Landt gar eben recht,
     wollauf Gredel vnnd Steffel:
     Macht euch zu dem Milchbach hinein,
     mit einem grossen Löffel.

(11) Die Visch wol auff dem wasser gohn,
     gebachen vnnd gesotten schon
     bey dem gestatt[6] gar nahen:
     Vnnd gehn auch auff das Landt herauß,
     lassen sich geren fahen.

(12) Auch fliegen vmb, möcht jhr gelauben,
     gebraten Vögel, Gänß vnd Tauben
     vnnd wer da ist so faule:
     Der dieselben wolt fahen[7] nit,
     dem fliegen sie selbst ins maule.

(13) Die Säw⁸ all Jar gar wol gerathen,
 lauffen vmb vnnd seind gebraten,
 tragen Messer im rucke:
 Damit keiner gesaumet werd,
 das jeder schneyd ein stucke.

(14) Die Kaß⁹ die wachssen wie die Stein,
 vnd wachssen im Landt groß vnnd klein,
 die mag ein jeder klauben:
 Die stain seind auch zu essen gut
 seind lautter Krapffen vnd Tauben.

(15) Fellt im Winter ein Wetter ein,
 so regnets lauter Honig fein,
 alle die geren schlecken:
 Die lauffen in das Landt hinein,
 da haben sie zu lecken.

(16) Jm Winter wann es schneyen thut,
 so schneyt es lauter Zucker gut,
 gut Feygen vnd gut Mandel:
 Vnd wer sie geren essen thut,
 hat da ein gutten handel.

(17) Wer Ross hat ist ein reicher Mayr[10],
 sie legen große Körb vol Ayr,
 mannichen grossen hauffen:
 Tausent seind eins pfennings wert,
 noch will sie nyemandt kauffen.

(18) Allerley Gelt wol nach dem besten,
 wächst auff den Bäumen wie die Kästen,
 jeder mag herab lassen:
 Das beste mag er suchen auß,
 das ander ligen lassen.

(19) Es hat grosse Wäld in dem Land,
 darinnen wächst das best Gewandt,
 Röck, Mäntel vnd gut Schauben:[11]
 Wammes, Hosen seind auch darbey,
 mag er die wahl drauß klauben.

(20) Wer will haben ein newes Kleydt,
es sey schwartz grün blaw oder rodt,
der gehe nur in das Holtze:
Da wirfft ers mit eim stain herab,
oder scheüsts mit eim Boltze.

(21) Darzu wächst auff der wilden Heyden
Damascht, Sammat vnnd gnäde Seyden[12],
darzu gut Englisch Tuche:
Auff den Stauden da wachssen auch
Hüt, Stiffel vnnd gut Schuche.[13]

(22) Das Landt hat Märck[13a] vnd Freyheit vil,
welcher sein Weyb nicht haben will,
mag sie verdauschen eben:
Man gibt jhm ein Junge darfür
vnd gibt jm auff darneben.[14]

(23) Das Land hat auch ein gutte gnad,
darinn hat es ein warmes Bad,
das ist von grosser kraffte:
Allte Leut, die baden darinn,
werden gleich jung geschaffen.

(24) Welcher ein altes Weybe hat,
der schick sie auch mit in das Bad,
sie badet kaum drey tage:
So wird darauß ein junges Dirnlein,
ungefehr bey achtzehen Jaren.

(25) Jm Land da hat man kurtzweyl vil,
wann man will schiessen nach dem zill,
der gar kein schuß hat troffen:
Der kompt zu stechen wol vmb das best,
ist nye lehr außgeloffen.[15]

(26) Der aller weytest von dem zill,
der gwind das best; hie seind jr vil,
die weyt neben außschiessen:
Zügen sie inn das Land hinein,
da wurdens sies geniessen.[16]

(27) Jm Landt ist Gelt zu gwinnen gut,
 sonderlich der vil Schlaffen thut
 hat von der stundt[17] ein Batzen:
 Der mag sein Gelt schlaffen[18] gewinnen,
 hie muß er hart drumb kratzen.

(28) Ein jeder Furtz ein Daler gilt,
 vnnd wellicher sein Gelt verspilt,
 jr Spyler merckents eben:
 So gar an guttem Teutschen Gelt
 thut man jms wider geben.

(29) Welliche grosse Trincker sein
 haben vmbsunst den besten Wein,
 darzu ein gutten lohne:
 Von jedem Trunck drey Batzen bar[19],
 man gibts Frawen vnd Mannen.

(30) Vnd wer die Leüt wol fatzen[20] kan,
 der hat ein Gulden par [20a] daruon,
 man darff vmb sunst nichts thone.[21]
 Vnd der ein grosse Lügen thut,
 der hat allmal ein Kronen.

(31) Hie leügt[22] mannicher vil vmb sunst,
 dort helt mans für die beste kunst.
 All die wol können liegen:[23]
 Procurator vnnd Roßtauscher gut
 thun in das Land wol fügen.[24]

(32) Wer dort will sein ein glehrter Mann,
 muß gstudiert haben Grobian,
 schmal warheit auch darbeye.
 Faul vnd gefressig muß er sein,
 seind schöner Künsten dreye.

(33) Darneben hüt sich jederman,
 muß alles guts hie müssig stahn[25],
 wer was guts brauchen wolte:
 Der wirdt veracht von jederman,
 kein Mensch ist jm nicht holde.

(34) Wer geren arbeyt mit der Hand,
dem verbeut man das ganzte Landt;
vnnd der nichts guts will lehren:²⁶
Der das böst²⁷ thut vnd last das gut,
den helt man hoch in ehren.

(35) Wer dölpisch ist vnnd gar nichts kan,
der ist im Landt ein Edelman,
vnd der nichts kan als schlaffen,
Essen, trincken, tantzen vnd spilen,
den macht man bald zum Graffen.

(36) Wer der aller feülst²⁸ wirdt erkandt
ist König vber das gantze Land,
er hat ein groß einkommen:
Des Landes art vnd eygenschafft
habt jr also vernommen.

(37) Der sich will machen auff die Raiß
vnnd der selber den Weg nicht waiß,
der mag ein Blinden fragen:
Ein Stumm der ist jm auch gut darzu,
thut jm nicht vnrecht sagen.

Worterklärungen: 1 neu gebackenes – 2 schlafen – 3 Lebkuchen – 4 Balken – 5 Semmeln – 6 Gestade – 7 fangen – 8 Säue – 9 Käse – 10 Meier – 11 Schaube (Obergewand) – 12 Damast, Samt und genähte Seide – 13 Schuhe – 13a Märkte – 14 und gibt ihm noch dazu – 15 der kommt am besten zu stehen, ist nie leer ausgegangen – 16 daraus würden sie Nutzen ziehen – 17 für die Stunde – 18 schlafend – 19 yar (Druck) – 20 foppen, necken – 20a bar – 21 tun – 22 lügt – 23 lügen – 24 passen – 25 muß sich hier alles Gutseins enthalten – 26 lernen – 27 das Böseste (best, Druck) – 28 der Allerfaulste.
Ein schöns new gebachens vnd wolgeschmackes Honigsüsses Liede...: Fliegendes Blatt ohne Angabe von Druckort und Erscheinungsjahr, Staatsbibliothek Berlin, Ye 481. – Wiedergabe nach diesem Druck (Zur Textgestalt vgl. zu Nr. 6)
Das Lied *jm Lindenschmids thon* (= Melodie) ist, in abweichender Form, auch in einem Basler Druck von 1611 überliefert; daneben berührt es sich sehr stark mit Hans Sachs Gedicht *Das Schlauraffen Landt* von 1530. Unentschieden ist die Frage, ob das Lindenschmid-Lied auf dieses Gedicht als Quelle zurückgeht oder ob umgekehrt Hans Sachs vielleicht das Lindenschmid-Lied als Quelle benutzt hat. Denn es muß, obgleich im Druck erst aus dem frühen 17. Jahrhundert überliefert, doch wesentlich älter sein (in Str. 20 hat *Kleydt* offen-

sichtlich ein älteres Reimwort ersetzt; in Str. 30 gehört mhd. *dar van* in den Reim und in Str. 34 ist durch die Verschreibung *das best* statt *das böst* schon der Sinn verloren gegangen.) Das Lied stammt, wie das Vokabular (*letzelten, fatzen* etc.) zeigt, aus dem oberdeutschen Sprachraum. Besonders bekannt wurde es durch die Prosabearbeitung in Ludwig Bechsteins *Deutschem Märchenbuch* (1845) mit den Bildern von Ludwig Richter.

Lit.: M. Haupt/H. Hoffmann, Altdeutsche Blätter, Bd. I, Leipzig 1836, S. 186 ff.; E. Ackermann, S. 93 und 175 ff.; L. Röhrich/R. W. Brednich, Deutsche Volkslieder, Bd. II, Düsseldorf 1967, S. 488–94. – F. M. Böhme, Altdeutsches Liederbuch, Leipzig 1877, Nr. 278a; Erk/Böhme, Deutscher Liederhort, Nr. 1096 (die Fassung des Basler Drucks von 1611). – Hans Sachs, Sämtliche Fabeln und Schwänke, hg. v. E. Goetze, Bd. I, Halle 1893, Nr. 4; A. L. Stiefel, Über die Quellen der Fabeln, Märchen und Schwänke des Hans Sachs, in: Hans-Sachs-Forschungen, Nürnberg 1894, S. 37 ff.

8. WIE PANTAGRUEL BEIM WOHNSITZ HERRN GASTERS, DES ERSTEN MEISTERS ALLER KÜNSTE LANDETE
(François Rabelais, 1552)

Während einer Schiffsreise zum Orakel der Dive Bouteille *landen Pantagruel und seine Gefährten auf einer Insel, die auf den ersten Blick rauh, steinig und unfruchtbar erscheint; in ihrer Mitte erhebt sich ein schier unzugänglicher Berg, der die Form eines Pfifferlings hat:*

Aber als wir nicht ohne große Mühe und vielen Schweiß die Höhe erklommen hatten, fanden wir es oben so anmutig, so fruchtbar, gesund und entzückend schön, daß wir im wahrhaftigen irdischen Paradies zu sein glaubten, über dessen Lage die guten Gottesgelehrten sich den Kopf so sehr zerbrechen und einander in den Haaren liegen. Pantagruel indessen behauptete – besserer Kenntnis unbeschadet –, es sei der Wohnsitz Aretas, das heißt der Tugend, ganz wie Hesiod ihn beschrieben habe. Herrscher dieser Insel war Herr Gaster[1], der erste Meister aller Künste dieser Welt. Denn wenn ihr glaubt, der große Meister aller Künste sei, wie Cicero sagt, das Feuer, so irrt ihr und habt unrecht. Cicero glaubte das selbst nicht. Und wenn ihr wie ehemals unsere alten Druiden Merkur für den Erfinder der Künste haltet, so schließt ihr ebenso fehl. Einzig und allein wahr ist, was der Sa-

Der König von Schlauraffen Landt.
Kupferstich, um 1650 – Bildersaal D 5

Wer da hin komt bey seinen sagen,   Diß Land ist gutt für manchen Bruder
Der kan vnd mag von glück wohl sagen Der frist vnd sauft, vnd ligt im Luder

Die Lust Koche gar
Schmeckt wol fürwar
Käm es auch an mich
Ohne sorg Wäre Ich.

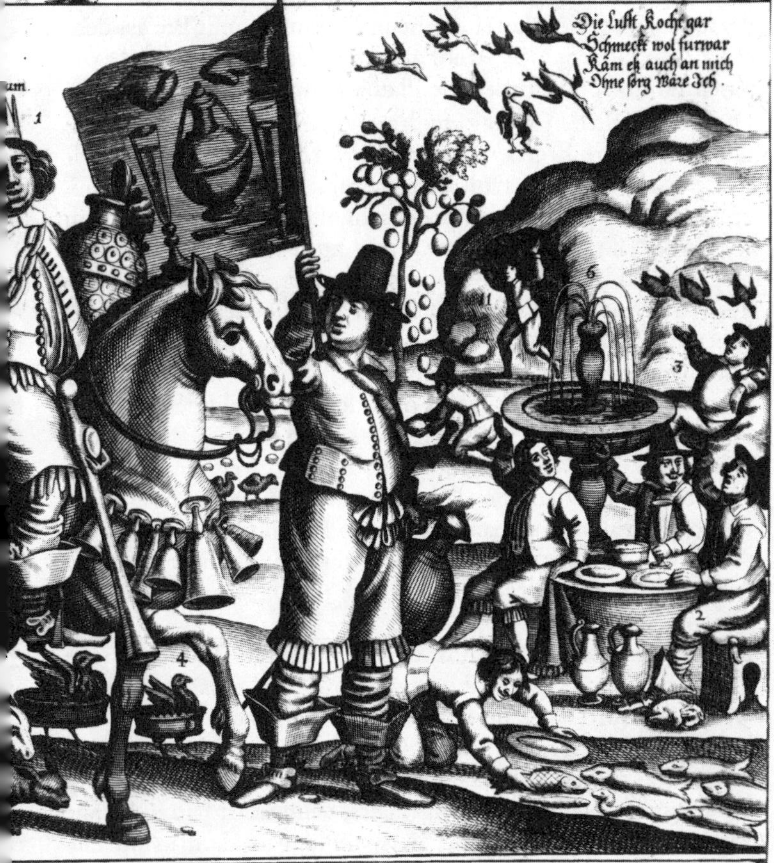

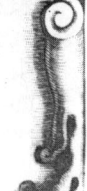

Pasteten, Ochsen, Schaff vnd Schwein,
Die lauffen von sich selbst herein.
Alles gekocht vnd wohlbereitt,
Wovon man gelüst, kan man von schneidt
daselbst Bringt auch ein Schön Fontein
vom besten Weissen. Vnd rothen Wein.
Diß Landt hatt auch in sich die arth,
Daß man nur cehrt, vnd gantz nichts spart
Daselbst mawret man die heuser mit fladen
Die Tächer mit Pfannen kuchen Vberladen.

Die Gärten sind gediehret recht
8. Die Zeune mit bratwurst auffgeflecht
9. Die Beume tragen frucht von allerhandt
   Bleibt alledeit reiff. Vnd gar im Land
10. Es munket auch hier des König Pferdt
    Vberflüßig geld, drumb ists nicht werth
    In Summa Da ist abundanz.
11. Freẅ dich Bruder dieses Lands
    Da du Wohnen Wehr Wohl mein Sin,
    Wen ich nur kommen könt dahin.

tiriker² sagt, der Gaster den Meister aller Künste nennt. Einträchtig lebte mit ihm die gute Dame Penia, auch Not oder Notdurft genannt, die Mutter der neun Musen, die mit Porus, dem Herrn des Überflusses, Amor zeugte, das edle Mittlerkind zwischen Himmel und Erde, wie Platon es im *Symposion* bezeugt. Diesen ritterlichen König mußten wir zwangsläufig begrüßen und ihm unsere Ergebenheit und Ehrfurcht bekunden; denn er ist herrisch, anspruchsvoll, streng, rund, hart, eigenwillig und unbeugsam. Vergeblich würde es sein, ihm etwas vorgaukeln zu wollen; er läßt sich weder etwas aus- noch einreden. Ja, er hört nicht einmal hin. Wie die Ägypter von Harpokrates, dem Gott des Schweigens, behaupteten, daß er mundlos sei, so ist Gaster ohrenlos, ähnlich dem Jupiterbild auf Kandia, das auch keine Ohren hatte. Er spricht nur durch Zeichen. Aber diesen Zeichen gehorcht alle Welt hurtiger als irgendeinem Befehl der Prätoren oder einem Gebot der Könige. Ihr sagt, daß beim Brüllen des Löwen alle Tiere in der Runde, das heißt, so weit seine Stimme zu hören ist, erzittern. So steht es geschrieben, und so ist es auch, wie ich selbst gesehen habe. Aber von Herrn Gasters Befehlen, das schwöre ich euch, erzittert der Himmel und erbebt die ganze Erde. Sein Machtwort lautet: »Gleich tu, was du sollst, oder – stirb.«
Der Steuermann erzählte uns, es hätte sich eines Tags das ganze Volk der Somaten³ gegen ihn verschworen und zusammengerottet wie in Äsops Fabel die Glieder wider den Bauch, um sich seiner Herrschaft zu entledigen. Aber gar bald wären sie zu besserer Einsicht gekommen, hätten ihren Schritt bereut und wären demütig unter sein Joch zurückgekehrt; denn sonst hätten sie alle verhungern müssen. In keiner Versammlung macht man ihm den Vorrang und Vortritt streitig; er geht Königen und Kaisern, ja selbst dem Papst voran. Beim Konzil zu Basel, wo doch wahrlich allerlei Ansprüche erhoben wurden und man sich wegen der Rangordnung recht tapfer herumbiß, ließ man ihm ohne weiteres den Vortritt. Alles arbeitet und schafft in seinem Auftrag. Zum Lohn dafür erweist er der Welt die Wohltat, daß er ihr alle Künste, alle Maschinen, alle Handwerke, Werkzeuge und Fertigkeiten des Lebens erfindet. Ja, selbst die wilden Tiere lehrt er Künste, welche die Natur ihnen vorenthalten hat. Die Raben, Häher, Papageien, Stare macht er zu Poeten, die Elstern zu Poetinnen und lehrt sie sich in menschlicher Sprache ausdrücken, reden und singen. Und alles fürs Bäuchlein! Die Adler, Geier,

Falken, Weihen, Bussarde, Habichte, Sperber, Merline, die Wasser-, Zug-, Strich- und Raubvögel gewöhnt er an menschliche Wohnungen und zähmt sie, daß sie sich unter freiem Himmel emporschwingen, so hoch er will, dort verweilen, kreisen, fliegen, schweben, spähen, ihm schmeicheln und ihn bis über die Wolken erheben, bis sie sich auf seinen Wink hin plötzlich wieder zur Erde herabstürzen. Und alles fürs Bäuchlein! Die Elefanten, Löwen, Rhinozerosse, Bären, Pferde, Hunde läßt er tanzen, hüpfen, springen, kämpfen, schwimmen, sich verstecken, apportieren, wegtragen, was er will. Und alles fürs Bäuchlein! Die Seefische, Flußfische, Wale und Meerungeheuer läßt er aus der Tiefe heraufsteigen, jagt die Wölfe aus den Wäldern, die Bären aus den Höhlen, die Füchse aus den Bauen und scheucht die Schlangen aus ihren Erdritzen empor. Und alles fürs Bäuchlein! Kurz, so über alle Begriffe gewaltig ist er, daß er, wenn er wütend wird, Tiere und Menschen und was es sonst ist verschlingt, wie man das in den Sertorianischen Kriegen bei den Vaskonen[4] gesehen hat, als Q. Metellus sie belagerte, oder bei den Saguntern, als sie von Hannibal, oder bei den Juden, als sie von den Römern belagert wurden, wie in noch sechshundert anderen Fällen. Und alles fürs Bäuchlein!

Wenn Penia, seine Verwalterin, sich auf die Wanderung begibt, werden überall, wohin sie kommt, die Gerichtshöfe geschlossen; alle Gesetzgebung schweigt, alle Befehle sind wirkungslos. Niemand beugt sich dem Gesetz, es herrscht ein allgemeiner Ausnahmezustand. Nach allen Seiten hin sucht jeder ihr zu entfliehen und setzt sich lieber auf dem Meer der Gefahr des Schiffbruchs aus, trotzt lieber den Feuersflammen, klimmt lieber über Berge und Abgründe, als daß er sich von ihr ereilen ließe...

Als wir so die Mienen und Gebärden dieser großmäuligen Gastrolater mit einiger Verwunderung betrachteten, hörten wir mit einemmal einen lauten Glockenschlag; sogleich traten alle, als ob's zur Schlacht ginge, nach Amt, Stand und Alter in Reih und Glied. In dieser Ordnung zogen sie vor Herrn Gaster, voran ein junger, dicker, feister Schmerbauch, der auf einer langen, schön vergoldeten Stange eine schlecht geschnitzte und unbeholfen bemalte Holzpuppe trug, etwa wie Plautus, Juvenal und Pomp. Festus sie uns beschrieben haben. In Lyon beim Karneval heißt sie Krustefraß, hier nannten sie sie Manducus[5]. Es war eine ungestalte, lächerliche, häßliche Fratze, wie um Kindern Furcht einzujagen, mit Augen, größer als der Bauch, und einem Kopf, größer als der ganze Körper, mit schrecklich großen und breiten Kinnladen, die oben und unten mit mächtigen Zähnen bewaffnet waren und die man mittels einer Schnur, welche verborgen in der Stange lief, schauerlich aufeinanderklappen ließ, wie man es in Metz mit dem Drachen des heiligen Klemens macht. Als die Gastrolater näher kamen, da sah ich, daß ihnen ein langer Zug stämmiger Knechte, mit Körben, Kiepen, Ballen, Säcken, Töpfen und Kesseln beladen, folgte. Manducus immer voran, sangen sie verschiedene Dityramben, Trinklieder und Lobgesänge, und darauf, ihre Körbe und Kessel aufdeckend, reichten sie ihrem Gott weißen Hippokras, dazu geröstete Schnittchen von

Weißbrot,
Milchbrot,
Kuchenbrot,
Hausbrot,
sechserlei Karbonaden,
Koteletten,
kalte gebratene Kalbsniere,
  mit Ingwer bestreut,
Mehlklößchen,

Kalbsgeschlinge,
neunerlei Frikassees,
kleine Pasteten,
grüne Suppen,
Lyoneser Suppen,
Wurzelsuppen,
Kohl, mit Rindermark gefüllt,
Ragouts,
Würzfleisch.

Dazwischen fortwährend Getränke: zuerst guten, schlichten Weißwein, dann Klaret und kühlen Rosée, kalt wie Eis, in großen silbernen Schalen. Hierauf

Würste, mit feinem Senf
  aufgezäumt
Blutwürste,
Weißwürste,
Zervelatwürste,
geräucherte Ochsenzungen,
Schinken,
Salzfleisch,

Wildschweinsköpfe,
gesalzenes Wildbret mit
  Rübchen,
Schweinsknöchel mit Erbsen,
Rouladen,
Fleischklößchen
  und
Oliven in Öl.

Und zwischendurch immer wieder Getränke. Darauf schoben sie ihm ins Maul

Hammelkeule mit Knob-
  lauchbrühe,

Störche und Störchlein,
Schnepfen und Bekassinen,

Pasteten mit warmer Soße,
Schweinslenden mit
   Zwiebelüberguß,
gebratene Kapaune in
   eigenem Saft,
Doppelkapaune,
Gemsen,
Ziegen,
Damhirsche und Kälber,
Hasen und Häschen,
Rebhühner, Schneehühner
   und -hühnchen,
Fasane und Fasänchen,
Pfauen und Pfauchen,
Wildenten mit Porree,
Ricken und Rehböcke,
Lammschlegel mit Kapern,
Beefsteaks,
Kalbsbrüste,
gekochte Hühner und fette
   Kapaune mit Mandelgelee,
Hähnchen,
Küken,
Kaninchen und Karnickel,
Wachteln und Wachtelchen,
Tauben und Täubchen,
Reiher und Reiherchen,
Trappen und Trappchen,
Kreuzschnäbel,

Ortolane,
Hähne, Hühner und Puten,
Hohl- und Ringeltauben,
Schweine in Most,
Enten in Milch,
Amseln,
Wasserhühner,
Brandenten,
Silberreiher,
Krickenten,
Taucher,
Rohrdommeln,
Brachvögel,
Haselhühner,
Perlhühner,
Regenpfeifer,
Gänse, Gänschen, Holztauben,
Stockenten,
Flamingos,
Schwäne,
Löffelreiher,
Krammetsvögel,
Kraniche,
Knäkenten,
junge Krähen,
Strandläufer,
Turteltauben,
Igel,
Wasserrallen.

Dazwischen Wein in Mengen. Dann

Wild ⎫
Lerchen ⎪
Steinbock ⎪
Murmeltier ⎬ pastete,
Reh ⎪
Tauben ⎪
Gemsen ⎪
Kapaunen ⎭
Speckpastetchen,

Zuckerplätzchen,
Sahnetörtchen,
Waffeln und Krapfen,
Quittenmarmelade,
saure Milch mit Zucker,
Sahneschaum,
eingemachte Mirabellen,
Gelee,
Butterkuchen,

Schweinsfüße mit Rosinen,
frikassierte Pastetenrinde,
Kapaune, Raben,
allerlei Käse,
roten und dunklen
   Hippokras,
Tafelpfirsiche,
Artischocken,
Blätterteiggebäck,
Spargelköpfe,
kleines Gebäck,

Makronen,
zwanzigerlei Törtchen
Krem,
achtundsiebzigerlei
   trockene und frische
   Konfitüren,
Dragees von hunderterlei
   Farbe,
Rahmkäse
und
Marzipan.

Zu guter Letzt, damit's kein Halskratzen gäb', reichlich Getränk
nebst gerösteten Schnittchen...

Worterklärungen: 1 Bauch – 2 Persius – 3 Glieder – 4 Basken – 5 Kauer
Wie Pantagruel beim Wohnsitz des Herrn Gasters, des ersten Meisters aller Künste landete: François Rabelais, Gargantua et Pantagruel IV, 57, 59. Nach: F. Rabelais, Gargantua und Pantagruel, hg. v. H. u. E. Heintze, Bd. II, Frankfurt (Insel) 1974, S. 171 ff.

9. DER HIMMEL HÄNGT VOLL GEIGEN
(»Des Knaben Wunderhorn«, 1806)

Baierisches Volkslied

Wir genießen die himmlischen Freuden,
Drum thun wir das Irdische meiden,
Kein weltlich Getümmel
Hört man nicht im Himmel,
Lebt alles in sanftester Ruh;
Wir führen ein englisches Leben,
Sind dennoch ganz lustig daneben,
Wir tanzen und springen,
Wir hüpfen und singen,
Sanct Peter im Himmel sieht zu.

Johannes das Lämmlein auslasset,
Der Metzger Herodes drauf passet,

Wir führen ein gedultigs,
Unschuldigs, gedultigs,
Ein liebliches Lämmlein zum Tod.
Sanct Lucas den Ochsen thut schlachten,
Ohn einigs Bedenken und Achten,
Der Wein kost't kein Heller
Im himmlischen Keller,
Die Engel, die backen das Brod.

Gut Kräuter von allerhand Arten,
Die wachsen im himmlischen Garten,
Gut Spargel, Fisolen,
Und was wir nur wollen,
Ganze Schüssel voll sind uns bereit
Gut Aepfel, gut Birn und gut Trauben,
Die Gärtner, die alles erlauben.
Willst Rehbock, willst Hasen?
Auf offner Straßen,
Zur Küche sie laufen herbei.

Sollt' etwa ein Fasttag ankommen,
Die Fische mit Freuden anströmen,
Da laufet Sanct Peter
Mit Netz und mit Köder
Zum himmlischen Weiher hinein;
Willst Karpfen, willst Hecht, willst Forellen,
Gut Stockfisch und frische Sardellen?
Sanct Lorenz hat müssen
Sein Leben einbüßen,
Sanct Marta die Köchin muß seyn.

Kein Musik ist ja nicht auf Erden,
Die unsrer verglichen kann werden,
Eilftausend Jungfrauen
Zu tanzen sich trauen,
Sanct Ursula selbst dazu lacht,
Cecilia mit ihren Verwandten,
Sind treffliche Hofmusikanten,
Die englische Stimmen
Ermuntern die Sinnen,
Daß Alles für Freuden erwacht!

Der Himmel hängt voll Geigen: Des Knaben Wunderhorn, Alte deutsche Lieder, gesammelt von L. A. v. Armin und C. Brentano, Bd. I, Heidelberg 1806.

Eine christliche Cocagne hat Goethe in seiner Rezension des *Wunderhorn* dieses Lied genannt, das wahrscheinlich auf ein altes Fliegendes Blatt zurückgeht und erstmals 1764 gedruckt wurde. Ähnlich wie in dem *Wunderhorn*-Lied *Aussicht in die Ewigkeit* (II, 403) wird hier, anklingend an die Form eines Kirchenliedes, ein himmlisches Lustleben ausgemalt, wobei die Heiligen ihre jeweiligen Attribute und Symboltiere ins Spiel bringen. Im einzelnen: Johannes der Täufer (V. 11) führt das Lamm als Attribut, bei dem »Metzger Herodes« (V. 12) ist der Bethlehemitische Kindermord zu assoziieren, das »unschuldige Lämmlein« (V. 15) ist natürlich eine Anspielung auf Christus, Lukas' Symboltier ist der Ochse (V. 16), Petrus war Fischer (V. 33), St. Laurentius (V. 38) erlitt das Martyrium auf dem glühenden Rost (das andere »Wunderhorn«-Lied schildert seinen Beitrag zum himmlischen Leben entsprechend noch deutlicher: »Lorenz hinter der Küchenthür, / Thut sich auch bewegen, / Tritt mit seinem Rost herfür, / Thut Leberwurst drauf legen«).
Martha (V. 40) sorgte im Haus des Lazarus für Jesu Wohl (Lukas 10) und die heilige Caecilia (V. 46) ist die Patronin der Musik. Die 11000 Jungfrauen (V. 38) gehören zum Gefolge der hl. Ursula, mit der sie in Köln den Märtyrertod fanden. – Gustav Mahler hat den Text für den vokalen Schlußsatz seiner 4. Symphonie benutzt (1901). – Zu den populären Liedern gehörte auch der in Schlesien und Süddeutschland in zahlreichen Fassungen verbreitete »Bauernhimmel«, ein Wechsel zwischen Vorsänger und Chor, der die Freuden eines ganz weltlichen Himmels schildert, wo es keine Bauernschinder und nicht Prügel, Gefängnis und Steuern gibt.
Lit.: H. Rölleke (Hg.), Des Knaben Wunderhorn, Frankfurter Brentano-Ausgabe, Bd. 6, Frankfurt 1975, S. 522 f. – W. Steinitz, Deutsche Volkslieder demokratischen Charakters aus 6 Jahrhunderten, Bd. I, Berlin 1955, S. 70 ff. (»Schlesischer Bauernhimmel«).

10. DIE VISION DES MAC CONN GLINNE
(Irland, 19. Jh.)

Cathal, König von Munster, war ein guter König und ein großer Krieger. Aber es kam dahin, daß ein gesetzloses wildes Biest in seinem Körper Behausung nahm, weshalb er ständig Hunger verspürte, der nicht gestillt werden konnte. Schon zum Frühstück verschlang er nun gewöhnlich ein ganzes Schwein, eine Kuh und ein Kalb und drei Dutzend Weizenkuchen und trank dazu ein ganzes Faß frisches Bier aus. Wenn er aber irgendwo ein Festmahl hielt, bedeutete das den Ruin für den ganzen Bezirk,

der all die Nahrungsmittel für den gefräßigen König aufzubringen hatte.
Nun lebte in Armagh ein berühmter junger Gelehrter mit Namen Anier Mac Conn Glinne, der hörte von der seltsamen Krankheit des Königs Cathal und von den Unmengen an Essen und Getränken, an Weizenmehl, Bier und Met, die am Königshof verbraucht wurden. Also machte er sich dorthin auf, um sein Glück zu suchen und den König von seinen Leiden zu kurieren. Er war zeitig am Morgen auf den Beinen, krempelte die Ärmel seines Hemdes hoch und hüllte sich in seinen faltenreichen Mantel. In seine rechte Hand nahm er einen knorrigen Stock, sagte seinen Freunden Lebewohl und ging fort.
Er reiste über Land, quer durch ganz Irland, bis er an das Haus des Pichan kam. Dort blieb er, erzählte Geschichten, und alle wurden vergnügt.
Aber Pichan sprach:
»All die Fröhlichkeit, die du uns schenkst, macht mich tief im Herzen nicht froh.«
»Was nagt dort?« fragt Mac Conn Glinne.
»Weißt du nicht, Mann, daß heute abend Cathal mit seinem ganzen Hofstaat hier einfällt? Der Hofstaat macht Mühe, aber der König macht Kummer. Seine Freßsucht ist nur einer der Plagen zu vergleichen, die Gott über das Ägypterland kommen ließ. Dreierlei müßte wenigstens zur Stelle sein: Ein Sack Hafer, ein Sack Äpfel und ein Sack voller Kuchen. Derlei stopft er als Vorspeise in seinen Rachen, der Unersättliche.«
»Wie wäre es«, sprach Mac Conn Glinne, »wenn ich den König von seiner Freßsucht heilte!«
»Das ganze Land würde dir die Füße küssen, aber davon wird keiner reich. Also besser, ich verspreche dir je ein weißes Schaf aus jedem Pferch zwischen Carn und Cork.«
»Einverstanden und abgemacht«, antwortete Mac Conn Glinne.
Cathal, der König, kam mit seinem Gefolge und einem Trupp Berittener. Kaum hatte der König sich hingesetzt und auch nur die Schnürsenkel gelöst, da begann er auch schon, jeden Apfel in Reichweite in sich zu stopfen.
Pichan und die Männer von Munster blickten traurig und sorgenvoll drein, weil sie ihre Zweifel hatten, ob Mac Conn Glinne gelingen werde, was er versprochen hatte.
Der aber stand auf, griff nach einem Wetzstein, stopfte ihn sich in den Mund und begann, darauf herumzukauen.

»Bist du närrisch, mein Junge, oder was ist dir?« fragte Cathal.
»Ach... nichts weiter«, war die Antwort, »es schmerzt mich, Euch allein essen zu sehen.«
Da schämte sich der König und warf ihm einen Apfel zu, und man sagt, es seien zuvor drei Halbjahre vergangen, seitdem er sich das letzte Mal habe zu einer solchen Wohltat hinreißen lassen.
»Erlaubt mir, daß ich mir etwas wünsche«, bat Mac Conn Glinne.
»Genehmigt bei meiner Ehre«, sagte der König.
»Dann wünsche ich mir, daß Ihr eine Nacht mit mir fasten sollt.«
Der Gedanke allein war furchtbar für den König, aber er hatte den Wunsch bei seiner Ehre zugestanden, und wo kämen wir hin, wenn auf ein Königswort kein Verlaß mehr wäre.
Am Morgen bestellte Mac Conne Glinne saftigen Schinken, zartes Roast Beef, Honig in einer Wabe und englisches Salz, das man in einem schön polierten Gefäß aus Silber herbeitrug. Ein Feuer brannte im Kamin: ohne Rauch, ohne Gestank, ohne Funken.
Mac Conne Glinne spießte Fleischstücke auf und schickte sich an, sie über dem Feuer zu rösten. Dann rief er:
»Seile und Schnüre her... und starke Männer!« Die Stricke wurden gebracht, und die stärksten Krieger kamen.
Er hieß sie, den König ergreifen und ihn so festbinden, daß dieser sich nicht mehr bewegen konnte. Dann setzte er sich vor ihn hin, nahm das Messer aus dem Gürtel, schnitt ein Stück von dem gerösteten Fleisch ab, tauchte es in Honig und führte es vor dem Mund des Königs spazieren.
Als der König sah, daß er nichts bekommen und vierundzwanzig Stunden würde fasten müssen, schrie und schalt er und befahl, man solle Mac Conn Glinne töten.
Aber das wagte keiner.
»Nur ruhig«, sagte der, »es ist nicht der König, der da befiehlt. Es ist das gesetzlose, wilde Biest, das aus ihm spricht.«
»Herr König«, fuhr Mac Conn Glinne fort, »letzte Nacht hatte ich eine Vision. Ich muß Euch davon erzählen.«
Und während er zu rezitieren begann, führte er Fleischbrocken um Fleischbrocken an dem Mund und der Nase des Königs vorbei und aß sie am Ende selbst. Dies aber war es, was er sang, wenn er gerade nicht zu kauen hatte:

Einen See aus frischer Milch sah ich,
In der Mitte einer lieblichen Ebene.
Darin lag ein wohlgefügtes Haus auf einer Insel,
Das Dach mit Butter gedeckt,
Puddings, frisch gekocht,
Dienten als Dachrost.
Zwei weiche Türpfosten aus Schlagsahne,
Als Betten herrliche Schinken,
Die Zaunstangen – Käse,
Würste die Balken.
Wahrlich, ein reich gefülltes Haus war dies,
Mit genügend Vorrat für den Hunger des stärksten Essers.

»Als ich nun diese Vision hatte«, erzählte Mac Conn Glinne, »hörte ich, wie mir jemand ins Ohr flüsterte: ›Geh keinen Schritt weiter, Mac Conn Glinne. Du weißt doch, was das Essen angeht, verträgst du nicht viel.‹
›Was ist da zu tun?‹ fragte ich, denn die Vision hatte mich recht freßgierig werden lassen.
Da forderte die Stimme mich auf, weiterzugehen, bis ich zu der Einsiedelei des Zauberdoktors käme. Dort würde mir schon der Hunger werden, den es für eine solche Fülle leckerer Speisen braucht. Im Hafen auf dem See entdeckte ich ein hübsches Boot aus Rindfleisch. Das Heck war aus Fett, der Bug aus Butter, die Ruder aus Streifen von Wildfleisch. Ich ruderte hin über die Weite des Frischen Milchsees, durch die Strömung von Brühe, an den Flußmündungen aus Pastete vorbei, über die Strudel von Buttermilch, vorüber an den Inseln aus Käse. Ich umschiffte vorsichtig die Vorgebirge aus altem Quark, bis ich zu Füßen des Buttergebirges wieder festen Boden betrat und im Land der Früh-, Viel- und Alles-Fresser vor der Eremitage des Zauberdoktors stand.
Wunderbar wahrlich sah diese Einsiedelei aus. Umgeben war sie von siebenhundert Stapeln, aufgesetzt aus gut abgehangenen Schinken. Statt Dornen auf jeder Stakete des Zaunes sah ich leuchtendes Fett. Das Tor war aus Sahne, die Riegel bestanden aus Dauerwurst.
Auf dem Hof traf ich den Türsteher Speckbursch, einen Mann aus dem Butterklan, in weichen Sandalen aus altem Frühstücksspeck, mit Beinkleidern aus Kochfleisch, einem Hemd aus Roast Beef, den Gürtel aus Lachshaut, den Helm aus Griesbrei, so saß

er auf einer Stute aus Speck. Deren vier Hufe waren aus Haferbrot, ihre Ohren aus Quark, und sie hatte Augen aus Honig im Kopf. In der Hand hielt er eine Peitsche. Die Peitschenschnüre waren vierundzwanzig feine weiße Puddings, und allein jeder saftige Tropfen, der von einem der Puddings herabfiel, hätte einen gewöhnlichen Sterblichen satt werden lassen.
Als ich weiterging, stieß ich auf den Zauberdoktor. Statt in Handschuhen steckten seine Hände in Rumpsteaks, denn er war gerade dabei, in seinem Haus Ordnung zu schaffen, an dessen Wänden Kutteln hingen.
In der Küche saß der Sohn des Zauberdoktor mit einem Fischhaken aus Fett in der Hand, der hing an einer Schnur aus Rindermark. Damit angelte der Bursche in einem Teich voller Wein. Mal landete er einen Schinken, dann wieder einen zarten Rehrücken. Schließlich aber stürzte er vor lauter Gier nach noch üppigeren Fängen in den Teich und ertrank. Ich trat in ein Nebenzimmer. Ein Sofa stand dort. Aber wie konnte ich ahnen, daß es aus nichts als aus Butter bestand. Ich setzte mich und versank in dem goldgelben Brei bis zu den Haarspitzen. Acht Männer hatten alle Mühe, mich wieder herauszuhieven.
Endlich führte man mich vor den Zauberdoktor. ›Was fehlt dir?‹ fragte er mich.
›Ach, ständig wünsche ich mir, ein großes Stück von jeder Fleischsorte, die es auf der Welt gibt, liege vor mir, um endlich einmal voll und ganz den Hunger stillen zu können, der in mir zwackt.‹
›Wahrlich‹, meinte der Doktor, ›das ist ein böses Übel. Aber ich will dir ein Rezept verraten, das wird dich und einen jeden, dem es so geht wie dir, von der Freßsucht heilen.‹
›Also, was verschreibt ihr?‹ fragte ich ungeduldig. ›Wenn du heute abend heimkommst, so wärme dich erst einmal vor einem rotglühenden Eichenfeuer gut durch... Mach dann dreimal neun Brocken, ein jeder so groß wie ein Fasanenei. In jedem Brocken soll ein Anteil Mehl aus jeder Getreideart sein: Weizen und Hafer, Gerste und Roggen. Dazu gibst du etwas Soße, einen winzigen Tropfen, soviel eben wie zwanzig Männer sich auftun, die nicht unter dieser Krankheit leiden.
Ehe du nun immer einen Brocken ißt, trinkst du jeweils einen guten Schluck dick-sahniger Milch. Und hast du den Brocken heruntergeschlungen, so vergiß nicht, noch einmal Sahne nachzuschütten. Ist dies geschehen, dann wirst du so sicher wie das

Amen in der Kirche von deiner Freßsucht geheilt sein. Und nun geh'‹, fuhr er fort, ›im Namen des fetten Käses, möge der saftige Schinkenspeck deinen Weg glätten. Die gelbkremige Sahne sei mit dir, ein Kessel voller Kartoffelsuppe erleuchte dein Angesicht...!‹«

Als nun Mac Conn Glinne seine Vision rezitiert hatte, mit der Aufzählung der herrlichen Fleischsorten und der Beschreibung des Duftes der in Honig getauchten Brocken, die am Spieß steckten, kam das gesetzlose Biest, das im König saß, aus dessen Bauch heraufgestiegen und setzte sich lauernd auf dessen Lippe. Da bewegte Mac Conn Glinne seine Hand, in der er die Spieße hielt, gegen den Mund des Königs hin, wo das gesetzlose Biest hockte und danach gierte, davon zu fressen. Mac Conn Glinne aber achtete darauf, daß er mit den Spießen nicht weiter als eine Armlänge an die Lippen des Königs herankam. Das gesetzlose Biest sprang aus dem Mund hervor, verbiß sich in den Spieß. Mac Conn Glinne aber legte jenen Spieß, nach dem es geschnappt hatte und an dem es nun hing, in die Glut des Herdfeuers und stellte den Kessel des königlichen Haushaltes darauf. Also saß das gesetzlose Biest gefangen. Dann räumte man das ganze Haus leer, bis sich schließlich außer dem Kessel, dem Spieß und dem Feuer nicht einmal das Bein einer Küchenschabe darin befand und zündete es an allen vier Ecken an.

Als da nur noch ein rotlodernder Turm aus Flammen war, flüchtete das gesetzlose Biest auf die Dachbalken, und als es ihm schließlich auch dort zu brenzlig wurde, sprang es auf in die Luft, und es ward auf Erden nie mehr gesehen, wohl aber in der Hölle.

Dem König aber richtete man ein Bett mit Federkissen, und Musikanten und Sänger, Barden und Gaukler unterhielten ihn von Mittag bis Mitternacht. Dann verfiel er in einen tiefen, wohltätigen Schlaf. Als er danach erwachte, war er endgültig geheilt. Aus Dankbarkeit schenkte er Mac Conn Glinne eine Kuh aus jedem Bauernhof und ein Schaf aus jedem Gehöft in Munster. Zudem machte er ihn zum Vorschneider und Speisenabschmecker an der königlichen Tafel.

Also ward Cathal, König von Munster, von seiner Freßsucht befreit, und Mac Conn Glinne gewann dabei großen Ruhm.

Die Vision des Mac Conn Glinne: F. Hetmann, Die Reise in die Anderswelt, Feengeschichten und Feenglaube in Irland. Köln, Düsseldorf 1981, S. 264–269 (nach J. Jacobs, More Celtic Fairy Tales, London 1894).

11. ZWEI FAULE BURSCHEN IM LUILEKKERLAND
   (Niederlande, 20. Jh.)

Es waren einmal zwei faule Burschen, die einen heiligen Abscheu vorm Arbeiten hatten. Deshalb beschlossen sie, ins Luilekkerland zu ziehen; dort brauchten sie nicht zu arbeiten. Sie gingen und gingen und kamen schließlich an eine Kreuzung, dort war auf einer Tafel zu lesen: Zum Luilekkerland in diese Richtung weitergehen!
Und so taten sie es auch. Sie gingen äußerst gemächlich, denn sie waren zu faul zum Laufen. Dabei wären sie ins Schwitzen gekommen, und das war schon zuviel für sie.
Eines Morgens standen sie vor einem hohen Berg aus Reisbrei. In dem Brei steckte ein Pfahl, und an diesem Pfahl befand sich ein Schild, und auf diesem Schild lasen sie:
   Ihr steht davor, nun los
   durch den Reisberg o so groß!
Was half es? Es blieb ihnen nichts anderes übrig. Sie begannen sofort damit, sich da hindurchzuarbeiten; sie aßen, soviel sie nur konnten und schlugen mit den Armen und kratzten und schabten. So verschwanden sie im Reisbrei.
Sie hatten das Ganze bald satt, und nach einer halben Stunde hatten sie eigentlich schon umkehren wollen, um nach Hause zurückzugehen. Aber das stand auf einem anderen Blatt! Sie saßen nun mitten drin und mußten hindurch, wenn sie dort nicht sterben wollten. Mit Widerwillen kratzten und schabten sie weiter, Tag und Nacht ununterbrochen, bis sie am siebten Tag mehr tot als lebendig mit dem Kopf zuerst auf der anderen Seite des Reisbergs herauskamen.
Sobald sie herausgekrochen waren und mit ihren Füßen auf dem Boden des Luilekkerlandes standen, war das erste, das ihre Aufmerksamkeit erregte, die Tatsache, daß die Menschen, die auf den Straßen gingen, nur so groß wie meine Faust waren. Diese Kerlchen ergriffen auch, als sie diese beiden riesengroßen Menschen sahen, alle zugleich die Flucht bis weit ins Innere des Landes hinein. Aber was kümmerte das unsere faulen Brüder? Was sie da alles um sich herum sahen, war derart, daß sie Gott und die Menschen entbehren konnten.
Die Straßen, die sie entlanggingen, waren mit Frikadellen eingefaßt, und rundherum an den Wegen standen Bäume mit Birnen,

Äpfeln, Pflaumen, Aprikosen und Orangen. Sie brauchten nur ihre Hände auszustrecken, um davon zu pflücken, soviel sie begehrten. Wenn sie hochschauten und den Mund öffneten, flogen die gebratenen Vögel da einfach hinein. In den Parks und Gärten war es wieder anders. Dort trugen die Bäume allerhand Blüten und leckere Speisen und Gerichte: Hammelkeulen, Kalbskoteletts, Beefsteaks und noch viele andere Dinge. Wenn man nur daran denkt, läuft einem schon das Wasser im Munde zusammen! Und die Ferkel, die leckersten Tiere der Welt, liefen gebraten herum; Messer und Gabel steckten ihnen schon im Rücken. Die Häuser, inmitten von Blumen aus Zucker und Marzipan, waren aus Pfefferkuchensteinen gebaut, und sie waren mit Dachpfannen aus Schokolade gedeckt. Aber das war noch nicht alles! Überall an den Straßen und auf den Plätzen standen Brunnen, und aus denen floß Wein. Wenn es regnete, war es Parfüm, und wenn es schneite, Zucker; hagelte es, fielen Zuckerbohnen herab.

Und die faulen Brüder setzten sich an den Wegrand und begannen zu essen, in aller Gemütsruhe. Denk doch nur, bis sie von all den leckeren Dingen probiert hatten! Und diese faulen Brüder wurden immer dicker; man konnte förmlich sehen, wie sie immer dicker wurden. Zuguterletzt waren sie so dick, daß sie fast geplatzt wären. Dabei waren sie zu träge geworden, um sich noch vom Fleck zu rühren.

Und dann, eines frühen Morgens, standen da wie verabredet wieder die kleinen Kerlchen aus dem Luilekkerland. Und sie marschierten auf die faulen Brüder los. Die faulen Brüder konnten sich nicht einmal mehr wehren, und sie wurden mit Hieben und Püffen zu dem sumpfigen und schlickigen Fluß gejagt, der am Rand des Luilekkerlandes dahinfloß. Gejagt ist gut gesagt, sie wurden vielmehr von den kleinen Kerlchen dorthin getragen. Und sie wurden in das schmutzige und stinkende Wasser geworfen, und wie aufgeblasene Schweinsblasen trieben sie dann in ihr eigenes Land zurück.

Zwei faule Burschen im Luilekkerland: 't Luilekkerland. In: Victor de Meyere, De Vlaamse Vertelselschat, Bd. III, Antwerpen 1929, Nr. 301. Erzählt von einem Bauern und Fischer aus Mariakerke an der Schelde. – Übersetzung Helga Kats.
Die niederländische Schlaraffenland-Überlieferung beginnt mit einem in zwei Fassungen erhaltenen mittelniederländischen Gedicht aus dem 15. Jahrhun-

dert, das sich in Einzelheiten mit dem altfranzösischen Fabliau (= Text Nr. 2) berührt: Im *land van Cockanyen* oder *Cockaengen* sind die Zäune aus Würsten geflochten, in den Häusern sind die Balken aus Butterwecken, die Planken aus Pfefferkuchen und die Dächer aus Eierkuchen (Das ›Fladendach‹ kann man auch auf Pieter Brueghels Bild *Die niederländischen Sprichwörter* von 1559 sehen). Man vergnügt sich mit schönen Frauen und lebt in Frieden und Eintracht miteinander: *Dar ist eyn goyde costuym int lant: / Nyemant en is daer des anderen vyant, / Elick is daer des anderen vrunt.* Deutlich ist das niederländische Wunschleben lokalen Besonderheiten angepaßt: so fließt im Fluß von Cockanye außer Wein auch Bier. – Zusammenhang mit der deutschen Tradition (Hans Sachs; Lindenschmidt-Lied) zeigt eine Prosaerzählung *Vant Luye lecker lant* von 1546 mit moralisierender Schlußwendung. Neben mehreren niederländischen Luilekkerland-Liedern zeigen vor allem zahlreiche Einblattdrucke (vgl. »Bildersaal«) die Beliebtheit dieses Motivs bis gegen Ende des 19. Jahrhunderts. – Der Breiberg um das Schlaraffenland, der in diesem und dem folgenden Märchen eine Rolle spielt, bestand ursprünglich aus *Hirse*, dem alteuropäischen Volksnahrungsmittel; unter den Überseehandel treibenden Niederländern ist *Reis* daraus geworden.
Lit.: R. Priebsch; L. Lebeer; E. Ackermann, S. 53–61 und 160–167; M. de Meyer.

12. LUILEKKERLAND GIBT ES NOCH
(Friesland, 20. Jh.)

Die meisten Erzählungen beginnen mit »Es war einmal«, aber diese könnte anfangen mit »Es ist«, denn Luilekkerland gibt es noch! Wo es liegt und wie groß es ist, weiß ich nicht, aber drum herum liegen riesige Reisberge, und die sind mit Zucker und Schokolade bestreut. O Mann, da möchte man so reinbeißen. Es gibt auch genug, die da reinbeißen, aber hindurch kommt nur selten jemand – die meisten haben schon viel eher genug davon. Über die Berge kann man nicht, denn die reichen wohl bis an die Wolken. Dazu kommt noch, daß der Brei wohl recht fest ist, aber wenn man darauftritt, sackt man ein. Es gibt also nur eine einzige Rettung: sich hindurchessen. Ganz vereinzelt gelingt es jemandem, nach Luilekkerland hineinzukommen. Von so jemandem habe ich diese Geschichte gehört. Sonst hätte ich sie nicht gewußt.

Als er durch den Reisbrei durch war, guckte er sich ganz verblüfft um. Auf der anderen Seite der Berge war regnerisches Wetter gewesen, aber hier schien die Sonne, daß es eine Lust war. Nicht zu warm, nicht zu kalt. Wenn es verkäuflich wäre,

Het Oud vermakelijk Luylekkerland. Holzschnitt Amsterdam 18. Jh. – Bildersaal N 3a

sollte man solch himmlisch schönes Wetter kaufen. Er hatte sich gut satt gegessen, aber na ja, Reisbrei ist schnell verdaut, deshalb dachte er schon bald: ich muß mich wohl mal umsehen, daß ich etwas Festeres in den Magen bekomme. Nun, er kam an ein Haus, das war aus aufeinandergestapelten Nougatblöcken gebaut. Er biß etliche davon ab, aber sie schmeckten ihm doch etwas zu süß für eine ganze Mahlzeit. Er guckt eben zum Dach hoch, und da liegen lauter Pfannkuchen, wie Dachpfannen übereinandergeschoben. Er nimmt einen, aber sofort schiebt sich ein anderer dafür an die Stelle. Sonst würde ja auch ein Loch ins Dach kommen.

Nun, er hatte seinen Bauch voll mit Nougat und Pfannkuchen. Aber es scheint, daß das rasch verdaut wurde, denn als er ein Stück gegangen war, dachte er: ich hätte jetzt wohl Appetit auf ein Butterbrot und ein Korinthenbrötchen. Er lief in ein Haus hinein, dessen Wände nicht aus Schokolade waren (guck, das würde wegschmelzen), sondern aus Gold und Silber. Das rostete nicht. Er hatte kein Geld nötig, denn er brauchte nichts zu bezahlen. Folglich brach er nichts von den Wänden ab, aber guck mal, da drinnen brannte ein großer Backofen. Der Brotschieber stand daneben, man konnte das frische Brot so mal eben aus dem

Ofen holen. Er holte also ein paar Zuckerbrötchen, ein paar Korinthenbrötchen und ein Roggenbrot heraus. Nun hatte er vorläufig genug, um es zu verputzen.
Aber er dachte bei sich: ich müßte eigentlich noch ein Glas Wein dazu haben. Er schaute sich um, und – jawohl – da stand eine Pumpe. Er pumpte, und denk mal einer an, kommt mir da nicht Wein heraus! Er brauchte nur ein Glas darunterzuhalten, und er hatte, was er wünschte. Er trank ein paar reelle Gläser voll, und folglich summte und brummte es ihm schon recht nett in seinem Köpfchen. Da dachte er: Junge, wenn ich nun mal einen Apfel esse, werde ich wieder etwas nüchterner. Ums Haus herum standen genügend Obstbäume, er konnte da aussuchen. Er hatte noch nie solch leckere Äpfel probiert. Und saftige Birnen und Trauben und Pflaumen und Kirschen, das eine noch leckerer als das andere. Er konnte natürlich längst nicht alles aufessen, er probierte nur davon.
Dann wurde es Abend. Es war herrlich warmes Wetter, deshalb legte er sich einfach auf die Erde. Am nächsten Morgen sangen ihn die Vögel wach. Es wimmelte nur so von Vögeln. Und sie sangen so schön, da brauchte man kein Konzert mehr. Er dachte: ich hätte doch wohl Appetit auf ein Stück Brot mit Speck. Das Brot hatte er noch übrigbehalten vom Tag zuvor, aber den Speck? Er guckt sich um, und da kommt ein fettes Schwein an, ein Messer im Rücken, und das bleibt bei ihm stehen. Er konnte sich ganz einfach ein Stück abschneiden, denn das Schwein trug gekochten Speck auf seinem Körper. Folglich schnitt er da ein paar reelle Scheiben ab. Kaum hatte er das getan, war der Schweinsrücken schon wieder zugewachsen. Ein richtiges Wunder, dachte er. Hier möchtest du wohl dein Leben lang bleiben.
Und dann war es Mittag. Er sagte: ich möchte nun doch wohl gern was anderes haben. Ein Hähnchen oder eine Taube würden mir gut schmecken. Kaum hat er das gesagt, da kommen Tauben angeflogen. Er guckt mit offenem Mund nach ihnen, und schon fliegt ihm eine gebratene Taube in den Mund. Er spazierte ein Stückchen, und wieder kam er zu einem leerstehenden Haus. Übrigens standen da alle Häuser leer. Das verwunderte ihn zuerst wohl ziemlich, aber als er kurz nachdachte, konnte er wohl verstehen, daß hier nur selten jemand hinkam, durch all den Reisbrei durch. Bei dem Haus stand wieder eine Pumpe. Er pumpte, und diese Pumpe gab Limonade. Darauf hatte er nun gerade Appetit.

Am Nachmittag kam er wieder an eine Bäckerei. Es wurde allmählich auch Zeit für einen herzhaften Happen. Sein Brot aß er wieder mit Speck, denn auch hier liefen die Schweine mit dem Messer im Rücken herum. Brot konnte er in allen Sorten bekommen, aber er sah keine Butter, und er hätte auch gern etwas zu trinken dabei gehabt. Er schaute sich kurz um, und, jawohl, da kam eine dicke Kuh angewackelt mit einem Euter wie eine Schiebkarre. Melken konnte er nicht, denn er stammte nicht von Bauern ab, aber die Zitzen standen so straff, daß er dachte: wenn ich da nun mal eine Flasche drunterhalte, läuft die vielleicht voll. Und er drückte eine Flasche dagegen, und schon lief die Milch. Er schüttelte die Milch und goß sie in eine Kanne, und da wurde daraus schon Butter, ausreichend, um sein Brot damit ordentlich zu bestreichen. Er drückte seine Flasche noch mal gegen das Euter, und nun hatte er Milch zum Trinken.
Es wurde schummerig. Er sagte bei sich: ich möchte nun doch nicht wieder unter freiem Himmel schlafen. Es ist letzte Nacht doch kühler gewesen als ich dachte, ich bin zumindest etwas steif geworden. Ich muß doch mal gucken, ob ich eine Unterkunft finden kann. Auf gut Glück schlurfte er weiter. Wegweiser gab es nicht, und er konnte auch nicht nach dem Weg fragen, denn er begegnete niemandem. Aber bevor es dunkel geworden war, kam er an ein hübsches Gebäude, auf dem stand »Hotel«. Er geht hinein, und sieh da, alles war wie für ihn geschaffen. Da stand ein gedeckter Tisch, und folglich konnte er sofort zulangen. Er aß sich zum soundsovielten Mal rund und dick und suchte danach ein Bett auf. Da lagen keine Decken drauf, es waren alles reine Schwanendaunen. Er sackte tief darin weg. Die Schwanendaunen schmiegten sich gut an. Er dachte: sieh an, hier liege ich warm und angenehm. Hier komme ich vorläufig nicht wieder raus. Nach kurzer Zeit schlief er wie ein Murmeltier.
Aber als er am folgenden Morgen wach wurde, fühlte er sich fröstlig und unbehaglich. Das ist doch nicht möglich? Wo bin ich denn jetzt? fragte er sich. Er war durch die Schwanendaunen hindurchgesackt und lag auf dem Reisberg, an derselben Stelle, an der er sich essend auf den Weg gemacht hatte. Und wenn er nach Luilekkerland zurückkehren wollte, müßte er wieder von Anfang an beginnen. Aber das wäre ihm doch zu anstrengend.

Luilekkerland gibt es noch: Luilekkerland. In: Yre Poortinga, De ring van het licht, Friese volksverhalen in nederlandse vertaling, Leeuwarden 1977, Nr. 275. – Übersetzung Helga Kats.
Die friesische Geschichte wurde von dem Viehzüchter Poelof P. de Jong (geb. 1905) zwischen 1971 und 1974 erzählt und von Poortinga auf Band registriert. Der Erzähler benutzt die altüberlieferten Motive und hat doch eine eigene Geschichte daraus gemacht: sie lebt vor allem davon, daß hier dem Besucher im Luilekkerland ausschließlich seine jeweiligen augenblicklichen »Appetithappen« beschert werden. Die alte Formel, daß in Schlaraffenland ein jeder das findet, worauf er Lust hat, wird hier ganz individualisiert: als Tageslauf eines einsamen Genießers. Hier fehlen, anders als in den alten Texten und Bildern, im Schlaraffenland die Menschen; so bleiben dem Einsamen nur noch die Freuden des Gaumens.

Lügenland

---

13. AUS DER AFFENZEIT
   (14. Jh.)

Sô ist diz von lügenen.

Ich sach eins mâles in der affen zît
an einem kleinen sîden vaden
Rôme und Lâtrâne tragen[1]
und einen fuozelôsen man
(5) loufen für ein snellez pfert.
dô sach ich ein vil bœsez[2] swert
houwen eine slegebrucke[3] enzwei.
dô sach ich ein jungen esel vei
mit sînre[4] silberînen nasen
(10) jagen zwêne snelle hasen,
unde eine linde, diu was breit,
derûffe wuohsen fladen heiz.
dô sach ich ein vil bœse[5] geiz,
diu truoc wol hundert fuoder smalzes
(15) und wol sehzic fuoder salzes.
ist daz niut gelogen genuoc?
dô sach ich ern[6] einen pfluoc
âne ros und âne rint.
dô sach ich ein jærigez kint
(20) werfen mülsteine viere
von Regensburc unze[7] Triere,
von Triere unze Strâzburc in.

ez swam ein habech[8] über Rîn[9],
daz tet er alles met rehte.
(25) dô hôrt ich vische brehten[10],
daz ez in den himel schôz.
dô sach ich honec in eime wazzerflôz
von eime tal ûf einen berc,
daz wâren selzæne[11] werc.
(30) dô sach ich zwô kreigen[12]
eine matte meigen.[13]
dô sach ich zwô mucken
machen eine brucken.
dô sach ich zwô tûben[14]
(35) einen wolf klûben.[15]
dô sach ich zwei rinder
zwô geize bringen,
und sach zwêne frösche
mit enander dreschen.
(40) do sach ich zwô miuse[15a]
einen bischof wîhen,
dô sach ich zwô katzen
einem bern sîne zungen ûz kratzen.
dô sach ich einen snecken
(45) zwêne lewen tœten.
dô sach ich einen scherer
einre frowen den bart schern.
dô sach ich zwei sûgende kint
ir muoter heizen swîgen.[15b]
(50) dô sach ich zwêne winde[16]
eine mül ûzer dem wazzer bringen,
dâ stuont ein bœsez pfert
und sprach, ez wære reht.
dô sach ich vier rösser
(55) ûz howe[17] korn dreschen.
dô sach ich zwô geize
einen oven heizen.
dô sach ich ein rôte kuo
daz brôt in den oven tuon.
(60) dô sprach ein huon
»êst ûz geseit,
ein ungefuoc scheiz ûf die bruoch[18],
êst ûz geseit«.

Worterklärungen: 1 sich drehen, hängen – 2 stumpfes – 3 Zugbrücke – 4 seiner – 5 magere – 6 ackern – 7 bis nach – 8 Habicht – 9 Rhein – 10 schreien – 11 seltsame – 12 Krähen – 13 mähen – 14 Tauben – 15 rupfen – 15a Mäuse – 15b ihrer Mutter Schweigen gebieten – 16 Windhunde – 17 Heu – 18 es ist auserzählt, ein Tölpel schiß in die Hose.

Aus der Affenzeit: Sô ist diz von lügenen. Aus: M. Haupt/H. Hoffmann, Altdeutsche Blätter, Bd. 1, Leipzig 1836, S. 163–65.

Das mittelhochdeutsche Gedicht aus dem 14. Jahrhundert ist ein *Lügenmäre,* und man kann sich den Sinn solcher Texte am ehesten verdeutlichen, wenn man bedenkt, daß *Flunkern, Angeben, Aufschneiden, Lügen erzählen, Den-anderen-hereinlegen-Wollen* etc. populäre »Gesprächsspiele« bei den Unterhaltungen im größeren Kreis waren (und noch sind). Im *Jägerlatein,* der *Münchhauseniade* und dem Märchentyp »Wer erzählt die größte Lüge?« finden sich ebenso wie im »Lügenmäre« literarische Spuren solcher populären Unterhaltung. Lebendig ist sie noch heute in alltäglichen Gesprächsspielen von Kindern (und dem entsprechenden »Lügenlied« als eigener Form des Kinderverses). Die Effekte des Lügenerzählens stellen sich dabei durch die groteske Schilderung des Unmöglichen oder die satirische Anspielung her. So erzählen Lügenmären von der *Welt, wie sie nicht ist,* der »verkehrten Welt«. Fast alle Details des Gedichts sind bäuerlich-ländlicher Herkunft. In dem, was kraus zusammengewürfelt erscheint, lassen sich doch einige »Typen« des »Lügenhaften« erkennen: Der Schwache ist dem Starken überlegen (der Krüppel läuft schneller als ein Pferd, V. 4f.; die Tauben zerreißen den Wolf, V. 34f.), die *natürliche* Ordnung der Welt ist ebenso verkehrt, wie die *soziale* (der Habicht schwimmt, V. 23f.; der Säugling befiehlt der Mutter, V. 48f.). Mit dem »Mäusebischof« wird vermutlich auf die Verkehrung kirchlicher Zeremonien angespielt (›Kinderbischof‹). An das gute Schlaraffenleben erinnern: die Fladen auf der Linde (V. 11f.), der selbstbewegte Pflug (V. 17f.), der Honigfluß (V. 27f.).

Die Brüder Grimm haben nach diesem mittelhochdeutschen Text ihr »Märchen vom Schlauraffenland« geschrieben, den grobianischen Schluß dabei umerzählt.

Lit.: Vgl. Kap. 12, Anm. 1 + 2.

14. DAS MÄRCHEN VOM SCHLAURAFFENLAND
(Brüder Grimm, 1815)

In der Schlauraffenzeit da ging ich und sah an einem kleinen Seidenfaden hing Rom und der Lateran, und ein fußloser Mann der überlief ein schnelles Pferd, und ein bitterscharfes Schwert das durchhieb eine Brücke; da sah ich einen jungen Esel mit einer silbernen Nase der jug hinter zwei schnellen Hasen her, und eine Linde, die war breit, auf der wuchsen heiße Fladen, da sah ich eine alte dürre Geis, trug wohl hundert Fuder Schmalzes an ihrem Leibe und sechzig Fuder Salzes. Ist das nicht gelogen genug? Da sah ich zackern einen Pflug, ohne Roß und Rinder, und ein jähriges Kind warf vier Mühlensteine von Regensburg bis nach Trier und von Trier hinein in Strasburg; und ein Habicht schwamm über den Rhein, das that er mit vollem Recht, da hört' ich Fische mit einander Lärm anfangen, daß es in den Himmel hinauf scholl, und ein süßer Honig floß wie Wasser von einem tiefen Thal auf einen hohen Berg, das waren seltsame Geschichten. Da waren zwei Krähen, mähten eine Wiese, und ich sah zwei Mücken an einer Brücke bauen, und zwei Tauben zerrupften einen Wolf, zwei Kinder die wurfen zwei Zicklein, aber zwei Frösche droschen mit einander Getreid aus. Da sah ich zwei Mäuse einen Bischof weihen, zwei Katzen, die einem Bären die Zunge auskratzten. Da kam eine Schnecke gerennt und erschlug zwei wilde Löwen, da stand ein Bartscheerer, schor einer Frauen ihren Bart ab, und zwei säugende Kinder hießen ihrer Mutter stillschweigen. Da sah' ich zwei Windhunde, brachten eine Mühle aus dem Wasser getragen und eine alte Schindmähre stand dabei, die sprach: es wäre Recht. Und im Hof standen vier Rosse, die droschen Korn aus allen Kräften, und zwei Ziegen, die den Ofen heitzten und eine rothe Kuh schoß das Brot in den Ofen. Da krähte ein Huhn: kickeriki! Das Mährchen ist ausverzählt kickeriki!

Das Märchen vom Schlauraffenland: Kinder- und Hausmärchen gesammelt durch die Brüder Grimm, 2. Auflage, Berlin 1819, neu hg. v. H. Rölleke, Bd. II, Köln 1982, S. 283 f. (= KHM 158). Erstausgabe 1815 (= II, 67).
Die Quelle der Brüder Grimm war der 1784 im Druck erschienene Text Nr. 13

15. DIE AUFSTÄNDISCHEN BAUERN MACHEN IN DEM EROBERTEN HEILBRONN »VERKEHRTE WELT«
(Aus dem Bauernkrieg, April 1525)

»Die Klöster und Stifter wurden ziemlich hart mitgenommen. Das Clarakloster sollte 5000 fl. zahlen, das Carmeliterkloster gab 3000 fl.etc. Doch beschränkte Lachmanns [= ein Ratsherr] Beredtsamkeit etwas diese strengen Forderungen. Das teutsche

»Der Knecht sieht zu, der Herr arbeitet. Die Frau der Magd folgt und serviert.«
Motive aus einem Bilderbogen »Verkehrte Welt«, 17. Jh.

Haus [= das Haus des Deutschritterordens] war nicht zu retten. Der Commenthur hatte sich anfangs gegen die Bürger verpflichtet: »er wolle bei ihnen bleiben und Leib und Gut bei ihnen lassen«. Doch entwich er bei dem ersten Anschein von Gefahr nach Heidelberg, ohne der Stadt sein Haus zu übertragen. Die Bauern begehrten dessen Plünderung. »Commenthur«, rief der Haufe, »wir haben lange Zeit hereingeführt, wir wollen nun auch eine Weile hinausführen«. Die Weiber schrien noch toller: sie wollten auch eine Weile in der Stadt hausen, und die Bürger sollten auf die Dörfer ziehen. Unter der Anführung des Albrecht Eisenhut brach der Haufe in die Commende ein. Der Rath hatte eine Wache dazu gegeben, damit Alles fein ordentlich hergehe. Jäcklein [Rohrbach] schlug die Vorräthe, die sich fanden, um jeden Preis den Bietenden zu. Wiederum waren die Teutschherrischen [= die Leibeigenen des Ordens] die Erbittertsten. Ein Zeuge sagte später aus: »sie hätten im Stehlen sonderlichen Fleiß angethan«. Die Klügeren suchten alle Schuldbriefe, Urkunden und Rechnungen im Hause auf und rissen sie sorgfältig in Stücken, um sich von der Dienstbarkeit loszumachen. Das aus dem Verkauften gewonnene und das baar gefundene Geld war sehr beträchtlich (der Commenthur von Wunnenthal hatte kurz zuvor 4000 fl. deponirt. Der ganze Verlust wird über 20000 fl. angegeben). Georg Metzler empfing für sich einen Sack mit 1300 fl. etc. Noch vor der Theilung ging es an ein Schmausen im tollen Bauernübermuth. Die Ordensherren, die sich noch vorfanden, mußten neben der Tafel mit abgezogenen Hüten stehen. Einem rief ein Bauer zu: »heut, Junkerlein, seyn *wir* Teutschmeister«, und schlug ihn zugleich auf den dicken Bauch, daß er zurückfiel.«

Die aufständischen Bauern...: Heinrich Wilhelm Bensen, Geschichte des Bauernkriegs in Ostfranken, aus den Quellen bearbeitet, Erlangen 1840, S. 158 f.
Während des Aufstandes wird »verkehrte Welt« nicht nur gesungen und erzählt, sondern gemacht. Über den politischen Kampf hinaus (Zerreißen der Schuldbriefe etc.) praktizieren die Bauern die »verkehrte Welt« auch in gestisch-symbolischer Form: sie lassen die Ordensherren mit entblößtem Haupt neben der Tafel stehen. Schon in den altrömischen Saturnalien figurierten die Herren als Diener; im Fest der Revolution kehrt das Bild wieder.

16. DAS NEU SCHLAURAFFENLAND
  (Fliegendes Blatt, 17. Jh.)

(1) Merckt auff, was ich jetzt will singen,
 Seltzame Zeitung thu ich bringen
 Auß einem wunderseltzamen Land;
 Was ich darinn gesehen hab
 Will ich euch machen kund,
 heya ho.

(2) Viel Land bin ich herumber zogen,
 Da hab ich offtmals hören sagen,
 Wie ein gut Land auff Erd soll seyn,
 Das werd Schlauraffenland genannt,
 ....[1]
 heya ho.

(3) Da thet ich einen Stummen fragen,
 Dacht, der kan mir die Wahrheit sagen,
 Wie ich komb in das Land hinnein;
 In dem da kam ein Blinder,
 thet mir auch gar recht seyn,
 heya ho.

(4) Dann er kunde bey der Nacht sehen
 So wol als beym Tag, thu ich jehen²,
 Drumb wiß³ er mir den Weg voran;
 gar bald inn kurtzer zeite
 da kamen noch zween Mann,
 heya ho.

(5) Ein Nacketer thet sich gar bald finden
 Unnd ein Lamer bleib nicht dahinden,
 Sondern lieff allzeit weit voran
 Mit seinen zweyen Krücken
 Bestellt die Herberg schon,
 heya ho.

(6) Bald ich zu eim grossen dicken Wald kame,
 Kein einigen Baum ich da vername⁴,
 Unnd da ich durch den Wald nauß kam,
 War ein grosser Bach ohn Wasser,
 Theten drey Schiff drauff stahn,
 heya ho.

(7) Die waren schwer und wol beladen,
 Das eine Schiff hat keinen Boden,
 Das ander kein Wand, 's dritt nicht da war;
 Ich fuhr geschwind hinüber
 Im Schiff, daß nicht da war,
 heya ho.

(8) Noch mehr das deucht mich wunderseltzsam:
 Die Küh die giengen auff den Steltzen,
 Ein Wagen der gieng vor dem Roß,
 Da giengen die Gänß in Kirchen,
 Predigt in der Fuchs,
 heya ho.

(9) Ein Mauß hett auch ein Bern⁵ angebunden,
 Der Haaß der jaget den Jäger mit sein Hunden,
 Es trug ein Käfer ein langen Spieß;
 Hört ich ein Igel geygen
 Wol unter der Erden tieff,
 heya ho.

(10) Ein Frosch den hört ich die Metten leuten[6]
    Ein Storch der trug ein Degen an der Seiten,
    Darnach ein Schaf ein Wolff zerriß,
    Ein Schneck die spannt ein Büchsen,
    Nach einem Hirschen schuß,
    heya ho.

(11) ....[7]
    Ein Ochs der stund darbey und wolt es wiegen,
    Ein Wildschwein wolt die Kindsmagd seyn,
    Nam sie ein eyserne schauffel,
    Strich ihm den Brey mit ein,
    heya ho.

(12) Noch eins das ist wol halb erlogen:
    Es ist ein Acker zum Feld nauß gflogen,
    Der hat eim Bauren ein Stadel[8] erschlagen,
    Zwen Spatzen sassen darunter,
    Die bauten ein neuen Wagen,
    heya ho.

(13) Ein Mühlstein sah ich über das Meer fliegen,
    Ein Lauß thet jhn wider herrüber ziehen,
    Die Krebs die nisten auff die Bäum,
    Die Vögel leben im Wasser,
    Die Fisch wol auff dem Land,
    heya ho.

(14) Die Tauben kehrten die Scheuren Dennen[9],
    Darnach trosch der Han mit der Hennen,
    Ein Esel thet die Trummel schlan[10],
    Die Geiß und Böck schön pfiffn,
    Die Kälber tantzten drein,
    heya ho.

(15) Der Blind hat ein Eychhorn gesehen,
    Der Lam erloffs mit seinen grossen Zehen,
    Der Nacket hats in Busem geschoben,
    Ihr dörfft darumb nicht zürnen,
    Es ist wol halb erlogen,
    heya ho.

(16) Der dieses Liedlein hat gesungen,
Dem hats nicht allzeit gelungen,
Thut sein Gelt offt im Wirtshauß verzehren,
Ligt darnach in der Scheuren[11],
Muß sich mit singen nehren,
heya ho, hoscha ho.

Worterklärungen: 1 hier fehlt im Original eine Zeile (Blattende) – 2 tu ich sagen (*ich* fehlt im Druck) – 3 wies – 4 keinen einzigen Baum bemerkte ich da – 5 Bären – 6 die Mette läuten (*in die Metten*, Druck) – 7 Die Zeile bis einschließlich *Ein* fehlt im Druck; es geht offenbar um die Geburt eines Kindes – 8 Stadel, Stall – 9 die Scheunen, Tennen – 10 schlug die Trommel – 11 Scheune
Das neu Schlauraffenland: Flugschrift ohne Ort und Jahr *Drey schöne newe lustige Lieder,* Stadt- und Universitätsbibliothek Frankfurt, Auct. Germ. L. 521. [Kriegsverlust]. Wiedergabe nach einem Film im Deutschen Volksliedarchiv, Freiburg.
Der Sänger, ein armer Teufel (Str. 16), zieht mit einer Art Krüppel- und Elendenprozession (Str. 3–5) in das *wunderseltzame Land* der Verkehrten Welt Schlauraffenland. Der Weg führt durch den »Märchenwald« (Str. 6), eine tote Natur. Die imaginäre Reise über das Wasser (wie der Wald häufig Grenze zur Anderswelt) geht in das Fabelreich einer verkehrten Tierordnung – aber wie in der Fabel können ja die Tierfiguren für Eigenschaften und Rollen der Menschen stehen. Anders als in der friedlichen Utopie der Bibel leben feindliche Tiere wie Wolf und Lamm hier nicht einträchtig beisammen (vgl. Jesaia 65), sondern zerfleischen sich in umgekehrter Rangordnung. Denn in dieser anderen Welt sind die Schwachen stark, die Starken schwach, das Jagdwild wird selber zum Jäger. Seit der Antike spiegeln die Bilder der verkehrten Tierordnung die Utopie einer gestürzten Sozialordnung. In diesem Schlauraffenland richten sich auch die Produktionsmittel gegen die Produzenten (Str. 12), am Ende führen die Tiere die Wirtschaft der Menschen in eigener Regie (14).
Das Lied ist 1844 von Ludwig Uhland – vermutlich nach einem anderen Druck als dem hier benutzten – abgedruckt worden. Eine ältere niederdeutsche Schicht läßt sich noch im Reim der Strophe (*Roß: Voß*) erkennen. Die letzte Zeile jeder Strophe muß man sich als einen vom Publikum mitgesungenen Schlußrefrain denken.
Lit.: L. Uhland, Alte hoch- und niederdeutsche Volkslieder, Stuttgart/Tübingen 1844, Nr. 241; F. M. Böhme, Altdeutsches Liederbuch, Leipzig 1877, Nr. 278 b. Dort und bei Erk/Böhme, Deutscher Liederhort, Bd. III, Leipzig 1894, weitere Lügenlieder. Vgl. auch M. L. Könneker, Dr. Heinrich Hoffmanns Struwwelpeter, Stuttgart 1977, S. 181 ff. (zum Motiv »Der Hase jagt den Jäger«, Str. 9).

LA VERA DESCRITTIONE DEL PAESE CHIAMATO ANTICAMENTE SCANZ

Legende zur vorigen Illustration:
Wahrhaftige Beschreibung des Landes, welches vorzeiten hieß »Vermeide Arbeit« und sich jetzt nennet Schlaraffenland der Frauen. Kupferstich, Italien 17. Jh. – Bildersaal I 9

Vor dem Eingang zum Schlaraffenland der Frauen lauern zwei Untiere. Das eine frißt, rätselhaft genug, jene Ehemänner, welche die Gelüste ihrer Frauen befriedigen. (Oder sollte der Zeichner ein »nicht« vergessen haben?) Das andere verschlingt jene Ehefrauen, die ihren Männern auch nur eine Stunde gehorsam sind. Unter dem Eingang reicht die Pförtnerin den ankommenden Männern einen Trank, der sie den Verstand verlieren läßt, so daß sie künftig in beständiger Knechtschaft der Frauen leben. Für die eintretenden Frauen stehen Kutschen zur Besichtigung des Landes bereit. Der Weg aus frischem Quark und Aniskonfekt führt, vorbei am Zaun aus Würsten, zunächst zu einem Brunnen; dort ergießt sich aus einem Baum ein Wasser, welches Syphilis und Haarausfall heilt. Neben dem Spiegelberg liegt der Perlenkettensee, dahinter der Goldberg. Auf ihm sitzen Affen, die Kragen, Kleider und andere Sachen sticken. Im Kleiderwald am oberen Rand des Bildes sind Riesenspinnen dabei, allerlei Arten von Kleidern zu weben; auf der rechten Seite stehen Hunde am Herd und drehen die Bratspieße, und im Mittelfeld gibt es Ameisen, die alle Flöhe fressen. Hinter dem Goldberg mit den stickenden Affen erhebt sich der Tempel mit dem Wasser, das jede Frau wieder jung und schön macht, die dort eine Viertelstunde badet; an Fahnenstangen flattern seidene Hemden. Dahinter wachsen die Schuhbäume. Am Kleiderwald vorbei führt der Weg über den Milchfluß; auf einem kahlen Baum sitzen große Vögel, deren Federn sich am Boden in Betten verwandeln. Es folgen der Ofen, der selber Pasteten bäckt sowie, auf der rechten Seite, neben anderen Köstlichkeiten Zucker- und Konfektfelder; dort weiden auch die täglich trächtigen Rinder. Im Fluß nebenan sieht man eine fischschwänzige Sirene, die des Nachts Schlaflieder singt. Der Fluß aber umspült einen Garten: Wer ihn betritt, passiert zunächst zwei Gefängnisse: eines für die Frauen, die arbeiten und ein anderes für die Männer, die Grobheiten sagen. Im Garten fließen außer dem Schönheitsbrunnen, der die Frauen rot und weiß macht, verschiedene Weinbrunnen; an den Tischen in der Runde werden allerlei Speisen serviert. Die Arkaden sind der Ort, wo man sich im Freien Geschichten erzählt. Im Mittelpunkt des Schlaraffenlandes der Frauen aber ragt ein gewaltiger Turm: Es ist der Blondierturm, auf welchem ein Baum steht, der ein Harz von goldener Farbe abwirft: auf die es niederfällt, die werden reich und blond wie Gold.

17. DES TEUFELS BRAUSPRUCH
(Clemens Brentano, 1808)

Hui, Bruder, ich bin ein gereister Mann,
Hab neulich erst ein Zug getan,
Da lernt ichs Brauen in einem Land,
Sein Nam, der ist mir unbekannt,
Da wachsen die Plateis auf den Baumen,
Wie anderwärts die Kirschen und Pflaumen,
Die Gäns, die haben Tanzschuh an,
Die Weiber küssen gern die Mann,
Die Störch, die stechen eim den Staren,
Die Wölf der großen Schul gewahren,
Die Füchs, die kommen angefahren,
Die Schnecken machen glänzende Karrieren,
Die Enten Minnelieder blären,
Die Küh unter andern vielen
Mit Ochsen in dem Dambrett spielen,
Die Esel auf der Laute schlagen,
Die Fisch sich lassen in Sänften tragen,
Die Böck, die gehen botanisieren,
Die Frösch die Physicam dozieren,
Ein Krebs Finanz- und Kriegskunst lehrt,
Zwick', retirier', bleib unversehrt,
Die Esel werden Jaherrn genannt,
Die Spatzen liebreich und galant,
Der Krug, der lehrt Philosophei,
Salat steht auch schon lang dabei,
Kienöl, Pfannkuchen und Butterweck
Haben da all einen hohen Zweck,
Dreschflegel muntern sich mit Gedichten,
Das Stroh zu dreschen, die Spreu zu sichten,
Kunst, Wissenschaft, auf grünem Ast,
Ob du ihn lange nicht gesehen hast,
Den Objektiv, den Subjektiv,
Der hundert Jahr ganz ruhig schlief,
Aufwacht, Lärm macht,
Wird ausgelacht,
Hanswurst ist an der Natur gestorben,
Natur ist an der Kunst verdorben,
Und Kunst hat die Religion gefressen,

Und Religion hat den Glauben vergessen,
Und Glauben hat alles wissen wollen,
Und Wissen sitzt auf dem Eisschollen,
Und fährt hinab ins weite Meer,
Und wird zu Wasser wie vorher,
Aber die Gans ist ein Predikant,
Auch hats viel Hasen in dem Land,
Welche auf Gartenschnecken reiten,
Die für das Vaterland da streiten,
Küniglein die Trommel schlagen,
Eichhörnlein die Fahnen tragen,
Der Hunger ist ihr bester Koch,
Karfunkel wächst im Ofenloch,
Die Mäus, die bauen dort das Feld,
Die Katz ist als Organist bestellt,
Der wilde Eber ist ihr Badknecht,
Ein Hering ist ihr Wildschütz recht,
Der Bär ist ein Informator gut,
Ungelecktes er lecken tut,
Und Reinecke Fuchs, das Schemelbein,
Möcht gar zu gern der Papst auch sein,
Ein Schemelbein in seinem Bau –
Ein Schelmenbein, liest mans genau.

Clemens Brentano, Des Teufels Brauspruch: Aus: Geschichte und Ursprung des ersten Bärnhäuters, nach: Werke, hg. v. F. Kemp, Bd. 2, München ²1973, S. 938 f.
Der Spruch wird in Brentanos Geschichte (nach Motiven des 16. Jahrhunderts) vom Teufel bei der Erfindung des Bieres als Brauspruch gesprochen. Brentano, der es perfekt verstanden hat, sich in überlieferte sprachliche Formen einzufühlen und sie zugleich ironisch zu verfremden, hat auch hier mit alter Feder neu gedichtet.

18. LÄNDER AUF DER ANDEREN SEITE DER WELT
(Katalonien, 1918)

Es war einmal ein bildhübsches Mädchen, graziös und von einer bezaubernden Anmut. Kein anderes in der Welt hätte seinen Liebreiz übertreffen können. Alle Burschen, die es sahen, wurden durch die außergewöhnliche Schönheit, die Schlagfertigkeit in der Unterhaltung und außerdem durch ihre Güte gefangengenommen. Unter den vielen tausend Burschen, die sich in es verliebten, waren drei, die um seine Gunst warben und es gern zu ihrer Frau gemacht hätten. Das Mädchen fand die drei auch sehr nett, verkürzte sich mit ihnen die Zeit, es konnte sich aber nicht für einen entscheiden. Wenn der eine ihr gefiel, mochte sie den anderen noch lieber und dann noch mehr den dritten. Die Burschen wurden auf die Dauer unruhig, ständig in der Erwartung, sie würde sich für einen von ihnen entscheiden. Als nun immer mehr Zeit verging und sie sich für keinen der Drei entscheiden konnte, beschlossen sie, gemeinsam mit dem Vater des Mädchens zu sprechen und diesen um die Hand seiner Tochter zu bitten.

Der Vater rief seine Tochter zu sich, und mit der Bemerkung, daß nicht alle drei ihr Ehegesponst sein könnten, bat er sie um ihren Entschluß, für wen sie sich nun entscheiden wolle. Aber das Mädchen, das wirklich hübsch und graziös war, fand keine Lösung und geriet immer mehr in Zweifel, wem es seine Gunst schenken solle, bis der Vater erzürnt sagte:
»Da du dich nicht entscheiden kannst, werde ich nunmehr derjenige sein, der das Urteil fällt.«
Er wandte sich an die Galane und fuhr fort:
»Seit meiner frühesten Jugend habe ich immer den Wunsch gehabt, zu reisen, die Welt zu durchlaufen, fremde und fremdartige Erdteile und die Länder zu besuchen, deren Sitten und Gebräuche sehr verschieden zu den unsrigen sind. Trotz all meiner großen Wünsche konnte ich aber nie mein Haus verlassen; erstens, weil ich meine Eltern nicht allein lassen wollte, und später, weil ich meine Kinder behüten mußte. Da ich nun einmal Spaß daran habe, möglichst viel über fremde Erdteile und deren Unterschied zu unserem zu erfahren, werde ich meine Tochter demjenigen von euch zur Frau geben, der nach einem Reisejahr mir die außergewöhnlichsten Dinge aus den Ländern, die er durchreist hat, erzählen kann. Wenn ihr euch diesem Handel anschließen wollt, empfehle ich euch, möglichst bald abzureisen.«
Die drei Burschen waren mit den Worten des Vaters ihrer Ersehnten einverstanden und bereiteten sich auf die Reise vor. Am folgenden Tage in der Frühe verließen sie gemeinsam den Ort. Draußen angekommen, knobelten sie mit Streichhölzern den Weg aus, beziehungsweise die Richtung, die jeder Einzelne

nehmen sollte. Dem ersten gab das Los auf, sich gegen Sonnenaufgang auf den Weg zu machen; der zweite mußte zum Süden, während der dritte gegen Westen zu marschieren hatte. Sie verabschiedeten sich voneinander bis zum nächsten Jahr zum gleichen Tage zur gleichen Stunde und am gleichen Platze, und jeder begann sich in die Richtung zu entfernen, die ihm das Los auferlegt hatte.

Der Verliebte, der den Weg nach Sonnenaufgang gegangen war, marschierte und marschierte und, nachdem er viele Felder, viele Flüsse, viele Berge und viele Orte durchquert hatte, kam er zur Kehrseite der Erde, auf der anderen Seite der Welt. Hier wird alles entgegengesetzt gemacht wie bei unseren Völkern. Die Sonne und der Mond gehen im Westen auf und im Osten unter. Die Personen gehen mit dem Kopf nach unten, mit den Händen auf dem Boden, mit den Füßen in der Luft und tanzen, indem sie sich mit dem Kopf auf dem Boden drehen. Die Tiere gehen auf Menschenjagd, die Fische auf Personenfang. Die Schweine halten die Menschen in Schweineställen und zu Weihnachten töten sie diese, pökeln das Fleisch ein und bewahren es dann in großen Tonkrügen auf. Das Hühnervolk hält Männer, Frauen und Kinder in den Hühnerställen und an den Hauptfesttagen töten sie sie und braten sie auf dem Rost. Die Pferde reiten auf den Menschen und fahren in Karren und Wagen spazieren, die von Menschen gezogen werden. Um das Getreide zum Müller zu bringen, werden die Getreidesäcke den Menschen aufgeladen, die auf allen Vieren gehen und von Eseln und Mauleseln gelenkt und gepeitscht werden. Bei der Mühle angekommen, statt das Getreide zu mahlen, mahlen die Getreidesäcke den Müller und die Mühle gibt Müllerpulver anstelle von Mehl her. Die Betschwestern nehmen dem Priester die Beichte ab; die Kleinen in der Schule geben dem Lehrer Unterricht, und wenn dieser dann etwas nicht weiß, geben sie ihm dann tüchtig Prügel, kehren ihn mit dem Gesicht zur Wand mit den Armen auf dem Rücken und mit einem Besen in jeder Hand. Die Soldaten erteilen den Generälen Instruktionen. Die Bären, Affen und weisen Hunde gehen durch die Straßen und lassen die Menschen nach dem Klang der Schellentrommel tanzen. Der Stuhl setzt sich auf den Rücken des Menschen, der auf allen Vieren läuft. Die Glocke schwingt den Glöckner, die Trommel schlägt den Musiker, anstatt daß dieser die Trommel schlägt. Die Ratten haben ihre Rattenfallen, um darin Menschen zu fangen, und die Vögel Fallen und Fangleinen, um Personen zu fangen. Der Baum gibt dem Menschen Axthiebe und die Tauben lassen den Taubenzüchter fliegen... Landtiere und Federvieh schwimmen im Meer, während die Fische auf der Erde spazieren gehen. Die Schiffe schwimmen auf den Bergen und Karren und Wagen rollen auf den Meeren.

Als der Verliebte alle diese großen Außergewöhnlichkeiten sah, wurde er übermütig vor Zufriedenheit, denn er war sich absolut sicher, daß keiner seiner Kameraden soviel Glück mit einem so phantastischen Land haben würde wie er, und deshalb würde er also auch die Geliebte heimführen.

Der Verliebte, der den Weg gen Süden zu gehen hatte, marschierte ebenfalls unaufhaltsam. Nachdem er viele Felder, viele Flüsse, viele Berge und viele Orte über- und durchquert hatte, kam er in das Schlaraffenland auf der anderen Seite der Welt, wo das Geld auf der Straße lag. Keiner bückte sich, um es aufzuheben, denn alle waren reich. Das Geld wurde mit größter Gelassenheit auf die Straße geworfen, denn es nützte niemandem. Die Bäume gaben Früchte jeder Art und delikate und auserwählte Speisen. Die Berge waren aus Nougat, aus Karamelzucker, aus süßem Brot und Schokolade; die Steine und Kiesel aus Zuckerwerk und feinsten Backwaren. Es gab Flüsse und Quellen aus Milch, jeder Art von Likören und Weinen. Teiche waren übervoll von Marmelade und köstlichen Gelees.

Alle Nächte regnete es die appetitlichsten und verschiedenartigsten Speisen: Schmorbraten, gebratene Hähnchen, fein zubereitetes Fleisch, Fisch in Tunke, Suppe mit Klößen, Reis überbakken und die leckersten Bonbons und Kuchen. Wenn man schlafen ging, brauchte man nur an eine Tür, an das Fenster oder auf das Dach Kochtöpfe, Geschirr und jeder Art Gefäße zu stellen. Am folgenden Tag war alles voll von dem, was es in der Nacht geregnet hatte. Jeden Tag des Monats regnete es die verschiedensten Speisen, appetitlich und schmackhaft angerichtet, und wenn irgendeiner mal eine Speise wünschte, die es nicht geregnet hatte, dann genügte es, zum Busch zu gehen, um von dem Baum die Speise abzunehmen, der sie hergab.

Alle Nächte regnete es weiter Kleider und Wäsche von allen Qualitäten und aller Art, Schuhe, Hüte, Schmucksachen und alle Dinge, die man zur Bekleidung gebraucht. Außerdem regnete es Möbel und andere Hausratsachen, und wenn die einen gut waren, dann waren die anderen noch besser. Dieser Regen ereignete sich nur einmal in der Woche bis zum Morgengrauen. Zu dieser

Zeit ging dann niemand durch die Straßen. Denn wenn irgendein Tisch oder Schrank oder Kommode oder irgendein anderes Möbelstück auf den Kopf eines Vorübergehenden gefallen wäre, so würde er verletzt worden sein und wäre sicherlich gestorben. Am Tage nach diesem Regen gingen die Bewohner auf die Straße und fanden den ganzen Boden mit einer großen Zahl von Kostbarkeiten bedeckt, die es die Nacht hindurch geregnet hatte. Man konnte sich so viele Sachen aneignen, wenn man sich nur bückte, um sie aufzuheben.
Alle Tage gab es Theater, Konzerte, Musik und Abendgesellschaften, an denen man teilnehmen konnte, ohne irgendetwas zu bezahlen. Man konnte mit allen Frauen tanzen, ohne daß die Ehemänner oder Verwandten dagegen waren oder sich ärgerten. Überall herrschte Freude und guter Humor. Wenn irgendeiner traurig war oder mißgelaunt oder aber wenn jemand zu arbeiten wünschte: das Gesetz bestrafte ihn mit Gefängnis. Aber man konnte sich an keinen Fall erinnern, daß jemand eingesperrt gewesen wäre, denn alle waren zufrieden und mit dem Faulsein einverstanden. Es gab keinen Arzt noch Apotheker und es herrschte die beste Gesundheit. Wenn man tatsächlich einmal eine leichte Unpäßlichkeit erlitt durch das viele Essen, dann trank man ein pikantes Wasser aus einer Quelle, das als Abführmittel diente, und in weniger als einer Viertelstunde war man wieder gesund. Die Menschen starben ganz plötzlich an Übersättigung, ohne aber krank gewesen zu sein. –
Der Bursche verbrachte ein ganzes Jahr im Wohlleben, war so glücklich und zufrieden, daß er schon fast den Wunsch hatte, dieses Land der Glückseligkeit und des Glückes nicht mehr zu verlassen. Letzten Endes vermochte jedoch die Liebe zu seiner Angebeteten mehr als der Egoismus des Wohllebens. Als der Tag gekommen war, begann er die Heimreise und er war fest davon überzeugt, daß seine Kameraden nicht eine so außergewöhnliche Landschaft gefunden hätten und daß der Vater seiner Geliebten ihm die Hand seiner Tochter geben würde.
Der Verliebte, der den Weg nach Sonnenuntergang zu gehen hatte, marschierte ebenfalls unentwegt. Nachdem er viele Felder, viele Flüsse, viele Berge und viele Orte durchwandert hatte, kam er schließlich auf die andere Seite der Erde und zwar in das Land der Dummen. Dort war das Volk so dumm und unwissend in all jenen Dingen, die bei uns schon von den Brustkindern gewußt werden.

Die Dummen konstruierten eine Kirche ohne jegliches Fenster mit dem Resultat, daß eine Finsternis herrschte wie in einem Wolfsrachen. Um Licht zu erhalten, fiel ihnen keine andere Lösung ein, als Kiepen in der Sonne anzubringen. Diese sollten sich mit dem Licht füllen und dann in das Innere der Kirche gebracht werden. Aber das Licht war so rebellisch, daß es mit dem Moment, wo die Kiepen zur Tür der Kirche hereingebracht wurden, entwich und sie leer zurückließ.

Als sie die Kirche erbauten, an dem Tage, an dem die Maurer ihre Arbeit beendeten, vergaß einer derselben seine Arbeitshose nahe an der Mauer. In der Nacht wurde sie von irgendeinem Schlingel entwendet. Am folgenden Tage wurde dieses bemerkt, und alle glaubten, die Kirche habe sich fortbewegt und die Hose befände sich unter dem Mauerwerk zwischen den Grundmauern. Um sich hiervon zu überzeugen, ließen sie am folgenden Tage wieder eine Hose an der Mauer zurück, die auf gleiche Art und Weise verschwand. Der Maurer, der sein Eigentum wiederhaben wollte, verlangte, daß die Kirche niedergerissen würde, bis man seinem Wunsche entsprach.

Eines Tages, als die Maurer ihr Arbeitspensum des Tages fast beendet hatten, ließen sie von der Spitze des Glockenturmes eine Leine herunter, um die Höhe festzustellen. In dem Moment läutete die Glocke zum Arbeitsende und die Leine blieb darum hängen. Durch den Nachttau verkürzte sich die Leine ein Stück, und am folgenden Tage fehlten drei Fingerlängen, damit es den Boden erreichte. Alle glaubten, der Glockenturm wüchse. Das ging wie ein Alarm in der Nachbarschaft herum, bis der Bürgermeister befahl, daß alle Einwohner, groß und klein, Steine herbeischaffen sollten, um sie auf die Spitze des Glockenturmes abzuladen, damit dieser, so belastet, nicht mehr wachsen könnte.

An einem anderen Tage schien es ihnen, als stände der Glockenturm nicht gut auf der rechten Seite der Kirche, und sie beschlossen, ihn auf die linke Seite zu übertragen. Um das Bauwerk nicht abbrechen zu müssen, holten sie ein Seil herbei, wie man es gebraucht, um Schiffe an der Mole zu befestigen. Dieses war so dick wie der Oberschenkel eines Mannes. Es wurde an dem Glockenstuhl kräftig befestigt. Alle zogen dann auf ein Geheiß. Aber das Seil riß, und alle fielen auf den Rücken zu Boden.

In der Umgebung der Ortschaft gab es eine Anhöhe, die ihnen lästig war und die sie zu entfernen wünschten. Sie bildeten sich ein, es wäre eine große Beule und suchten diese mit Pflastern,

Fetten und sonstigen Heilmitteln zum Verschwinden zu bringen.
Das wurmstichige Holz und vermottete und abgeschabte Kleider hielten sie für krank und für Leidende mit Wunden oder Hautausschlägen, und um die Heilung herbeizuführen, behandelten sie es mit Medikamenten und Kräuter- sowie Apothekerarzneien.
Man kannte keine Kesselhaken, womit Kochtöpfe und sonstige Gefäße über den Herd gehalten werden. Wenn sie das Essen bereiten wollten, mußten sie die Töpfe mit den Händen über das Feuer halten, wobei sie sich natürlich verbrannten. Fast die ganze Bevölkerung ging mit verbundenen Armen als Folge der Verbrennungen.
Die Männer wußten nicht in die Hosen zu steigen. Die Mütter, Schwestern oder Ehefrauen gingen zum Fenster, wo sie die Hose nach draußen hielten. Die Männer sprangen dann vom Dach, um zu versuchen, mit den Beinen in die Hosenbeine zu kommen.
Wenn sie Häuser bauten, machten sie die Türen so niedrig, daß man nicht hindurch konnte. Wenn man es versuchte, stieß man sich mit dem Kopf an der Oberschwelle und verletzte sich die ganze Stirn. Die meisten hatten Beulen und Wunden an der Stirn infolge der vielen Stöße, die sie erhalten hatten.
Sie konnten kein Brot schneiden, indem sie es vor der Brust hielten. Denn sie waren sich nicht klar darüber, ob mit dem Moment, wo das Messer ihren Körper erreichte, dieser in zwei Teile geteilt würde. Einmal schnitt der Bürgermeister Brot, indem er an einem Baum nahe bei der Kirche angelehnt stand. Und, ohne es zu bemerken, zerschnitt er das Brot, teilte sich selbst und durchschnitt den Baum und die Kirche in zwei Hälften. Die Bestürzung darüber war groß. Die ganze Nachbarschaft lief zum Trauergottesdienst herbei. Und da ergab sich der Fall, daß, als die religiöse Handlung beendet war, niemand die Kirche verlassen konnte, denn da alle sich in Trauerkleidung befanden, konnte keiner mehr die eigenen Beine erkennen. Sie verbrachten Stunden weinend und seufzend, bis zufällig ein Maultiertreiber vorüberging, der, als er das Geweine hörte, in die Kirche eintrat. Er knöpfte sich alle diese Dummköpfe mit Peitschenhieben vor, und in dem Moment erkannten sie wieder ihre eigenen Beine.
Damit die Schweine nicht mit der Schnauze den Boden aufwühlten beim Fressen der von den Eichbäumen niedergefallenen Eicheln, warfen die Schweinehirten diese in die Luft, daß sie diese

mit den Zähnen schnappen sollten. Anstatt daß die Frauen den Hühnern eine Tränke hinstellten, damit diese trinken könnten, banden sie diesen eine Schnur um den Hals und ließen sie in den Brunnen hinab. –

Der Verliebte, der den Weg nach Sonnenuntergang genommen hatte, rieb sich aus lauter Zufriedenheit die Hände und war überzeugt, daß keiner seiner Kameraden ein so außergewöhnliches Land gesehen hätte wie er. Am festgesetzten Tage kehrte er nach Hause zurück in der festen Überzeugung, er würde nunmehr die Geliebte heiraten können.

Am festgelegten Tage und zur bestimmten Stunde fanden sich die drei Verliebten erneut an der gleichen Stelle ein, wo sie sich voneinander verabschiedet hatten. Jeder einer war ruhig in dem Gedanken, daß er die Rivalen übertreffen werde.

Die drei präsentierten sich zusammen dem Vater der Geliebten, der sie mit geöffneten Armen empfing, neugierig und ängstlich zugleich, die Erzählungen zu hören. Der Sonnenaufgang-Marschierer erzählte die sonderbaren, seltsamen und merkwürdigen Dinge, die er in dem Lande auf der anderen Seite der Erde, wo er gewesen war, gesehen hatte. Der Vater war mit dieser Erzählung zufrieden. Der Süd-Marschierer erzählte nun die sonderbaren, seltsamen und merkwürdigen Dinge, die er im Schlaraffenland gesehen hatte. Dies gefiel dem Vater sehr und er war noch zufriedener und befriedigter. Zum Schluß erzählte der Sonnenuntergang-Marschierer die sonderbaren, seltsamen und merkwürdigen Dinge, die er im Land der Dummen gesehen hatte. Hiermit war der Vater noch zufriedener. Jeder der drei Bewerber glaubte, er werde die Konkurrenten übertreffen. Alle erwarteten ängstlich die Entscheidung des Alten, der wie folgt zu ihnen sprach:

»Ich bin sehr zufrieden mit dem, was ihr mir erzählt habt. Es übertrifft an Merkwürdigkeit alles, was ich mir hätte erträumen können, und ich bin euch für all dies dankbar. Was nun die Hand meiner Tochter betrifft, so kann ich euch diese leider nicht geben, da sie sich vor einigen Monaten mit einem Schneider verheiratet hat, der sich in sie verliebt hatte. Er wechselte jeden Tag dreimal seine Bekleidung, immer besser und schöner. Und da er nur mehr der einzigste war, der meiner Tochter den Hof machte, blieb am Ende keine Unschlüssigkeit mehr. Sie haben bereits einen Sohn, der ausgerechnet heute getauft wird. Ich als Pate lade euch zur Taufe ein. Dann könnt ihr meinen Schwiegersohn ken-

nenlernen, der seinen Hochzeitsanzug tragen wird. Das ist das beste Stück von allen, die er gemacht hat. Ihr könnt es bewundern. Beim Imbiß könnt ihr eure Abenteuer den Gästen erzählen. Sie werden ihnen sicherlich sehr gefallen und gut zur Unterhaltung beitragen.«
Als die drei Galane dies alles hörten, wurden sie wie Furien. Nach vielem Hin und Her, was sie nun machen oder nicht machen sollten, beschlossen sie, einen Streit vom Zaune zu brechen mit dem Vater, der Tochter, dem Schneider und sogar mit der Kreatur, die gerade getauft werden sollte. Beileibe keinen einfachen und kleinen Streit, sondern einen sehr ernsthaften. Sie begaben sich zum König, um ihn zu bitten, daß auch er den Streit unterstützen möge. Der Streit begann, dauerte und dürfte noch heute dauern, und man weiß nicht, wann er erledigt sein wird. Alles dieses ist so wahr, wie die Erzählung beendet ist.

Länder auf der anderen Seite der Welt: Von Prinzen, Trollen und Herrn Fro, Märchen der europäischen Völker. Hg. v. d. Gesellschaft zur Pflege des Märchengutes, Bentlage 1958, S. 62–72. – Katalanisch 1918 von dem Vermittler und Hausierer Juan Martorell.

Narrenland

19. DAS SCHLURAFFENSCHIFF
(Sebastian Brant, 1494)

Glaub nicht, *wir* seien Narrn allein:
Wir haben Brüder groß und klein;
In allen Landen, überall,
Ist endlos unsre Narrenzahl;
Wir fahren um durch jedes Land
Von Narrbon[1] ins Schlaraffenland;
Wir wollen ziehn gen Montflascun[2]
Und in das Land gen Narragun.
Wir suchen nach Häfen und Gestaden
Und fahren um mit großem Schaden
Und können doch nicht treffen an
Das Ufer, wo man landen kann;
All unser Fahren ist ohn Ende,
Denn keiner weiß, wo er anlände;
So fehlt uns Ruhe Tag und Nacht,
Doch keiner hat auf Weisheit acht.
Wir haben auch noch viel Kumpanen,
Trabanten[3] und auch Kurtisanen[4],
Die unserm Hof stets nachgeschwommen
Und auch zuletzt ins Schiff noch kommen
Und mit uns fahren auf Gewinn.
Ohn Sorg, Vernunft, Weisheit und Sinn
Ist doch voll Sorge unsre Fahrt,
Denn wer hätt Sorgfalt wohl verwandt

Auf Tabelmarin[4] und Kompaßstand
Oder das Stundenglas umgewandt?

Worterklärungen: 1 Anspielung auf die französische Stadt *Narbonne* wie auf das phantastische Narragonien. – 2 Die italienische Stadt *Montefiascone,* bekannt für ihren guten Wein, in wörtlicher Übersetzung zugleich *Flaschenberg.* – 3 Höflinge – 4 Seekarten
Sebastian Brant, Das Schluraffenschiff: Das Narrenschiff, übertragen von H. A. Junghans, neu hg. v. H.-J. Mähl, Stuttgart 1980, S. 409 f.
Mit einer Anspielung auf Psalm 107, wo von Narren die Rede ist, die das Meer befahren, beginnt Sebastian Brants damals berühmte und einflußreiche »Narrenschiff«-Satire. Jedes Verhalten, das vor dem Richterstuhl der »Weisheit« nicht bestehen kann, gilt ihr als narrenhaft. Über die mittelalterlichen »Todsünden«-Kataloge hinaus wird ein Verhalten getadelt, das den Grundsätzen einer vernünftigen, bescheidenen, Exzesse meidenden und an Fleiß und Einsicht orientierten Lebensweise widerspricht; damit kündigen sich die Grundzüge frühbürgerlicher Lebensweise und Geisteshaltung an. Mit einer neuen, »weltlichen« Begründung werden damit jene »Laster« des Volkes gegeißelt, die schon den mittelalterlichen Predigern verdächtig waren: Schlemmen und Prassen (die Todsünde der *gula*), Faulheit *(acedia),* und sexuelle Zügellosigkeit *(luxuria).* Der *Narr* wird, wie der *Schlauraff,* in der frühbürgerlichen Polemik zum Inbegriff eines verwerflichen sinnlichen Lotterlebens.
Das schluraffen schiff bildet das 108. Kapitel von Brants »Narrenschiff«; der Holzschnitt, der dieses Schiff darstellt, ist identisch mit dem *Narrenschyff-*Holzschnitt zu Beginn des Werkes. »Schlauraffe« und »Narr« meinen – auch im Text – ein und dieselbe Figur. Schluraffen sind jene, die *on sorg, vernunfft, wißheyt vnd synn* dahinleben. Sie gleichen Seefahrern, die sich ohne Kompaß und Karte auf die Reise machen und daher Schiffbruch erleiden müssen. Die Beschreibung läßt sich sodann auf die Irrfahrten des Odysseus ein, wobei die *wunder thier* des Meeres, wie *Delphynen vnd Sirenen* oder *Cyclops* und das *volck der lästrygonum*, also die Märchenwelt der Odyssee, der Seite des Narrenhaften zugeschlagen wird, wohingegen Odysseus als *der wise* erscheint, als Musterbild aufgeklärter Weisheit.

20. PREDIGT ÜBER DIE SCHLUCHRAFFEN NARREN
(Geiler von Kaisersberg / Johannes Pauli, 1520)

... Wie meiden wir dise narheit? Es hat ein kurtze ler: dir ist not, das du sitzest in einem andern schiff und ander schifflüt erwölest, und understandest an ein andern staden[1] zu zefaren. Setz dich in das schiff der penitentz,[2] der gerechtikeit eins cristinen lebens,

Holzschnitt zu Sebastian Brants »Narrenschiff« – Bildersaal D 1

der liebe gottes und des nechsten. In dem schiff sitzt der gerecht schiffman Christus, die ewige weißheit, mit seinen iüngern, und ist, das in das schiff gang der, der da wil seliklich schiffen zu der porten des ewigen lebens, ja cristus selbst. Darumb sprach er hüt zu denen dy gen Emauß[3] giengen »O ir narren, must nit cristus also leiden und also gon in sein glori.« Und du bist in dem schiff, als ich hoff wir alle darin seient. Sihe zu, daz du daryn bleibest biß zu dem end. Nit spring widerumb herauß in das meer diser welt, das du nit verderbest. Bistu aber nit in dem schiff, so gang daryn, dieweil du zeit hast, ee das schiff für far, und mach dich zu dem staden.

»Ja zu welchem staden?«

Zu dem staden der gnade gotes und der glori des frids des hertzen und der ewikeit, zu dem staden, uff dem Jesus stund nach seiner urstend,[4] da seine iünger arbeiten uf dem wasser,[5] da er inen erschein zu den porten der tugent, in den würt man sehen got. *In syon ibunt de virtute in virtutem.*[6]

Da würstu ein ander land sehen, nit ein spöttig nerrisch land, aber das verheissen und gelobt landt, nit schluraffen land, aber das gewar land, da die decher seint mit fladen gedeckt, da keß uff bergen wachsen, da da seint zuckerstein, die milchbrunnen, und die bäch fliesen mit honig, da wyßbrot hangt an den beumen, mit fleschen vol des kostlichen weins; die zün seint mit würsten geflochten, und gebraten tauben fliegen den lüten in dy müler.

Da kümmen wir zu dem land aber mit keinem schiff, dan mit dem schiff der penitentz und eines cristenlich lebens. Zu dißem land kummen allein die, die von weltlichen menschen veracht, sein schluraffennarren geheissen, so sie doch in warheit witzig[7] seint, welt verschmeher und verachter aller weltlicher ding. Sie seint der welt tod, sie haben die welt nit lieb, so seint sie von der welt nit lieb gehebt. Also was sanctus Paulus ein nar,[8] der sagt *Mundus mihi crucifixus est et ego mundo.*[9] Und dise menschen sehen in warheit dis land von verniß durch den glauben, sie schmacken es und versuchen es durch götliche liebe, aber nit volkommen, aber dort von angesicht zu angesicht werden sie es sehen.[10] Und wan wir es versuchen und essen werden, so werden wir sehen das war ist, das von dem land gesagt ist. *Gloriosa dicta sunt de te.*[11]

Du sprichst: »was fladen seint das, dar mit die decher gedeckt seint?«

Der fladen ist christus, der her. Fladen macht man uß keß,[12] milch und eyer, und christus ist gemacht uß dem fleisch, seel und gotheit. Wan wie die seel und der leib ist ein mensch, also got und mensch ist einer, christus ...

Worterklärungen: 1 Gestade – 2 Buße – 3 vgl. Lukas 24 – 4 Auferstehung – 5 vgl. Joh. 21,1 – 6 Sie werden in Zion von Tugend zu Tugend wandeln – 7 klug – 8 Narr – 9 Die Welt ist mir gekreuzigt und ich bin es der Welt (Gal. 6,14) – 10 vgl. 1. Kor. 13, 12 – 11 Rühmliches ist von dir gesagt worden – 12 Käse.
Geiler von Kaisersberg/Johannes Pauli: Predigt über die Schluchraffen Narren: Keiserspergs Narenschiff, so er gepredigt hat zu straßburg ... und vß latin in tütsch bracht, Straßburg 1520, S. CCXVI f. [Wolfenbüttel]
Der Elsässische Volksprediger Geiler von Kaisersberg hielt 1498 einen Predigtzyklus über Sebastian Brants »Narrenschiff« (vgl. Text 19). 1510 erschien die lateinische Ausgabe dieser Predigten im Druck, 1520 eine Verdeutschung durch Johannes Pauli. Das Thema blieb bei den Predigern auch später beliebt. Neben diversen Predigtmärlein zeugt davon eine voluminöse Schlaraffenland-Predigt (»Inhalt: Wo aus gehet der Weeg vom Schlaraffen-Land? wohin kommt man durch den Müssiggang?«) des bayerischen Augustiner-Eremiten Ignatius Ertl aus dem Jahr 1708 über das Laster des Müßiggangs. »Das Schlaraffen-Land ist auf dem gantzen Erden-Kreiß weder zu Wasser noch zu Land zu finden, ist alles ein erdichtes Wesen, ein Poetisches Figmentum und pur lautere Fabel, was man von Utopia (dem Schlaraffen-Land) schrifftlichen ausgibt und vorschwätzet. Jedoch so entwirfft mancher Mensch an sich selbsten warhafft und lebhafft das Schlaraffen-Land. Mit wem? Mit seinem schlenzerischen Müssiggang, Faulheit und Trägheit, mit seinem immerwährenden Lustund Wolleben.« (Sonn- und Feyer-Tägliches Tolle Lege, Das ist: Geist- und Lehr-reiche Predigen Auf alle Sonn- und Feyer-Täg des gantzen Jahr-Lauffs eingerichtet, Dominical-Theil. Von P. F. Ignatio Ertl, Nürnberg, 2. Aufl. 1708, S. 123.) – Die Prediger haben, vielleicht ganz gegen ihren Willen, nicht wenig dazu beigetragen, daß die Stoffe der volksliterarischen Tradition bekannt blieben.

21. DIE WELT IST UMBKEHRT
(Predigtmärlein, 1700)

Die Welt ist umbkehrt. Vor disem, fablet jener, hatte der Baur seinen Wohnsitz im Dorff; jetzt sitzt das Dorff im Bauren. Bey alten Zeiten waren die Städel in dem Heumonat voller Heu; jetzt ist das Heu voller Städel. Vor disem hat man auß Milch den Käß gemacht; jetzt macht man auß dem Käß die Milch. Vor disem hat

»Die Mäuse jagen die Katze«
Motiv aus einem »Verkehrte Welt«-Bilderbogen,
19. Jh. (Nürnberg GNM)

man mit Tröschlen die Garben getroschen; jetzt tröschet man mit Garben die Tröschel. Mit welcher Weiß zu reden diser ohne Zweyffel so vil wöllen anfügen, daß die Welt umbgekehrt, und man heunt zu Tag mit jenem billig auffschreyen möge: O Tempora! O mores!
Ein anderer Spitz-Verständiger und Klügler sagt: er wisse eine Stadt, in welcher die Mauren fallen, und die Wässer sich in die Höhe, und in die Lüffte sich auffstrecken; Die Thürne, wie Wasser fliessen, und die Schiff wie Thürne stehen; Die Krancke auff den Gassen sich erspatzieren und die Herren Medici kranck in dem Beth darnider ligen; Die Bäder erkaltet und die Garten schwitzen; Die Lebendige versauffen und die Todte, nach der Schwimm-Kunst einher schwimmen; Die Kauffleuth die Mußquetten tragen, die Soldaten den Ehlen-Stab; Die Alte den Ballen schlagen und die Junge hinter den Ofen hocken; Die Weiber im Feld den Männeren en chef das Commando ertheilen, die Männer aber bey der Kunckel und bey dem Spinn-Rad sitzen; Die Kinder ihren Eltern den Gehorsam befelchen und die Eltern gehorsamen; Die Diener und Diernen, oder Mägde im Hauß den Meister spillen, der Herr aber und Frau unterthänig auffwarten. O Umbkehrte Welt!

Die Welt ist umbkehrt: Marcellianus Dalhofer, Miscellanea oder Allerhand Bueß-, Passions- ... und Todten-Reden, Erster Theil, Ingolstadt/München 1700. Nach: E. Moser-Rath, Predigtmärlein der Barockzeit, Berlin 1964, S. 337.
Der Prediger hat das *Märlein* im Rahmen einer Ehestandspredigt verwendet

und so zielen denn die »Absurditäten« des Anfangs darauf, eine Veränderung der familiären Aufgaben und Rollen als ebenso »absurd« erscheinen zu lassen. Auch andere Prediger geißeln eine »verkehrte Hausordnung« als *närrisch* und *lächerlich:*
»Mein, was wurde man sagen, wann der Diener wurde zu Tisch sitzen, der Herr aber mußte vor ihm stehen und aufwarten? ... Was wurde das nicht für ein lächerliche Comödi seyn, wann die Cavalier und Damasen müßten die Gutschen ziehen und die Ross darinnen sassen? wie ungereimt wurde das heraus kommen, wann auf einem Gejaid die Füchs und Haasen die Hund jagen und fangen müßten ... Wie läpisch wurde es stehen, wann die Menschen die Schuh für den Hut an den Füssen hätten, närrischer wurde es herauskommen, wann sie gar auf den Köpffen giengen und die Füß in die Höh reckten. Und letztlichen was für ein monstrose und abentheurische Sach wurde es seyn, wann der Mann oder Herr im Hauß bey der Gunggel sasse und spunne, bey dem Neh- oder Klöckel-Küssen knockte, das Weib aber in den Rath gienge oder gar mit Harnisch, Wehr und Waffen in das Feld zuge, mit dem Degen scharmizirte und wider die Feind stritte, dise und noch andere ungereimte Sachen mehr wurden uns anzeigen, daß es seye mundus inversus, eine umbgekehrte Welt. Daß es hergehe wie in deß Eulenspiegels seinem Haußwesen.« (Mauritius Nattenhusanus, nach Moser-Rath, S. 489).
Die Prediger konnten dabei davon ausgehen, daß den Hörern das Motiv der »verkehrten Welt« bekannt war: »Ich zweifle nit, meine Werten Zuhörer werden villeicht schon zum öffteren die umgekehrte Welt in Kupffer abgebildet gesehen haben...« (ebenda, S. 489). – Der Anfang des Predigtmärleins spielt auf ein verbreitetes »Lügenlied« an (»Ein dorf in einem pauren saß...«), dessen Motive auch in einem Bilderbogen gedruckt erschienen sind.
Lit.: »Ein dorf in einem pauren saß...«: F. M. Böhme, Altdeutsches Liederbuch, Leipzig 1877, S. 361 f. (nach einem Fliegenden Blatt 1530); L. Röhrich/R. W. Brednich, Deutsche Volkslieder, Bd. II, Düsseldorf 1967, S. 494 (nach dem Ambraser Liederbuch 1582); H. Vogel, Bilderbogen, Würzburg 1981, S. 31 (Ein Newer Kunckelbrieff Die widersinnige Weldt genannt, um 1650).

22. VON DEM KÖNIGREICH MARCOLFI ODER DEM SO GENANNTEN BAUREN-PARADEIS
(um 1650)

Aus: Erklärung der Wunder-seltzamen Land-Charten UTO-PIAE, so da ist das neu-entdeckte Schlarraffenland, Worinnen All und jede Laster der schalckhafftigen Welt als besondere Königreiche, Herrschafften und Gebiete, mit vielen läppischen Städten, Festungen, Flecken und Dörffern, Flüssen, Bergen, Seen, Insuln, Meer und Meer-Busen, wie nicht weniger Dieser Nationen Sitten, Regiment, Gewerbe, samt vielen leßwürdigen, närrischen Seltenheiten und merckwürdigen Einfällen aufs deut-

lichste beschrieben; Allen thörrechten Laster-Freunden zum Spott, denen Tugend liebenden zur Warnung und denen melancholischen Gemüthern zu einer ehrlichen Ergetzung vorgestellet, Gedruckt zu Arbeitshausen, in der Graffschafft Fleissig, in diesem Jahr da Schlarraffenland entdecket ist. (Um 1650).

Territorium Schlarraffenburgi *samt seinen 15 untergebenen Städten und Ämtern* Reichseyn, Goldmachen, Verschwenden, Sauffausen, Grobehagen, Ludersheim, Geilhausen, Pralen, Stehlenleuten, Faullentzen, Schwelgendorff, Spielen, Narrnheim, Fluchenfein *und* Rauffengern *steht unter der Oberherrschaft des* Grand-Goschiers oder Gros-Maularchen. *Derselbe residiert in* Schlaraffenburg, *am aus* Mammonien *kommenden Reiche Bach gelegen, dort, wo der Überfluß sich in den Trunkken-See ergießt. Die Mauern der Residenz sind aus Bratschlegeln und Schinken gemacht, die Fenster aus Venezianischen Trinkgläsern. Im Marstall stehen Pferde und Maulesel, die Gold machen, der Lustgarten ist mit einem Bratwurstzaun umgeben, die Blumen des Gartens präsentieren Schüsseln und Becher. Auf die Darstellung der genealogischen, politischen, Polizei- und Militärverhältnisse, sowie der Religion des Landes und der Sitten seiner Bewohner folgt eine ausführliche Geographie der Provinzen des Landes. Im Osten liegen* Groß-Magens Reich *und* Bibonia Regnum *mit ihren zahlreichen Städten und Landstrichen, im Norden* Respublica Venerea, *die Herrlichkeit der geilen Weiber mit* Amazonia *und den zauberischen Inseln. Zu den weiteren 15 Provinzen des Landes gehört das* Reich aller Narren *mit* Stultiloquia, Fantastia, Grillilandia, Schalcklandia, Fressnarnia *und* Bacchanalia, *ferner die Länder der Spieler, der Fechter und Duellanten (mit den Inseln* Timor *und* Mors*), der Raufer und Zänker, der Liederlichen, der Tabakraucher und -schnupfer, der Hoffärtigen, der Diebe, Beutelschneider, Zigeuner, Räuber und Banditen, der Faulenzer, der Neidischen, der Mammonsdiener, der Alchemisten und Goldmacher und der Verschwender. Im Westen des Landes liegt* Marcolfi Regnum, *der grob- und wollüstigen Bauren Reich:*

Man möchte zwar vermeynen, daß die Bauersleute, als das arbeitsamste Volck, gar ungereimt in das Schlarraffenland wären lociret worden; wann man aber erwegen solte, wie importun[1] und ungestümm sie bey dem Grand-Goschier angehalten, was für mächtige Kriege, unter Anführung ihres Königs Marcolfi, sie geführet, wie hertzhafft ihre Obristen, Schultheissen und Ammännern gestritten, Städte belägert, sie² das Joch ihrer Herrschafften ausgezogen, und sich in diese Schlarraffenländer eingedrungen, wird sich niemand mehr darüber verwundern, daß ihnen der Grand-Goschier schier ein eignes Ländlein eingeraumt, wornach ihnen ihr Hertz und Mund gestuncken, welches wir in unsern Land-Charten an sein gebührliches Ort gestellt haben.

Dieses Winter-Königliche Reich, so mitten unter dem Aequatore gelegen, hat von Aufgang³ des Schlarraffenburgische Gebiet, von Untergang und Mittag⁴ das grosse Lurconien, gen Mitternacht⁵ die Venerische Provintz Buhlgarien, der Buhler anbenachbart, von welchem letztern es mit einem hohen Zaun unterscheiden; diesen Zaun pflegen die Bauren Buben gar offt, zumahlen mitternächtlicher Weile zu übersteigen, und in das Buhlerland zum Fenstern⁶ sich zu begeben.

Das Königreich ist in zwey besondere Provintzen abgetheilet, als das so genannte *Bauren-Paradeis*, in welchem sich die wollüstige Bauren aufhalten, und *Praefecturam Grobianam*, der rebellischen Bauren grobe Ober-Herrlichkeit. Umb das Bauren-Paradeis ligen die *Knödles-* oder *Knoepfles*-Berg, die *Milch-*, *Käse-* und *Schmalz*-Berg; mitten in dem Land ligt der *Milchsuppen*-See, in und aus welchem der *Kühmilch Flus* lauffet. Das weisse *Bier-Flüsslein* befeuchtet auch nicht ein geringes Stück von diesem Land.

Die Stadt *Kirba*⁷ oder *Kilby* ist die vornehmste dieses Reichs und der special-Provintz des Bauren-Paradieses, allwo jährlich ein grosses Fest und schöner Kram oder Jahrmarck gehalten wird; es liegt aber diese Stadt an dem *Milchsuppen*-See, mit lauter schönen aufgeputzten geflinderten⁸ Bauren-Buben und Mägdlein gezieret; die Häuser sind zwar mit Stroh gedecket, und haben von aussen gar ein schlechtes Ansehen, inwendig aber findet man manchen schönen Schatz begraben, und die Wände sampt denen kleinen Fenstern über und über mit Mignatur-Gemählden von denen Mucken oder Fliegen ausstaffiret. In Summa, die Stadt ist recht schön, dem gefällig, der solches aber nicht glauben will, mag denen Bauren selbsten auf die Kirba kommen, so wird er erfahren, daß alles obbemeldte wahr seye, und viel schöne Sachen befinden, die wir allhier nicht beschrieben haben. Oberhalb dieser Stadt ist ein anderer Ort anzutreffen, mit Namen *Wirths-*

hauskirch, um welche viel andere herrliche Flerren und Marckflecken herumliegen als: *Schweinsbraetl, Bluntzen,*[9] *Wurst, Dudelsack, Schalmeyen, Leirentanz, Shergeigen* und *Juhuy,* die alle insgesampt zu der Stadt *Kirba* oder *Kilby* gehören. Ferner sind der Stadt *Kirba* einverleibt das Städtlein *Lusti,* die Höfe und Weiler *Zum Brantewein* und *zum Meth, Gutnudel,* der *Milchsuppen*-See selbsten, das Dörfflein *Brockein, Kaes* und *Brod,* und der Marck[10] *Kramen.*

Hotzet[11] ist zwar viel eine kleinere Stadt als *Kirba,* hat auch so viel Einwohner nicht, als selbige, sie ist aber gleichwol an Schönheit, Reichthum, Hoch- und Ubermuth nicht umb ein Haar geringer, als obige; der Marck kommt des Jahrs öffters als nur einmal an sie, und lässet sich der Dudelsack, oder Sack-Pfeiffen und Schallmeyen, trutz zu *Wirthshauskirch,* hören. Zu dieser Stadt und Ampt gehören die trefflich-geputzte Dörffer *Brauta* und *Breggamshut, Baurenstoltz, Zumtantz, Gredelsberg, Ubern Zaun* und *Aufbuhlschafft.*

Latz, eine schöne Stadt, wems gefällt, wird von lauter Schwäbischen Bauren bewohnet, welche diese Stadt mit sich in das Schlarraffenland gebracht haben. Gleich ausserhalb der Stadt *Latz* ist ein weisser Flecken, mit Namen *Hemmet,*[12] der dependiret von der Stadt *Latz.*

Praefectura Grobiana, die grobe und rebellische Bauren-Vogtey, hat drey namhaffte Städte, als:

Baurenkrieg ist die herrlichste Stadt in dieser Praefectur, mit einer grob- und starcken Mannschafft versehen. Die Einwohner haben vorzeiten, ehe sie in das Schlarraffenland kommen, viel lose Händel in Franken, Schwaben[13] ausser Schlarraffenland und vielen andern unzählichen Landen angestellt; seit dem sie aber nach Verdienst geklopfft worden, haben sie sich in das Schlarraffenland verkrochen, und thun, an statt der Lands-Kriege, anitzo die Wein- und Bier-Krüge mit geringerer Gefahr und Schaden führen.

Grobhausen ist annoch[14] eine sehr grob und knopfichte Stadt; sie ist aber viel gröber gewesen, da sich die Bauren wider ihre eigene Herrschafften aufgeleinet;[15] allein es ist nicht lang angestanden, so hat man diese ungestudirte Leute gelehret das Miserere singen, auf welche Psalmen sie hernach etwas klärers und eingezogeners worden.

Mistgabelia, dem Namen nach die geringste in der That und Stärcke, aber die allerveste und bewehrteste Stadt, allda der

König Marcolfus seine Hofstadt hält; es liegt aber diese Stadt nahe an den *Misten-Bergen,* mit welchen sie gleichsam als gewaltigen Bollwercken umbgeben. Die Einwohner dieser Stadt sind vexirerische Leute,[16] die einander gerne pflegen mit der Mistgabel zu todte kützeln.

Die Dörffer und Marckflecken dieser groben Landschafft sind: *Baurenlauren, Knopffindorff, Stöss, Brügelleuchten, Dölpelswehr, Schlaegelsberg, Bengelsheim, Flegelauch* und *Grobenmann.*

Was die Policey des gantzen Markolfischen Königreichs betrifft, so ist selbige überaus schlecht; von der Höflichkeit wissen sie nichts, so wird auch die rechte Hand und Praecedenz[17] in der Ehrenstelle gantz nicht, wol aber in dem Fressen und Geldeinnehmen bey ihnen aestimiret.[18] Dahero es gar offt geschiehet, daß der Baur seinem eigenen Juncker auf der rechten Hand gehet.[19]

Applicatio und anweisung,
wie dieser Discurs von dem markolfischen Baurenreich zu verstehen sey.

Obwol nicht zu laugnen, daß Gott dem Allmächtigen die Frömmigkeit und Unschuld vieler einfältigen Bauersleuten angenehm und bekannt seye, so hat doch, leider! genugsam auch die Erfahrung gegeben, daß nicht der geringste, sondern wol der gröste Theil zweyen hauptsächlichen Laster-Provintzen ergeben, deren eine dem Wollust und Ubermuth, die andern aber der Rebellerey und Unruh zugethan, mit ihrem groben, unsinnig und tobenden Wuth der Welt sich gnugsam zu erkennen geben. Diese sind nun diejenige, welche nebst andern Thoren und Narren das Schlarraffenland haben bewohnen und erbauen helffen; die Welt und Manier aber, wie sie ihre Thorheiten begehen, wird durch unterschiedliche seltzame Städte und Dörffer, die wir alle deutlich genug beschrieben, angedeutet.

Worterklärungen: 1 zudringlich – 2 *die* Druck – 3 Osten – 4 Westen und Süden – 5 Norden – 6 Fensterln – 7 Anspielung auf »Kirba, Karwa« = Kirchweih – 8 scheckigen – 9 Blutwurst (bairisch) – 10 Markt – 11 Anspielung auf Hochzeit – 12 Hemd – 13 den Hauptschauplätzen des Bauernkriegs 1525 – 14 immer noch – 15 aufgelehnt – 16 Quälgeister – 17 Vorrang – 18 geschätzt – 19 auf der rechten Seite geht
Von dem Königreich Marcolfi ...: Aus: Erklärung der Wunder-seltzamen

Land-Charten UTOPIAE, so da ist das neu-entdeckte Schlarraffenland, o. O., o. J., [um 1650]. S. 231–38 – Wolfenbüttel S f. 224.
Die voluminöse, im 17. Jahrhundert mehrfach anonym erschienene satirische Geographie benutzt den Stoff eines um 1605 in London erschienenen Buches des englischen Bischofs Joseph Hall, *Mundus alter et idem sive Terra Australis ante hac semper incognita longis itineribus peregrini Academici nuperrime lustrata*. Terra Australis und Südsee sind hier noch nicht – wie dann seit dem Ende des 18. Jahrhunderts – die Wunschzonen eines »natürlichen« unzivilisierten Lebens, sondern umgekehrt gerade die Provinzen der Laster und Verworfenheiten Europas, die vom Autor in moralsatirischer Absicht in allen Einzelheiten ›kartographisch‹ – karikaturistisch dargestellt werden. Das Werk fand in Europa zahlreiche volkssprachliche Bearbeitungen, in Deutschland erschien – als Supplement zu einer Übersetzung von Thomas Morus' »Utopia« – *Utopiae Pars II, Mundus alter et idem, Die heutige newe alte Welt ... Leipzig 1613*. Vgl. auch den unter D 9 verzeichneten Kupferstich.
Im *neu entdeckten Schlarraffenland* des anonymen deutschen Autors sind auch die Bauern angesiedelt. Ihr König ist Markolf, der bäuerliche Held eines bekannten »Volksbuchs«. Die Karikatur des Bauern als tölpelhaft und ungeschlacht – gleichsam als Kehrbild des höfischen, galanten Mannes von Anstand – hat in Deutschland seit dem 14. Jahrhundert eine lange Tradition. Hier allerdings hat der »Grobianismus« der Bauern (der neben ihrem »paradiesischen« Wohl- und Festleben verspottet wird) noch ein anderes Gesicht: Es ist die Erinnerung an die Bauernkriege von 1525 und die Auflehnung der Bauern *wider ihre eigene Herrschafften*, die dem gelehrten Autor die Bauern verdächtig macht. Dieses »Lasters« wegen sind sie zu Bewohnern des Schlarraffenlandes geworden, eines Landes Utopia, dessen Name hier schon den schlechten Beigeschmack jenes »utopisch« = revolutionär-verstiegen, unrealistisch enthält. Damit es auch jeder so versteht, wie es gemeint ist, fügt der Autor jedem Kapitel eine moralische Erläuterung bei. Solche Applikationen zeigen, daß man es auch anders verstehen könnte, als es gemeint war.
Lit.: M. Winter, Compendium Utoparium, Bd. 1, Stuttgart 1978, S. 43–46.

23. SCHLAURAFFEN– SIVE SCHLARAFFENLAND
Kleine Lexikothek

Schlauraffen- sive Schlaraffenland,
nomen ficticium Utopiae cujusdam, ubi omnia sine labore, pericolo et pretio suppetunt, quasi der Schlauderaffenland, otiosorum ingeniorum quaelibet somniantium regio beata et voluptuosa.

Kaspar Stieler, Teutscher Sprachschatz, Nürnberg 1691, Sp. 1063.

Schlaraffenland,
lat. Utopia, welches im Deutschen Nirgendswo heissen könte, ist kein wirckliches, sondern erdichtetes und moralisches Land. Man hat es aus dreyerley Absichten erdacht. Einige stellen darunter eine gantz vollkommene Regierung vor, dergleichen wegen der natürlichen Verderbniß der Menschen in der Welt nicht ist, auch nicht seyn kan; und thun solches zu dem Ende, damit sie in einem Bilde desto deutlicher und bisweilen auch ungestraffter, alle diejenigen Thorheiten und Unvollkommenheiten zeigen können, denen unsere Monarchien, Aristocratien und Democratien unterworffen sind. Andere suchen das Elend und die Mühseligkeit des menschlichen Lebens dadurch vorzustellen. Deßwegen erdichten sie solche Länder oder Insuln, darinnen man ohne Arbeit alles erlangen kan, da z. E. Seen voll Wein, Ströme voll Bier, Teuche und Wälder voll gesottener Fische und gebratenen Vögel sind, und was dergleichen mehr ist. Noch andere stellen darunter die lasterhaffte Welt vor, und mahlen die Laster unter Bildern der Länder ab, z. E. die Landschafft Bibonia, die Republic Venerea, Pigritia und andere mehr. Siehe Wolfs »Gedancken von Gott und der Welt«.

Zedlers Grosses Universal-Lexikon Aller Wissenschaften und Künste, Welche bishero durch menschlichen Verstand und Witz erfunden worden, 34. Band, Leipzig 1742, Sp. 1828 f.

Der Schlaraffe,
des --n, plur. die --n, eine Person, welche ihr Leben in einem hohen Grade des Müßigganges zubringet, welche sich einer wollüstigen und üppigen Muße widmet; in welchem Verstande es noch hin und wieder üblich ist, und von beyden Geschlechtern gebraucht wird. Pictorius erkläret Schlauraff durch einen sehr schläfrigen Menschen, und Gobler im Rechtsspiegel durch einen müßigen Menschen in einer Stadt. Daher Schlaraffenland, ein erdichtetes Land, dessen Einwohner ihr Leben in der wollüstigsten und trägesten Muße zubringen, welcher Ausdruck durch Brands Narrenschiff und Mori Vtopiam vorzüglich gangbar gemacht worden. Hans Sachs schrieb schon 1530 unter dem Nahmen Schlauraffenland ein Gedicht, welches sich mit diesen Worten endiget:

Wer also lebt wie obgenannt,
Der ist gut ins Schlauraffenland,

Nieuw vermakelijk Leuy-Lekkerland. Niederländischer Holzschnitt, 18. Jh. – Bildersaal N 11

»Neues lustiges Leuylekkerland
In dem der Faulpelz sich befand.«

Der Eifer für das Leckerleben
Läßt mich dem Faulheitsland zustreben,
Um die Genüsse zu erringen,
Mußt diesen Breiberg ich verschlingen.

Wer, Jugend, möcht hierher nicht trachten,
Wo man des Koches nicht muß achten,
Der Braten selbst am Spieß sich wendt',
Der Faulpelz keine Trübsal kennt.

Sehr hier den Esel voll mit Gaben,
Daran die Augen sich erlaben.
Die Tafel findet man gedeckt
Und mit viel Leckerei gespickt.

Heia, wer möcht vor Lust nicht singen,
Der Wein tut in die Gläser springen
Und auch die Gans ist schon verzehrt
Derweil die Waffeln auf dem Herd.

Hier tanzen sie vor lauter Freud,
Zum Schmausen alles ist bereit
Von Barsch und Butt, von Brot und Scholle
Von Schellfisch, Hecht und was man wolle.

Doch pfui!, des Faulpelz wahres Wesen
Kann man von diesem Bild ablesen:
Das kommt von der Schlampamperei
Und ist doch wirklich Sauerei!

Schön findet's hier, wer lauthals lacht
Wenn er die schmutzige Arbeit macht,
Mit prallem Bauch und dicker Back'
Vergnügt sich hier der faule Sack.

Geld gibt es hierzuland wie Dreck,
Das Messer zeigt den garen Speck
Und alles scheint hier wohl zur Hand
Im Nirgendwo – Luilekkerland.

(Übersetzung: Eric Hulsens)

Das von den Alten ist erdicht,
Zur Straff der Jugend zugericht,
Die gewönlich faul ist und gefreßig,
Ungeschickt, heiloß und nachleßig u.s.f.

In weiterer Bedeutung verstehet man unter einem Schlaraffen eine Person, welche in einem hohen Grade das Gegentheil von demjenigen ist und thut, was andere vernünftige Menschen sind und thun ...

<small>Johann Christoph Adelung: Versuch eines vollständigen grammatisch-kritischen Wörterbuches der hochdeutschen Mundarten, T. 4, Leipzig 1780, Sp. 119.</small>

24. DREI STICHHALTIGE EINWÄNDE GEGEN DAS SCHLARAFFENLAND
(Johann Wolfgang von Goethe)

Das wär' dir ein schönes Gartengelände,
Wo man den Weinstock mit Würsten bände.

Wer aber recht bequem ist und faul,
Flög dem eine gebratne Taube ins Maul,
Er würde höchlich sich's verbitten,
Wär sie nicht auch geschickt zerschnitten.

Die Welt ist nicht aus Brei und Mus geschaffen,
Deswegen haltet euch nicht wie Schlaraffen;
Harte Bissen gibt es zu kauen:
Wir müssen erwürgen oder sie verdauen.

Johann Wolfgang von Goethe: Drei stichhaltige Einwände ... Aus: Sprichwörtlich, Sophien-Ausgabe, Bd. II, S. 228 und 250.

Neapolitanisches Volksfest

---

25. DAS HUNGERJAHR 1764
(Vincenzo Florio)

Das neue Jahr 1764 begann indessen leider unglücklich und sollte den Neapolitanern wegen der folgenden schlimmen Ereignisse einer Hungersnot und einer plötzlich hereinbrechenden Seuche denkwürdig bleiben. An den Verkaufsstellen gab es kein Brot mehr, und in keinem einzigen Geschäft der Stadt wurde noch Mehl verkauft, welches man doch früher im Überfluß hatte. Dadurch erregt, begann das Volk – das es gewohnt war, in Überfluß und Wohlleben zu schwimmen und von der bloßen Hoffnung auf bessere Tage nichts wissen wollte – im Tumult durch die Straßen zu ziehen, um sich Brot zu verschaffen. So wurde am ersten Februartag der Wagen gestürmt, der in gewohnter Weise eine Lieferung nach Vicaria zur Verteilung unter die dort Inhaftierten bringen sollte; man hielt den Wagen an und plünderte die Brotladung. Das gleiche geschah in mehreren Mehlhandlungen, wobei sich die aufrührerische Menge des Mehls bemächtigte, was man dort noch fand, ohne auch nur einen Heller dafür zu bezahlen.
In diesem jämmerlichen und unglücklichen Zustande befand sich die Stadt, und du kannst dir, Leser, die Verwirrung vorstellen, die herrschte und die verhängnisvollen Folgen, welche sich ankündigten. Inzwischen hatte Erzbischof Kardinal Sersale in allen Kirchen einen Bittgottesdienst einrichten lassen, auch wurde dort neun Tage lang das Allerheiligste ausgestellt, damit der Herr der Heerscharen sich gnädig zu seinem Volke neige und ihm in solcherlei

arger Bedrängnis zu Hilfe komme. Als Folge des fehlenden Getreides stellte sich auch ein Mangel an Gemüse und allen anderen Lebensmitteln ein, und die Preise stiegen auf das Doppelte dessen, welches man gewöhnlich zu bezahlen pflegte.
Denkwürdig blieb Samstag, der 11. Februar. In Neapel war es alter Brauch, daß an den vier letzten Sonntagen der Karnevalszeit vor dem Königlichen Palast (anstelle der alten Karren, die man im Zug durch die Stadt begleitete) ein Gebäude aus Holz errichtet wurde, das mit Brot, Würsten, frischem Fleisch, lebenden Rindern und Kühen, mit Lämmern, Stockfisch und anderen Lebensmitteln ausgeschmückt war; darum zog sich ein großer Garten von der Höhe vieler Stockwerke, mit Männern und Frauen aus Holz, jedoch mit neuen, brauchbaren Kleidern angetan. Nach Mittag wurde dasselbe auf das Zeichen eines Kanonenschusses hin dann vom Volk geplündert, wobei es infolge des Gedränges oder durch Stürze aus solcher Höhe meistens zu Unglücksfällen und Verletzungen kam. An dem genannten 11. Februar nun hatte man dieses Gebäude mit Eßwaren ausgeschmückt, damit es am Sonntag vom Volk geplündert werden sollte. Dieses jedoch wollte sich nicht bis zur besagten Zeit gedulden, sondern machte sich am Samstagabend unvermutet darüber her; zwei Stunden lang in der Nacht versuchte man frech und unverschämt, das Gebäude zu plündern, wobei die ganze Stadt in Gefahr geriet. Tumult und lautes Geschrei erhoben sich, so daß die Oper, die man gerade im Königlichen Theater gab, abgebrochen wurde und nicht zuende kam, denn das Publikum floh, mit Schwertern in den Händen bewaffnet. Auf den Aufruhr des Volkes hin eilten Soldaten – Fußvolk und Berittene – herbei, um Einhalt zu gebieten, und es entbrannte zwischen dem Militär und der Menge ein blutiges Scharmützel, an dessen Ende eine Reihe von ihnen verletzt zurückblieb und unter den Bürgern der Stadt sich größte Furcht und mancherlei Gerüchte ausbreiteten.

V. *Florio: Das Hungerjahr 1764:* Memorie Storiche ossiano Annali dal 1759 in avanti, in: Archivio Storico per le Province Napoletane XXX (1905), p. 522–23. – Übersetzung D. R.
Der Geschichtsschreiber Vincenzo Florio (1800–1868) schildert in seinen Annalen die Ereignisse des Jahres 1764 relativ ausführlich, zugleich aus dem Blickwinkel dessen, der im Volk die launische verwöhnte Menge sieht. – Zu den historischen Ereignissen vgl. S. 79 ff.

26. JULIETTE ODER DIE KÖNIGLICHE LUST DER CUCCAGNA
(Marquis de Sade, 1797)

Wenige Tage nach unserer Rückkehr schlug uns der König vor, von einem Balkon seines Schlosses aus eines der merkwürdigsten Feste seines Königreichs zu betrachten. Es handelte sich um eine Cuccagna. Ich hatte oft von dieser Sonderbarkeit reden hören, aber das, was ich nun zu sehen bekam, war von der Vorstellung, die ich mir gemacht hatte, weit entfernt.

Charlotte und Ferdinand erwarteten uns in einem Boudoir, dessen Fenster sich auf den Platz hin öffnete, auf welchem die Cuccagna stattfinden sollte. Der Herzog von Gravines, ein sehr freizügiger Mann von 50 Jahren, und La Riccia waren außer uns die einzigen Gäste.

»Wenn Sie dieses Schauspiel nicht kennen«, sagte der König zu uns, nachdem man die Chocolade genommen hatte, »werden Sie nicht anstehen, es äußerst barbarisch zu finden.«

»Das ist es eben, was wir lieben, Sire«, antwortete ich, »und ich bekenne, daß ich mir schon seit langer Zeit auch für Frankreich ähnliche Spiele oder Gladiatorenkämpfe wünsche. Man erhält die Kraft eines Volkes nur durch blutige Schauspiele; lehnt man sie ab, verweichlicht man. Als ein schwacher Kaiser dem albernen Christentum auf den Thron der Caesaren verhalf und den Zirkus von Rom schließen ließ – was wurde da aus den Herren der Welt? Abbés, Mönche und Herzöge!«

»Ich bin vollkommen Ihrer Meinung«, erwiderte Ferdinand, »ich wünschte hier die Kämpfe zwischen Menschen und Tieren wieder einzuführen, ebenso die Kämpfe Mensch gegen Mensch; daran arbeite ich, und Gravines und La Riccia helfen mir dabei. Ich hoffe, daß es uns gelingen wird.«

»Wofür«, sagte Charlotte, »sollte auch das Leben all dieser Canaillen wert sein, wenn nicht dazu, unserem Vergnügen zu dienen? Wenn wir das Recht haben, sie für unsere Interessen sich niedermetzeln zu lassen, sollten wir sie dann nicht ebenso unseren Leidenschaften opfern dürfen?«

»Nun, schöne Damen, befehlen Sie«, wandte sich Ferdinand an uns. »Je nachdem, ob ich bei der Feier dieser Ausschweifungen eher Härte walten lasse oder eher für Ordnung sorge, kann ich sechshundert Menschen mehr oder weniger den Tod bescheren.

Lassen Sie mich also wissen, was diesbezüglich in Ihrem Belieben steht.«
»Das Schlimmste, das Allerschlimmste«, antwortete Clairwil, »je mehr von diesen Halunken Sie hinschlachten lassen, um so größer wird unser Vergnügen sein.«
»Gut«, sagte der König, und gab leise einem seiner Offiziere Ordre.
Man hörte bald darauf den Schuß einer Kanone, und wir begaben uns auf den Balkon.
Die vollkommenste Perspektive bot sich unserem Blick: Auf dem Platz befand sich eine ungeheure Menge Volkes. Man hatte ein großes Gerüst mit einer ländlichen Dekoration ausgeschmückt, worauf sich eine verschwenderische Fülle von Eßwaren befand, die dergestalt angeordnet waren, daß sie für sich einen Teil der Dekoration darstellten. Barbarisch gekreuzigt sah man da Gänse, Hühner und Truthähne, die, lebendig aufgehängt und nur von einem Nagel festgehalten, durch ihre konvulsivischen Zuckungen das Volk ergötzten. Daneben hingen Brote, Fische und gevierteilte Rinder. Ein Teil der Dekoration stellte ein Feld vor, auf dem Schafe weideten, von anständig gekleideten Männern aus Pappmaché bewacht. Tücher aus Leinwand täuschten die Wogen des Meeres vor, auf welchen sich ein Schiff näherte, das mit Lebensmitteln und Gerät zum Gebrauche des Volkes beladen war. Das Ganze, mit Kunstfertigkeit und Geschmack arrangiert, war als Lockspeise ausgelegt, um die Gier des wilden Volkes und seine ausschweifende Liebe zum Raub wach zu halten. In der Tat hätte man nach dem Anblick dieses Schauspiels es eher für eine Schule der Plünderung, als für ein wirkliches Fest halten mögen.
Wir hatten kaum Zeit gehabt, das Theater zu betrachten, als man einen zweiten Kanonenschuß vernahm. Auf dieses Signal hin öffnete sich rasch der Ring der Soldaten, der das Volk zurückgehalten hatte, die Menge stürzte voran und in einem Augenblick war alles erstürmt, heruntergerissen, geplündert – mit einer Schnelligkeit, einer Raserei, die zu beschreiben unmöglich ist.
Die schauerliche Szene, die mich an eine Meute von entfesselten Hunden erinnerte, endet immer mehr oder weniger tragisch, denn man streitet sich, man will haben, man will den Nebenmann daran hindern, dies oder das zu nehmen, und hier in Neapel enden solche Streitigkeiten gewöhnlich mit Messerstichen. Dieses Mal jedoch brach, als es von gut sechs- bis siebenhundert

Personen überladen war, unserem Wunsche gemäß das ganze Theater dank eines grausamen Arrangements Ferdinands auf einen Schlag zusammen und mehr als vierhundert Personen wurden zermalmt.

»Himmel –«, rief Clairwil, indem sie wie von Sinnen auf ein Sofa sank, »meine Freunde, Sie hätten mich warnen sollen, ich sterbe ... fick mich, mein Engel, fick mich (so rief die Hure, indem sie sich an La Riccia wandte), ich entlade, in meinem ganzen Leben habe ich nichts gesehen, was mir mehr Vergnügen gemacht hätte.«

Wir gingen wieder hinein. Die Fenster und Türen wurden geschlossen und die köstlichste aller Szenen der Wollust spielte sich gleichsam auf der Asche jener Unglücklichen ab, die man dieser Niedertracht zum Opfer gebracht hatte.

Juliette oder Die königliche Lust der Cuccagna: D.A.F. de Sade, Histoire de Juliette ou les prospérités du vice, t. VI, Paris 1968, p.7–11 (= Œvres complètes, XXIV). – Übersetzung D. R.
Marquis de Sade hat während einer Italienreise 1776 auch den Karneval und die *Cuccagna* in Neapel, »spectacle le plus barbare qu'il soit peut être possible d'imaginer au monde«, erlebt und beschrieben (Voyage d'Italie ou Dissertations critiques, historiques, politiques et philosophiques sur les villes de Florence, Rome et Naples, 1775/76, ed. par G. Lely/G. Daumas, Paris 1967, p. 440). Einzelheiten dieser Beschreibung sind in die Romanszene der »Juliette« eingegangen; den großen Einsturz der Maschinerie hat es zwar so nicht gegeben, jedoch waren Unfälle beim Sturm auf die *Cuccagna*, auch Zusammenbrüche der Konstruktion (so 1734) häufig. Durch die Verbindung von Dokumentarischem und Fiktivem gelingt es de Sade, das Wesen dieses »Volksfestes« aus der Wahrnehmungsweise der Herrschenden heraus genauer und radikaler ins Bild zu bringen, als andere zeitgenössische Berichte. – Ferdinand (1759–1825) und Charlotte waren das derzeit regierende Königspaar aus dem Haus Bourbon.

Titelholzschnitt zu einem Fliegenden Blatt mit einem Schlaraffenland-Gedicht, Italien 16. Jh. – Bildersaal I 4

Kinderland

---

27. MARTIN LUTHER AN SEINEN SOHN HÄNSCHEN
(Veste Koburg, 19. Juni 1530)

Meinem hertzlieben Son Hensichen Luther zu Wittemberg G. vnd f.[1] in Christo! Mein hertzlieber Son, Ich sehe gern, das du wol lernest vnd vleissig bettest. Thue also, mein Son, vnd fhare fort. Wenn ich heim kome, so wil ich dir ein schon Jarmarckt mit bringen. Ich weis ein hubschen, schonen lustigen Garten. Da gehen viel Kinder innen, haben guldene Rocklin an vnd lesen schone Öpffel unter den Beumen vnd Birnen, Kirsschen, spilling[2] vnd pflaumen, singen, springen vnd sind frolich. Haben auch schone kleine Pferdlin mit gulden zeumen vnd silbern Setteln. Da fragt ich den Man, des der Garten ist, Wes die Kinder weren? Da sprach er: Es sind die Kinder, die gern beten, lernen vnd from sein. Da sprach ich: Lieber Man, Ich hab auch einen Son, heisst Hensichen Luther, Mocht er nicht auch in den Garten komen, das er auch solche schone Opffel vnd Birne essen mochte vnd solche feine Pferdlin reiten vnd mit diesen Kindern spielen? Da sprach der Man: Wenn Er gerne bettet, lernet vnd from ist, So sol er auch in den Garten komen. Lippus vnd Jost auch.[3] Vnd wenn sie allzusamen komen, so werden sie auch pfeiffen, Paucken, lauten vnd allerley andere Seitespiel haben, auch tantzen vnd mit kleinen Armbrüsten schiessen. Vnd er zeigt mir dort eine feine wiesen im Garten, zu tantzen zugericht, da hiengen eitel guldene pfeiffen vnd Paucken vnd feine silberne Armbruste. Aber es war noch frue, das die Kinder noch nicht gessen hatten, darumb kundte ich des Tantzes nicht erharren, vnd sprach zu dem Man: Ah, lieber Herr, Ich wil flux hingehen vnd das alles meinem lieben Son Hensichen schreiben, das er ia vleissig lerne, wol bete vnd from sey, auff das Er auch in diesen Garten kome. Aber er hat eine Müme Lene[4], die mus er mit bringen. Da sprach der Man: Es sol ia sein, Gehe hin vnd schreibs im also.

Darumb, lieber Son Hensichen, lerne vnd bete ia getrost vnd sage es Lippus vnd Justen auch, das sie auch lernen vnd beten, So werdet ir mit ein ander in den Garten komen. Hie mit bis dem lieben Gott befolhen vnd grusse Mume Lenen vnd gib ir einen Bus von meinet wegen. Dein lieber Vater Martinus Luther.

Worterklärungen: 1 Gnade und Friede – 2 Gelbe Pflaumen – 3 Philipp Melanchthon und Justus Jonas, beide 5 Jahre alt – 4 Magdalena von Bora, die Tante.

Luther an seinen Sohn Hänschen: Werke, Weimarer Ausgabe, Briefe V, S. 377 f.

Daß man so an ein kleines Kind schreibt, ist neu und durchaus ungewöhnlich. Luthers Brief an seinen damals 4jährigen Sohn (geb. 7.6.1526) ist einer der frühesten deutschen Briefe an ein Kind, Zeugnis einer in Renaissance und Humanismus sich entwickelnden Briefkultur, in der private Beziehungen stärker hervortreten. Im Verhältnis des Vaters zum Kind drückt sich in Familialität und »Herzlichkeit« zugleich das pädagogische Verhältnis aus: es ist die *Abwesenheit* des Vaters, die eine Gewissenserziehung erst nötig macht. Interessant ist, daß der Reformator, der sich sonst in der Ablehnung und Verspottung der bunt-phantastischen katholischen Bildwelt nicht genug tun konnte, dort, wo er einem Kind vom Himmel erzählt, auf alte Bilder vom »Paradiesgarten« zurückgreift und ihn in einer Mischung von Eß- und Spielland schildert.

Deutlich wird das Dilemma des bildfeindlichen Protestantismus und die »Didaktisierung« der Schlaraffenland-Phantasien auch in einer Predigt des lutherischen Predigers Johannes Mathesius von 1590:

»Wenn wir mit den Kindern von der Herrligkeit reden wollen, vnnd sie gerne zu guten Gedancken gewehnen vom ewigen Leben, so können wir nichts anders sagen vnd dauon reden, denn das wir jhnen da fürmahlen: es sey ein schöner lustiger Garten im Himmel, darein sie kommen werden, wenn sie from sein, da wachsen Zucker vnnd Mandelkern, vnd alles beste auff den Bewmen, vnd seind da Brunnen, darinnen lauter Wein vnnd Maluasier fleusset, die Heuser sein alle mit Fladen gedeckt, da werde auch ein jegliches sein klein Pferdlein haben, vnd ein Gülden Röcklein; etc. Also pflegen vnnd müssen wir mit den Kindern vom ewigen Leben lallen.«

Lit.: Briefe großer Deutscher an Kinder, hg. v. E. Hoffmann, Berlin ²1942; Homiliae Mathesii Das ist: Außlegung und gründliche Erklerung der Ersten und Andern Episteln des heiligen Apostels Pauli an die Corinthier, vol. I, Leipzig 1590, p. 49b. (nach: H. Wolf, Erzähltradition in homiletischen Quellen, in: W. Brückner, Volkserzählung und Reformation, Berlin 1974, S. 743.)

28. KINDER-PREDIGT
(»Des Knaben Wunderhorn«, 1808)

Quibus, quabus,
Die Enten gehn barfuß,
Die Gäns haben gar keine Schuh,
Was sagen dann die lieben Hüner dazu?
Und als ich nun kam an das kanaljeische Meer,
Da fand ich drey Männer, und noch viel mehr,
Der eine hatte niemals was,
Der andre nicht das,
Und der dritte gar nichts,
Die kauften sich eine Semmel,
Und einen Zentner holländischen Käse,
Und fuhren damit an das kanaljeische Meer.
Und als sie kamen an das kanaljeische Meer,
Da kamen sie in ein Land, und das war leer,
Und sie kamen an eine Kirche von Papier,
Darin war eine Kanzel von Korduan,
Und ein Pfaffe von Rothstein,
Der schrie: Heute haben wir Sünde gethan,
Verleiht uns Gott das Leben, so wollen wir morgen
    wieder dran!
Und die drey Schwestern Lazari,
Katharina, Sibilla, Schweigstilla,
Weinten bitterlich,
Und der Hahn krähete Buttermilch!

Kinder-Predigt: Des Knaben Wunderhorn, Alte deutsche Lieder, gesammelt von L. A. v. Arnim und C. Brentano, Bd. III, Heidelberg 1808 (»Kinderlieder«).
Die ehemals volksliterarischen Formen der *Lügengeschichte* und der *Meß-* und *Predigtparodie* haben in verniedlichter und rein literarischer Form in Kinderversen überlebt. Die »Kinder-Predigt« des »Wunderhorn« beginnt in alter Tradition mit latinisiertem Kauderwelsch (V. 1); auf die Anspielung an das bekannte Kinderlied (V. 2–4) folgt eine im Stil der Lügenmären gehaltene Reiseerzählung (5 ff.), die in eine Meß- und Predigtparodie übergeht: 18 f. dreht die alte Reue- und Besserungsformel um, V. 20–22 spielt auf den Tod des Lazarus an (vgl. Johannes 11) und *Der Hahn krähete Buttermilch* (V. 23) auf eine Stelle aus der Passionsgeschichte: »Und alsbald krähete der Hahn ... und Petrus ging hinaus und weinte bitterlich.« (Matthäus 26).
In der Kinder-Predigt hat sich literarisch eine Erinnerung an ein karnevaleskes

Ereignis erhalten: das Fest des »Kinderbischofs«. Am 28. Dezember, dem Tag der Unschuldigen Kindlein, der Opfer des Bethlehemitischen Kindermordes des Herodes, andernorts auch am Gregoriustag, genossen die Kinder – und Jugendlichen – eine Art Narrenfreiheit. Als Geistliche verkeidet, besetzten sie die Kirche, wählten einen »Kinderbischof«, trieben allerhand Unfug und hielten Ulkpredigten von der Kanzel. Ein aufs Niedliche gestutztes Relikt dieses Festes hat sich bis vor kurzem in Rom erhalten, wo während der Tage zwischen Weihnachten und Neujahr in der Kirche S. Maria di Aracoeli geputzte Kinder kleine »Predigten« hielten.

Lit.: H. Rölleke (Hg.), Des Knaben Wunderhorn, Bd. 6, Frankfurt 1975, S. 507 f. (= Frankfurter Brentano-Ausgabe 9, 3).

29. MARIES REISE INS ZUCKERWARENLAND
(E.T.A. Hoffmann, 1816)

Die kleine Marie Stahlbaum wird nach einer schweren Krankheit allnächtlich von dem abscheulichen Mausekönig mit den sieben Köpfen in Angst und Schrecken versetzt. Er fordert ihr Zuckerwerk, ihre Spielsachen und Bilderbücher und droht, sich an dem Nußknacker zu vergreifen, der dem Mädchen am Weihnachtsabend beschert wurde.

Vor bangem Grauen konnte Marie in der folgenden Nacht nicht einschlafen, es war ihr um Mitternacht so, als höre sie im Wohnzimmer ein seltsames Rumoren, Klirren und Rauschen. – Mit einemmal ging es: »Quiek!« – »Der Mausekönig! der Mausekönig!« rief Marie, und sprang voll Entsetzen aus dem Bette. Alles blieb still; aber bald klopfte es leise, leise an die Türe, und ein feines Stimmchen ließ sich vernehmen: »Allerbeste Demoiselle Stahlbaum, machen Sie nur getrost auf – gute fröhliche Botschaft!« Marie erkannte die Stimme des jungen Droßelmeier, warf ihr Röckchen über, und öffnete flugs die Türe. Nußknackerlein stand draußen, das blutige Schwert in der rechten, ein Wachslichtchen in der linken Hand. Sowie er Marien erblickte, ließ er sich auf ein Knie nieder, und sprach also: »Ihr, o Dame! seid es allein, die mich mit Rittermut stählte, und meinem Arme Kraft gab, den Übermütigen zu bekämpfen, der es wagte, Euch zu höhnen. Überwunden liegt der verräterische Mausekönig und wälzt sich in seinem Blute! – Wollet, o Dame! die Zeichen des

Sieges aus der Hand Eures Euch bis in den Tod ergebenen Ritters anzunehmen nicht verschmähen!« Damit streifte Nußknackerchen die sieben goldenen Kronen des Mausekönigs, die er auf den linken Arm heraufgestreift hatte, sehr geschickt herunter, und überreichte sie Marien, welche sie voller Freude annahm. Nußknacker stand auf, und fuhr also fort: »Ach meine allerbeste Demoiselle Stahlbaum, was könnte ich in diesem Augenblicke, da ich meinen Feind überwunden, Sie für herrliche Dinge schauen lassen, wenn Sie die Gewogenheit hätten, mir nun ein paar Schrittchen zu folgen! – O tun Sie es – tun Sie es, beste Demoiselle!«
Ich glaube, keins von euch, ihr Kinder, hätte auch nur einen Augenblick angestanden, dem ehrlichen gutmütigen Nußknacker, der nie Böses im Sinn haben konnte, zu folgen. Marie tat dies um so mehr, da sie wohl wußte, wie sehr sie auf Nußknackers Dankbarkeit Anspruch machen könne, und überzeugt war, daß er Wort halten, und viel Herrliches ihr zeigen werde. Sie sprach daher: »Ich gehe mit Ihnen, Herr Droßelmeier, doch muß es nicht weit sein, und nicht lange dauern, da ich ja noch gar nicht ausgeschlafen habe.« »Ich wähle deshalb«, erwiderte Nußknakker, »den nächsten, wiewohl etwas beschwerlichen Weg.« Er schritt voran, Marie ihm nach, bis er vor dem alten mächtigen Kleiderschrank auf dem Hausflur stehenblieb. Marie wurde zu ihrem Erstaunen gewahr, daß die Türen dieses sonst wohl verschlossenen Schranks offenstanden, so daß sie deutlich des Vaters Reisefuchspelz erblickte, der ganz vorne hing. Nußknacker kletterte sehr geschickt an den Leisten und Verzierungen herauf, daß er die große Troddel, die an einer dicken Schnur befestigt, auf dem Rückteile jenes Pelzes hing, erfassen konnte. Sowie Nußknacker diese Troddel stark anzog, ließ sich schnell eine sehr zierliche Treppe von Zedernholz durch den Pelzärmel herab. »Steigen Sie nur gefälligst aufwärts, teuerste Demoiselle«, rief Nußknacker. Marie tat es, aber kaum war sie durch den Ärmel gestiegen, kaum sah sie zum Kragen heraus, als ein blendendes Licht ihr entgegenstrahlte, und sie mit einemmal auf einer herrlich duftenden Wiese stand, von der Millionen Funken, wie blinkende Edelsteine emporstrahlten. »Wir befinden uns auf der Kandiswiese«, sprach Nußknacker, »wollen aber alsbald jenes Tor passieren.« Nun wurde Marie, indem sie aufblickte, erst das schöne Tor gewahr, welches sich nur wenige Schritte vorwärts auf der Wiese erhob. Es schien ganz von weiß, braun und rosin-

farben gesprenkeltem Marmor erbaut zu sein, aber als Marie näher kam, sah sie wohl, daß die ganze Masse aus zusammengebakkenen Zuckermandeln und Rosinen bestand, weshalb denn auch, wie Nußknacker versicherte, das Tor, durch welches sie nun durchgingen, das Mandeln- und Rosinentor hieß. Gemeine Leute hießen es sehr unziemlich, die Studentenfutterpforte. Auf einer herausgebauten Galerie dieses Tores, augenscheinlich aus Gerstenzucker, machten sechs in rote Wämserchen gekleidete Äffchen die allerschönste Janitscharenmusik, die man hören konnte, so daß Marie kaum bemerkte, wie sie immer weiter, weiter auf bunten Marmorfliesen, die aber nichts anders waren, als schön gearbeitete Morschellen, fortschritt. Bald umwehten sie die süßesten Gerüche die aus einem wunderbaren Wäldchen strömten, das sich von beiden Seiten auftat. In dem dunkeln Laube glänzte und funkelte es so hell hervor, daß man deutlich sehen konnte, wie goldene und silberne Früchte an buntgefärbten Stengeln herabhingen, und Stamm und Äste sich mit Bändern und Blumensträußchen geschmückt hatten, gleich fröhlichen Brautleuten und lustigen Hochzeitsgästen. Und wenn die Orangendüfte sich wie wallende Zephire rührten, da sauste es in den Zweigen und Blättern, und das Rauschgold knitterte und knatterte, daß es klang wie jubelnde Musik, nach der die funkelnden Lichterchen hüpfen und tanzen müßten. »Ach, wie schön ist es hier«, rief Marie ganz selig und entzückt. »Wir sind im Weihnachtswalde, beste Demoiselle«, sprach Nußknackerlein. »Ach«, fuhr Marie fort, »dürft ich hier nur etwas verweilen, o es ist ja hier gar zu schön«. Nußknacker klatschte in die kleinen Händchen und sogleich kamen einige kleine Schäfer und Schäferinnen, Jäger und Jägerinnen herbei, die so zart und weiß waren, daß man hätte glauben sollen, sie wären von purem Zucker und die Marie, unerachtet sie im Walde umherspazierten, noch nicht bemerkt hatte. Sie brachten einen allerliebsten ganz goldenen Lehnsessel herbei, legten ein weißes Kissen von Reglisse darauf, und luden Marien sehr höflich ein, sich darauf niederzulassen. Kaum hatte sie es getan, als Schäfer und Schäferinnen ein sehr artiges Ballett tanzten, wozu die Jäger ganz manierlich bliesen, dann verschwanden sie aber alle in dem Gebüsche. »Verzeihen Sie«, sprach Nußknacker, »verzeihen Sie, werteste Demoiselle Stahlbaum, daß der Tanz so miserabel ausfiel, aber die Leute waren alle von unserm Drahtballett, die können nichts anders machen als immer und ewig dasselbe: und daß die Jäger so schläfrig und flau dazu bliesen, das hat auch seine Ursachen. Der Zuckerkorb hängt zwar über ihrer Nase in den Weihnachtsbäumen, aber etwas hoch! – Doch wollen wir nicht was weniges weiterspazieren?« »Ach es war doch alles recht hübsch und mir hat es sehr wohl gefallen!« so sprach Marie, indem sie aufstand und dem voranschreitenden Nußknacker folgte. Sie gingen entlang eines süß rauschenden, flüsternden Baches, aus dem nun eben all die herrlichen Wohlgerüche zu duften schienen, die den ganzen Wald erfüllten. »Es ist der Orangenbach«, sprach Nußknacker auf Befragen, »doch seinen schönen Duft ausgenommen, gleicht er nicht an Größe und Schönheit dem Limonadenstrom, der sich gleich ihm in den Mandelmilchsee ergießt.« In der Tat vernahm Marie bald ein stärkeres Plätschern und Rauschen und erblickte den breiten Limonadenstrom, der sich in stolzen isabellfarbenen Wellen zwischen gleich grün glühenden Karfunkeln leuchtendem Gesträuch fortkräuselte. Eine ausnehmend frische, Brust und Herz stärkende Kühlung wogte aus dem herrlichen Wasser. Nicht weit davon schleppte sich mühsam ein dunkelgelbes Wasser fort, das aber ungemein süße Düfte verbreitete und an dessen Ufer allerlei sehr hübsche Kinderchen saßen, welche kleine dicke Fische angelten und sie alsbald verzehrten. Näher gekommen bemerkte Marie, daß diese Fische aussahen wie Lampertsnüsse. In einiger Entfernung lag ein sehr nettes Dörfchen an diesem Strome, Häuser, Kirche, Pfarrhaus, Scheuern, alles war dunkelbraun, jedoch mit goldenen Dächern geschmückt, auch waren viele Mauern so bunt gemalt, als seien Zitronat und Mandelkerne daraufgeklebt. »Das ist Pfefferkuchheim«, sagte Nußknacker, »welches am Honigstrome liegt, es wohnen ganz hübsche Leute darin, aber sie sind meistens verdrießlich, weil sie sehr an Zahnschmerzen leiden, wir wollen daher nicht erst hineingehen.« In diesem Augenblick bemerkte Marie ein Städtchen, das aus lauter bunten durchsichtigen Häusern bestand, und sehr hübsch anzusehen war. Nußknacker ging geradezu darauf los, und nun hörte Marie ein tolles lustiges Getöse und sah wie tausend niedliche kleine Leutchen viele hochbepackte Wagen, die auf dem Markte hielten, untersuchten und abzupacken im Begriff standen. Was sie aber hervorbrachten, war anzusehen wie buntes gefärbtes Papier, und wie Schokoladetafeln. »Wir sind in Bonbonshausen«, sagte Nußknacker, »eben ist eine Sendung aus dem Papierlande und vom Schokoladenkönig angekommen. Die armen Bonbonshäuser wurden neulich von der Armee des Mückenadmirals hart bedroht, deshalb überziehen sie ihre Häuser mit den Gaben des Papierlandes und führen Schanzen auf, von den tüchtigen Werkstücken, die ihnen der Schokoladenkönig sandte. Aber beste Demoiselle Stahlbaum, nicht alle kleinen Städte und Dörfer dieses Landes wollen wir besuchen – zur Hauptstadt – zur Hauptstadt!«

E. T. A. Hoffmann: Maries Reise ins Zuckerwarenland: Aus: Nußknacker und Mausekönig (1816). Nach: Die Serapions-Brüder, hg. v. W. Müller-Seidel, Darmstadt 1963, S. 239 ff.
Schon in den alten populären Beschreibungen des Schlaraffenlandes wuchs dort Zucker auf den Wiesen, regnete es Konfekt und Marzipan. Zucker war, als überseeische Importware (Rohrzucker), lange Zeit ein ausgesprochener Luxusgegenstand. Erst als, um 1800, der teure überseeische Rohrzucker durch Inlandsproduktion abgelöst wird, setzt die bis heute anhaltende Welle der Popularisierung der »süßen Genüsse« ein, auf die die Pädagogen mit zahlreichen abschreckenden Beispielgeschichten von den bösen Folgen des Naschens reagieren. E. T. A. Hoffmanns Märchenszene hingegen entfaltet ohne Rücksicht auf erzieherische Restriktion die bunte Warenwelt der neuen Genüsse des bürgerlichen Zeitalters – eine Art Wunschland der Kinderkultur um 1800.

30. VOM SCHLARAFFENLANDE
(Heinrich Hoffmann von Fallersleben, 1853)

Kommt, wir wollen uns begeben
Jetzo ins Schlaraffenland!
Seht, da ist ein lustig Leben,
Und das Trauern unbekannt.
Seht, da läßt sich billig zechen
Und umsonst recht lustig sein:
Milch und Honig fließt in Bächen,
Aus den Felsen quillt der Wein.

Alle Speisen gut gerathen,
Und das Finden fällt nicht schwer.
Gäns und Enten gehn gebraten
Ueberall im Land' umher.
Mit dem Messer auf dem Rücken

Läuft gebraten jedes Schwein.
O wie ist es zum Entzücken!
Ei, wer möchte dort nicht sein!

Und von Kuchen, Butterwecken
Sind die Zweige voll und schwer;
Feigen wachsen in den Hecken,
Ananas im Busch umher.
Keiner darf sich mühn und bücken,
Alles stellt von selbst sich ein.
O wie ist es zum Entzücken!
Ei, wer möchte dort nicht sein!

Und die Straßen aller Orten,
Jeder Weg und jede Bahn
Sind gebaut aus Zuckertorten,
Und Bonbons und Marcipan.
Und von Brezeln sind die Brücken
Aufgeführt gar hübsch und fein.
O wie ist es zum Entzücken!
Ei, wer möchte dort nicht sein!

Ja, das mag ein schönes Leben
Und ein herrlich Ländchen sein.
Mancher hat sich hinbegeben,
Aber keiner kam hinein.
Ja, und habt ihr keine Flügel,
Nie gelangt ihr bis ans Thor,
Denn es liegt ein breiter Hügel
Ganz von Pflaumenmus davor.

Heinrich Hoffmann von Fallersleben: Vom Schlaraffenlande: Aus: Die Kinderwelt in Liedern, Mainz 1853, Nr. 123.

BILDERSAAL

Die folgende Sammlung von Bildern, vorwiegend aus dem Bereich der populären Druckgraphik, beruht neben der Auswertung der Sekundärliteratur vor allem auf eigenen Recherchen; nach Möglichkeit wollte ich nur solche Darstellungen verzeichnen, die ich selber gesehen hatte. Die einzelnen Titel sind nach Ländern und dabei wiederum ungefähr chronologisch geordnet. Aufgenommen habe ich nur Darstellungen, die sich ausdrücklich auf »Schlaraffenland« beziehen (also nicht z. B. separate »Verkehrte Welt«- »Jungbrunnen«- etc. -Motive). In den meisten Fällen sind den Beschreibungen Standortnachweise beigegeben.

Deutschland

D 1 *Das schluraffen schiff.* Holzschnitt zu Kap. 108 von Sebastian Brants »Narrenschiff«, 1494. Das gleiche Bild auf der Rückseite des Titels. Ein Schiff voller Narren mit Schellenkappen, über ihnen eine Narrenfahne mit der Aufschrift *doctor griff*, ein Spruchband *Ad Narragoniam* und einer Melodiezeile *Gaudeamus omnes*. Überschrift: *Jr gesellen, kumen har noch ze hant/ Wir faren jnn schluraffen landt/ Vnd gstecken doch jm muor vnd sandt.* – Abb.: Das Narrenschiff, Faksimile der Erstausgabe, hg. v. F. Schultz, Straßburg 1913. – Abb. hier S. 205.

D 2 *Das Schlauraffenlandt.* Holzschnitt von Erhard Schoen, Nürnberg (bey Wolff Strauch), 16. Jh. Schlaraffenlandschaft mit »Fladenhaus« und »Bratwurstzaun« links, drei schmausenden Männern in der Mitte u. a. Figuren. Text: *Ein gegend heyst Schlauraffenlandt ...* (88 Verse, gekürzter Text des Spruchgedichts von Hans Sachs; die entsprechenden Motive im Bild). – Wien, Österreichische Nationalbibliothek, L 6/48; Berlin, Kupferstichkabinett 333–10 (ohne Text). – Abb.: J. Bolte, S. 190; M. Geisberg, Der deutsche Einblatt-Holzschnitt, Nr. 1193. Vgl. E. Ackermann, S. 101; A. Huon, S. 216. Vgl. Ferner F 1. – Abb. hier S. 29.

D 3 *Das Wappen der vollen rott des Schlauraffenlands.* Holzschnitt von Erhard Schoen, Nürnberg (?), 16. Jh. Text nach Hans Sachs, Fabeln und Schwänke, ed. Goetze, Halle 1893, Nr. 31. Darstellung eines »Schlemmerwappens«. – Gotha, Kupferstichkabinett, 39/69. – Abb.: M. Geisberg, Der deutsche Einblatt-Holzschnitt, Nr. 1192.

D 4 *Hans Lützel Hüpsch.* Einblattdruck 16. Jh. Darstellung einer grotesken Figur mit Schellenhut, auf der Nase ein Häuschen, ein Schindeldach über dem Bart, auf der linken Hand eine Eule. *Hans Lützel hüpsch bin ich genannt/ Vnd komm auß dem Schlauraffen landt ...* (10 Verse). – Abb.: E. Fuchs, Die Karikatur der europäischen Völker, Berlin ³1904, Nr. 639; E. Ackermann, S. 90.

D 5 *Der König von Schlauraffen landt.* Kupferstich, um 1650. Schlaraffenlandschaft, im Mittelpunkt der Triumphzug des Königs, mit durch Zahlen markierten Bildlegendenverweisen. *In diesem Landt da ist gut sein ...* (8 Verse) + *Ihr Königliche Mayestätt ...* (52 Verse). – Nürnberg, Germanisches Nationalmuseum HB 15024/K 1293. – Abb.: W. Brückner, Populäre Druckgraphik Europas: Deutschland, München 1969, Nr. 85. Vgl. ferner J. Bolte, S. 191 f.; M. de Meyer, S. 432 ff. – Abb. hier S. 160/61.

D 6 *Der aus America und Schlaraffenland neu angekommene General von Fressdorf und Wansthausen.* Kupferstich, ²17. Jh. Darstellung einer grotesken Figur, die ihren überdimensionalen, mit Tabakspfeifen bestückten Bauch auf einer Schubkarre vor sich herfährt; aus dem Mund eine Dampfblase *Dampf und Rauch gibt mein bauch.* Text: *Dass in so dikem Staat ich mich hie praesentier/ Macht weil mittags und nachts ich tapfer um mich fresse* ... (8 Verse). – Nürnberg, Germanisches Nationalmuseum, HB 23007/K 1295. – Abb. hier S. 67 (Ausschnitt).

D 7 *New außgebildeter jedoch wahrredenter ja rechtschaffener Auffschneider.* Einblattdruck Nürnberg (bey Paulus Fürsten), 17. Jh. *Ich schwer, ich habe mehr als tausend mal gesehen* ... (10 Verse, Bericht aus Schlaraffenland). – Nach J. Bolte, S. 193 und E. Ackermann, S. 190. Original nicht auffindbar.

D 8 *Schlauraffenlandspiel, Ein Volkswürfelspiehl, eyn ganz neyes.* Fliegendes Blatt mit 20 Figuren und Text in Versen, Wien (?), 17. Jh. – Nach E. Ackermann, S. 112. Original nicht auffindbar. Zum Thema vgl. I 10.

D 9 *Accurata Utopiae Tabula, Das ist der Neu-entdeckten Schalck-Welt oder des so offt benannten und doch nie erkanten Schlarraffenlandes Neu erfundene lächerliche Landtabelle, Worinnen all und jede Laster in besondere Königreich, Provintzen und Herrschaften abgetheilet beyneben auch die negst angrentzende Länder der Frommen, des zeitlichen Auff und Untergangs auch ewigen Verderbens Regionen samt einer erklerung anmuthig und nutzlich vorgestellet werden durch Author anonymus.* Kupferstich von Joh. Bapt. Homann (?), Nürnberg (?), ¹18. Jh. Schlaraffenlandkarte in den ungefähren Umrissen von Nord-Amerika. – Nürnberg, Germanisches Nationalmuseum, HB 7954. – Abb.: H. Hinrichs, Nr. 1; vgl. ferner J. Poeschel, S. 425; E. Ackermann, S. 102; M. Winter, Compendium Utopiarum, Stuttgart Bd. 1, 1978, S. 44.

D 10 *Das Märchen vom Schlaraffenland.* Bilderbogen Neuruppin (Oehmigke und Riemschneider, No. 8427), 80er Jahre des 19. Jhs. Lithographie, 16 Einzelbilder mit 64 Versen frei nach Motiven von Hans Sachs. *Das Königreich Schlaraffenland/ Ist faulen Leuten wohlbekannt* ... – Berlin, Museum für Deutsche Volkskunde, 33 C 21. – Vgl. N 19. – Abb. hier S. 97 (ohne Titel- und Unterzeile).

Niederlande

N 1 [*Het Luilekkerland*] Ölgemälde von Pieter Brueghel, 1567. – München, Alte Pinakothek.

N 1a [*Het Luilekkerland*]. Kupferstich nach P. Brueghel, 17. Jh. *Die daer luij en lacker sijt boer, crijsman oft clercken* ... (4 Verse). – Abb.: L. Lebeer, S. 206, Text S. 207.

N 2 [*Het Luilekkerland*]. Kupferstich von Pieter Balten, ²16. Jh. Die Bildkomposition ist der Brueghels ähnlich (um einen Baum gruppierte Schläfer). *Compt Alle ghij Luijaerts hoe verre gheseten* ... (10 Verse). – Brüssel, Bibliothèque Royale, Cabinet des Estampes. – Abb.: L. Lebeer, S. 204, Text S. 205.

N 3 *Het Nieuw vermakelijk Luylekker-land.* Holzschnitt Amsterdam (de Groot, No. 95), Anfang 18. Jh., Bildvorlage vermutlich um 1600. Landschaft mit »Fladenhaus« (rechts), Triumphzug und Schlemmergelage um Weinbrunnen, links oben der »Breiberg«. *Hier ziet gy Jeugd en kinders fier/ Tot elks vermaak en zoet pleyzier* ... (16 Verse). – Arnhem, Rijksmuseum voor Volkskunde, 272.

N 3a *Het Oud vermakelijk Luylekkerland.* Holzschnitt Amsterdam (Kannewet, No. 96), ²18. Jh. Bild und Text wie N 3. – Arnhem, Rijksmuseum, 440. – Abb. hier S. 177.

N 4 *Wie luy en lecker is, die moet na 't Leckerlandt* ... Holzschnitt Amsterdam (Erve van de Wed. de Groot), ¹18. Jh. Bild wie N 3. Text: *Een Contreye isser, die heet Luy-Leckerland* ... (104 Verse, niederländische Bearbeitung des Gedichts von Hans Sachs). Ehemals Haarlem, Sammlung van Kuyk. – Abb.: M. de Meyer, Nr. 133, vgl. S. 435.

N 5 *Die Lui en Lekker is, moet zich op reis begeeven* ... Holzschnitt Amsterdam (Erve de Wed. van Egmont, No. 51), ²18. Jh., Bildvorlage vermutlich 17. Jh. Der Bildtypus entspricht dem von N 3, jedoch spiegelverkehrte Anordnung und neu geschnitten. Text: *Lustig, Kinderen, nu met hoopen/ Door den Bry-Berg heen gekroopen* ... (100 Verse). – Arnhem, Rijksmuseum, 201. – Abb.: E. H. v. Heurck/G. J. Boekenoogen, S. 129.

N 5a *Die Lui en Lekker is* ... Holzschnitt Amsterdam (Erve van der Putte, No. 81), ²18. Jh. Bild und Text wie N 5. – Arnhem, Rijksmuseum, 1069.

N 6 *Het Nieuwe Vermaaklyk Luy-lekker-land.* Holzschnitt Amsterdam (J. Kannewet, No. 72), 18. Jh., Bildvorlage älter. 24 Einzelbilder, Reise mit dem Schiff Rynuyt. Text: *Komt Jongens wild u nu begeven* ... (4 Verse) und *Ik sla den trom en roepe overluyd* ... (48 Verse). – Arnhem, Rijksmuseum, 431.432.

N 6a *Het Nieuwe Vermaakelyk Luy-lekker-land.* Holzschnitt Amsterdam (Bouwer en de Wed. Ratelband, No. 11), 18. Jh. Bild und Text wie N 6. – Ehemals Haarlem, Sammlung van Kuyk. – Abb. M. de Meyer, Nr. 76, vgl. ebenda S. 437 f.

N 7 *Deez' Prent kan u Verbeelding geeven, o Kindren! van een zorgloos leven* ... Holzschnitt Amsterdam (Erfgen Wed. C. Stichter), ²18. Jh. 24 Einzelbilder des Typs N 6 (modernisierte Neufassung). Text: *De trom spoort hier een jeder aan/ Om naar Lui-Lekkerland te gaan* ... (48 Verse). – Arnhem, Rijksmuseum, 2088. – Vgl. M. de Meyer, S. 438.

N 8 *Het Nieuw Vermakelyk Lui-Lekker-land.* Holzschnitt Rotterdam (J. Hendriksen, No. 6), um 1800. 24 Einzelbilder des Typs N 7 (modernisierte Neufassung). Text wie N 6. – Arnhem, Rijksmuseum, 295.

N 9 *Het nieuwe vermakelijke Luilekkerland.* Holzschnitt Deventer (J. de Lange, No. 38), ¹19. Jh. 24 Einzelbilder des Typs N 6 (modernisierte Neufassung). Text wie N 6. – Arnhem, Rijksmuseum, 535.

N 10 *Het Nieuw Vermakelijk Luilekkerland.* Holzschnitt Amsterdam (van Staden, No. 76), 19. Jh. 24 Einzelbilder wie N 8, allerdings durch Beschneiden des Druckstocks um die »Fäkalmotive« gereinigt, Texte z. T. geändert, andere Reihenfolge; außerdem Wegfall der Bild-Rahmen. – Arnhem, Rijksmuseum, 1890.2653.12201.14821.

N 10a *Het Nieuw Vermakelijk Luilekkerland.* Holzschnitt Brüssel (Hemeleers, No. 121), ²19. Jh. Entspricht N 10. – Arnhem, Rijksmuseum 12567.

N 11 *Nieuw vermakelijk Leuy-Lekkerland, daar sig de Leuhaart in bevand.* Holzschnitt Amsterdam (Wed. G. de Groot), Anfang 18. Jh., Bildvorlage 17. Jh. 8 Einzelbilder mit schlaraffischen Szenen. *Den ijver tot het lekker leven/ Doet my na 't Leujie Land toe streven* ... (32 Verse). – Amsterdam, Rijksmuseum, Prentenkabinet, Cat. 179/13952. – Abb.: M. de Meyer, Populäre Druckgraphik Europas: Niederlande, München 1970, Nr. 111. Vgl. außerdem M. de Meyer, S. 439. – Abb. hier S. 216.

N 12 *Hier is thands veel vreugd te vinden, als gy ziet aan deeze Vrinden* ... Holzschnitt Amsterdam (Erfgen van de Wed. C. Stichter, No. 192), ²18. Jh. 8 Einzelbilder wie N 11, jedoch z. T. in anderer, unlogischer Reihenfolge (»Breiberg« statt 1. hier 6. Bild; 8. hier 1. Bild). Text: *Van alles kunt gy hier krygen/ rydende valt uw 't Geld te moet* ... (32 Verse). – Arnhem, Rijksmuseum, 2170.

N 12a dasselbe, Zaltbommel (J. Noman, No. 267), Anfang 19. Jh. – Arnhem, Rijksmuseum, 759.

N 12b dasselbe, Turnhout (Glenisson u. Zn., No. 195), ¹19. Jh. – Arnhem, Rijksmuseum, 2655-2660.

N 13 *Lui-Lekkerland. Pays de Cocagne.* Holzschnitt Turnhout (Brepols en Dierckx, Zoon, No. 15), ¹ 19. Jh., Bildvorlage ²18. Jh. 20 Einzelbilder mit schlaraffischen Szenen. Text: *Deze gespelen, hand aan hand/ Trekken naar het Lui-lekkerland* ... (40 Verse). – Arnhem, Rijksmuseum, 3189. – Abb.: E. H. v. Heurck/G. J. Boekenoogen, S. 128. Vgl. ebenda, S. 127 und M. de Meyer, S. 439.

N 14 *Luilekkerland. Pays de Cocagne.* Lithographie Turnhout (Brepols en Dierckx, Zoon), ²19. Jh. 20 Einzelbilder des Typs N 13 (modernisierte Neufassung), außer dem niederländischen ein französischer Text beigegeben. Spätere Auflagen Farblithographie. – Arnhem, Rijksmuseum, 2650.2651.3165; Mailand, Raccolta Bertarelli, Pop. Prof. 11/7. – Vgl. E. H. v. Heurck/ G. J. Boekenoogen, S. 127.

N 15 *Nieuw Luylekkerland.* Holzschnitt Amsterdam (H. v. d. Putte, No. 58), ²18. Jh. 24 Einzelbilder. *Jongens wilje me marseeren/ Dan moetje eerst braaf lesen leeren* ... (48 Verse). – Arnhem, Rijksmuseum, 1047.

N 16 *Was er ooit een volk op aarde/ dat men lui en lekker noemt?* ... Holzschnitt von Jacob Coldewyn, Amsterdam (Erve H. Rynders), ¹19. Jh. 12 Einzelbilder. *Ziet eens hoe vrolijk met trommel en fluit/ Als Heeren en Dames wat dit toch beduit* ... (60 Verse). – Arnhem, Rijksmuseum, 1121.

N 17 *Luilekkerland.* Holzschnitt s'Hertogenbosch (Lutkie en Cranenburg, No. 113), ¹19. Jh. 20 Einzelbilder. *Hoe vermaaklijk moet het zijn/ Zich te baden in den wijn* ... (40 Verse). – Arnhem, Rijksmuseum, 2654.

N 18 *Luilekkerland. Pays de Cocagne.* Holzschnitt Turnhout (Glenisson, No. 49), ²19. Jh. 12 Einzelbilder. *Waas er ooit een volk op aarde/ dat man lui en lekker noemt?* ... (4 Verse) + *Ziet hier eens hoe vrolijk men naar de eerste traut* ... (24 Verse), niederländisch und französisch. – Arnhem, Rijksmuseum, 2652.3241.

N 19 *Het sprookje van Luilekkerland.* Farblithographie Ende 19. Jh. *Het koninkrijk Luilekkerland/ Is toch aan velen welbekend* ... (64 Verse). Es handelt sich um den unter D 10 angeführten Neuruppiner Bilderbogen mit niederländischem Text. – Arnhem, Rijksmuseum, 13976.

Frankreich

F 1 *Familiere description du tres vinoporratimaluoise et tres enuitaillegoulementé Royaume Panigonnois, mystiquement interpreté l' Isle de Creuepance.* Holzschnitt Lyon (par Pierre de La Maison Neuve), ²16. Jh. Schlaraffenlandschaft, die in einzelnen Bildmotiven stark an D 2 erinnert. Text: *Avancez vous Paresseus, qu'on contemple* ... (206 Verse). – Paris, Bibliothèque National, Cabinet des Estampes, Coll. Hennin, 1210. – Abb. und Text: A. Huon, S. 221 ff.

F 2 *Description du pays de Caucagne et de ses fertilitez.* Fliegendes Blatt, Paris (chez J. Honervogt), um 1600. Vorrede in Prosa und Gedicht *En ce pays plain de delices/ Les ceps de vignes de Bacchus* ... (41 Strophen zu 8 Versen). – Paris, Bibl. Nat., Cabinet des Estampes, Coll. Hennin, 2259. (Ohne Bild). – Vgl. A. Huon, S. 218 f.

F 3 *Il y a vn pays par de la l' Allemaigne/ Abondant en tous, biens qu'on appelle Cucaigne* ... Kupferstich mit 18 Einzelszenen auf 3 Bildebenen. *Le vin muscat le vin grec l'hypocras* ... (36 Verse). – Paris, Bibl. Nat., Cabinet des Estampes, coll. Hennin, 2258. – Vgl. A. Huon, S. 217. Zum Textbeginn vgl. I 1. – Abb. hier S. 37.

Italien

I 1 *La Cuccagna. Descrittione del gran paese de cuccagna, dove che piu dorme piu guadagna.* Kupferstich Rom (Gio. Jacomo de Rossi), um 1600. Schlaraffenlandschaft mit dem »Käseberg« in der Mitte; den einzelnen Bildmotiven sind Schriftzeilen beigegeben, von denen einige mit dem »Capitolo di Cuccagna (ed. Zenatti, S. 55–62) aus dem 16. Jh. übereinstimmen. Links unten Schrifttafel: *Quest' è un Paese d'altro che Alamagna* ... (17 Verse). – Rom, Accademia Nazionale dei Lincei, Gabinetto disegni e stampe, F.C. 5682. – Vgl. F. 3. – Abb. hier S. 32/33, Schrifttafel. d. S. 34.

I 2 *La Cuccagna. Descrittione del gran paese* ... Kupferstich, um 1600. Der Bildtyp entspricht I 1, jedoch spiegelverkehrte Anordnung der Motive (Schrifttafel rechts), im einzelnen unterschiedliche Ausführung, im Sonett zwei Textvarianten. – Wolfenbüttel, Herzog-August-Bibliothek, Cod. Guelf. 39.7.Aug.2⁰, Bl. 21; Mailand, Raccolta Bertarelli, S.P.Pr. 11/3. – Abb.: P. Toschi, Populäre Druckgraphik Europas: Italien, München 1967, Nr. 105; Text V. Rossi, S. 409; vgl. G. Cocchiara, S. 175.

I 2a *La Cuccagna. Descrittione del gran paese* .. Kupferstich Rom (presso Carlo Losi), um 1790. Nachdruck von I 2. – Mailand, Raccolta Bertarelli, P.P.11/4.

I 3 *La Cuccagna. Descrittione del gran paese* ... Kupferstich, um 1600. Der Bildtyp entspricht I 2, jedoch im einzelnen unterschiedliche Ausführung, im »trionfo« folgen nur zwei Figuren, auch sonst sind die Details reduziert. Text wie I 2. – Florenz, Uffizien, s.s.2825. – Abb.: Mostra di Stampe Popolari Venete del '500, Catalogo, a cura di A. Omodeo, Firenze 1965, Nr. 15 (dort »anonimo veneto, sec.XVI«).

I 4 *Capitolo di cuccagna dove se intendono le marauigliose cose che sono in quel paese, doue chi piu dorme piu guadagna et a chi parla di lauorare li sono rotte le braccia.* Fliegendes Blatt, 4 Seiten, mit einem Titelholzschnitt, darstellend ein Küchen-Interieur mit einem Mann und einem Kind, 16. Jh. Text: *Son stato nel paese di Cuccagna* ... (57 Terzinen). *Composta per M. Mariano de Patrica improuisatore, alias Tocadiglia.* – Venedig, Biblioteca Nazionale, Misc. 2213.4. – Abb.: A. Segarizzi, Bibliografia delle stampe popolari italiane della R. Biblioteca Nazionale di S. Marco di Venezia, vol. I, Bergamo 1913, Nr. 258. Das Gedicht bei A. Zenatti, S. 55 ff. (dort G. C. Groce zugeschrieben) und L. Sergo, La Polenta, Salzburg 1980, S. 27–34. – Abb. hier S. 224.

I 5 *Il trionfo de Carnavale nel paese de Cucagna.* Kupferstich 16. Jh. Dargestellt ist der Kampf zwischen Carnavale und Panigon. *Gionto el gra' carnaval nella Cucagna* ... (16 Verse). – Mailand, Raccolta Bertarelli, P.P.11/1. – Abb. hier S. 74/75.

I 6 *Il trionfo de Carnavale nel paese de Cucagna.* Kupferstich, 16. Jh. Der Bildtypus entspricht I 5, jedoch spiegelverkehrte Anordnung (Gedicht linksbündig), Schrift und Bilder z. T. anders, flüchtigere Ausführung; vier zusätzliche Verse oben. Unter dem Gedicht: *Ferando Bertelli exc.* – Mailand, Raccolta Bertarelli, P.P.11/0. – Abb.: P. Toschi, Populäre Druckgraphik, a.a.O., Nr. 55.

I 7 *La Venerabile Poltroneria, Regina di Cucagna.* Kupferstich von Nicolo Nelli, 1565. Die träge Königin des Schlaraffenlandes trägt (nach Bertarelli, S. 23) die Züge von Katharina v. Medici. *In vago ameno et fertile paese/ Dove quel che l'uom brama dal ciele cade* ... (32 Verse). – Paris, Bibliothèque Nationale, Cabinet des Estampes, Ba I fol.16. – Abb.: A. Bertarelli, L'imagerie populaire italienne, Paris 1933, S. 23; E. Fuchs, Die Karikatur der europäischen Völker, Bd. I, Berlin 1901, Nr. 55.

I 8 *Descritione del paese di Chucagna, dove chi manco lavora piu guadagna.* Kupferstich Bassano (per il Remondini), 1606. Schlaraffenlandschaft mit dem Käseberg in der Mitte. – Vicenza, Museo Civico; Mailand, Raccolta Bertarelli, P.P.11/5.

I 9 *La vera descritione del paese chiamato anticamente scanza fatica et hora si è nominato Chucagna delle donne.* Kupferstich, Anfang 17. Jh. Darstellung des »Schlaraffenlands der Frauen«. *Qui habitan le donne che son date/ A le delicie e tut' al' otio intente* ... (8 Verse). – Mailand, Raccolta Bertarelli, P.P.11/2. – Vgl. Bertarelli, a.a.O., 50; P. Camporesi, 123 f. – Abb. hier S. 190/91.

I 10 *Gioco della Cucagna, che mai si perde, e sempre si guadagna. Gioco di Cucagna, che contiene le principali prerogative di molte città d'Italia* ... Kupferstich von Guiseppe Maria Mitelli, Bologna 1691. Ein Würfelspiel mit 20 Figuren, in 3 Reihen angeordnet, einzelne Figuren repräsentieren die Spezialitäten der lokalen Küche. – Mailand. Raccolta Bertarelli, Cart. 4–47. – Zum Thema vgl. D 8. – Abb. hier S. 87.

I 11 *La Cucagna nuova, trovata nella Porcolandria l'anno 1703 da Seigoffo, quale raconta, esservi tutte le delitie, e chi dessidera andarvi, gli ariva prestissimo con il pensiere con tutta facilità e finalmente qui chi sempre vive mai more.* Kupferstich von Guiseppe Maria Mitelli, 1703. Auf 4 Bildebenen angeordnete Elemente einer schlaraffischen Landschaft. – Mailand, Raccolta Bertarelli, Cart. 3–76; Rom, Museo Nazionale delle Arti e Tradizioni Popolari, IV/3a/5990. – Abb.: A. Bertarelli, Le incisioni di G. M. Mitelli, Catalogo Critico, Milano, 1940, Nr. XV. Vgl. auch S. 110 f. Vgl. ferner G. Cocchiara, S. 174 f.; M. Müller, S. 56. Abb. hier S. 46/47.

I 12 *Descrizione del paese di Cuccagna dove chi manco lavora piu guadagna.* Einblattdruck Turin (Gorla ed.), um 1870. Bildtypus wie I 8, modernisierte Neufassung (Orthographie, Terminologie und Habitus der Figuren modernisiert). – Mailand, Raccolta Bertarelli, P.P.11/7.

Italien, Cuccagna Napoletana

Die hier zusammengestellten bildlichen Darstellungen verschiedener napoletanischer Cuccagna-Feste kommen nicht – wie die vorher verzeichneten Blätter – aus dem Bereich der populären Druckgraphik, sondern der höfischen Repräsentativkunst. Die Kupferstiche stammen aus Tafelwerken, die, im Auftrag des Hofes verfaßt, den Ablauf der Festlichkeiten und die dabei an den Tag gelegte Prachtentfaltung festhalten sollten. Auch die beiden Ölgemälde verdanken ihre Entstehung vermutlich dieser Absicht.

Na 1 *Veduta dell' Apparato eretto nella Real Piazza, recinta da Spalliere di Verdure, Fiori et Alberi, nel di cui mezzo vi sta inalzato un Monte pieno di Alberi ornati di Commestibili e dalle lati due Fontane di Vino, da saccheggiarsi nel Giorno Natalizio di S.M.CES. e CAT. Elisabetta imperatrice Regnante.* Kupferstich von Cristoforo Schor und Francesco de Grado, 1713. In: G. Papis, Serenata in lode di S. M. Cesarea e Cattolica Elisabetta ... Napoli 1713, tav. I. – Abb.: F. Mancini, Feste ed apparati civili e religiosi in Napoli dal Viceregno alla Capitale, Napoli 1968, Nr. 16.

Na 2 *Macchina della Cuccagna Eretta nella Piazza del Real Palazzo per solennizzare il felicissimo giorno del Compleaños dell' Aug.ma Imp.ce Regina Nostra. Sig.ra. Elisabetta Cristina Wolfenpitel ... a 22 Agosto 1721.* Kupferstich von Michelangelo de Blasio und Francesco de Grado, 1721. – Neapel, Società Napoletana di Storia Patria. – Abb. F. Mancini, a.a.O., Nr. 17.

Na 3 *Macchina della cuccagna fatta erigere avanti Real Palazzo il dì 28 agosto giorno natalizio di Sua Maestà cristiana Elisabetta Cristina Imperatrice Regnante ... 1733* (?). Kupferstich von F. Russo, 1733. – Neapel, Società Napoletana di Storia Patria. – Abb.: F. Mancini, a.a.O., Nr. 19; Civiltà del '700 a Napoli 1734–1799, Catalogo della mostra, Napoli 1979/80, Firenze 1979, Nr. 570 g.

Na 4 *Disegno in prospettiva della Gran Macchina fatta avanti il Real Palazzo fornita di varie sorti di merci e saccheggiata dalla plebe nell' anno 1740 per celebrare le magnifiche Feste della nascità della Serenissima Real Infanta, inventato e diretto dal Sig. D. Ferdinando Sanfelice patrizio napoletano.* Kupferstich von Antonio Baldi, 1740. – Neapel, Società Napoletana di Storia Patria.

Na 5 Tommaso Ruiz: *Feste e cocagnia fatte in Napoli il dì 19 settembre 1740 per il Battesimo dell' Infante.* Ölgemälde, Neapel, Privatbesitz. – Abb.: F. Mancini, a.a.O., Tafel nach S. 45; Civiltà del '700, Tafel XIX.

Na 6 *Cuccagna posta sulla Piazza del Real Palazzo.* Kupferstich von Vincenzo Re und Giuseppe Vasi, 1748. In: Narrazione delle sollenni reali feste fatte celebrare in Napoli da Sua Maestá il Re delle Due Sicilie Carlo Infante di Spagna, Duca di Parma, Piacenza ecc.ecc. per la nascita del suo primogenito Filippo Real Principe delle Due Sicilie, In Napoli 1748, tav. XI. – Neapel, Biblioteca Nazionale, S.Q.XXVI.L 1. – Abb. hier S. 80.

Na 7 Filippo Falciatore (ca. 1728–68): *Assalto a una cuccagna al Largo di Palazzo.* Ölgemälde, Neapel, Collezione Giannone. – Abb.: Civiltà del '700, Nr. 118 a.

Na 8 *Vue di Pillage de la Cocagne a Naples dans la Place appellée il Largo del Castello.* Kupferstich von Des Pres, 1781. In: Richard de Saint-Non, Voyage pittoresque ou description des royaumes de Naples et de Sicilies, t. I, Paris 1781, Tafel 102.